젠더와 탈/경계의 지형

* 이 학술총서는 정부(교육과학기술부)의 재원으로 한국학술진흥재단의 인문한국지원사업 지원을 받아 발행되었음(KRF-2007-361-AL0015).

탈경계
인문학
학술총서 2

젠더와 탈/경계의 지형

| 이화인문과학원 편 |

이화여자대학교출판부

젠더와 탈/경계의 지형

펴낸날 1판 1쇄 2009년 8월 14일
엮은이 이화인문과학원
펴낸이 최민숙 | **펴낸곳** 이화여자대학교출판부
주소 서울특별시 서대문구 대현동 11-1(우 120-750)
등록 1954년 7월 6일 제9-61호
전화 02) 3277-2965, 2966(편집기획)
02) 3277-3164, 362-6076(경영지원)
팩스 02) 312-4312 | **전자우편** press@ewha.ac.kr
인터넷서점 www.ewhapress.com
디자인 정혜진
찍은곳 한영문화사

ISBN 978-89-7300-836-0 94330
ISBN 978-89-7300-834-6 (세트)

값 15,000원

* 잘못된 책은 바꾸어 드립니다.

| 발간사 |

〈탈경계인문학 학술총서〉는 이화인문과학원이 수행하고 있는 한국학술진흥재단 인문한국(HK) 지원사업인 '탈경계인문학의 구축과 확산'을 위해 기획된 출판 사업이다. 이화인문과학원은 기존의 인문학이 오늘날의 사회문화적 변화를 해석하고 새로운 비전을 제시하는 데 한계가 있음을 비판적으로 성찰하면서, 새로운 인문학의 방향으로 '탈경계인문학'이라는 개념을 제안했고, 한국학술진흥재단 2007년 선정 인문한국연구소로서 '탈경계인문학'을 구축하고 확산시키는 프로젝트를 수행하고 있다.

오늘날 우리는 그 어느 때보다 문화적 경계들이 빠르게 해체되고 재편되는 변화의 시대를 살고 있다. 국가를 넘나드는 사람들의 언어와 문화 간에는 다양한 교차와 혼종이 이루어지고 있으며, 디지털 기술에 기반을 둔 매체의 발전은 시간과 공간의 제약을 뛰어넘어 새로운 언어와 상상력의 공유를 가능하게 하고 있다. 이런 변화의 주체 역시 '중심'에서 '주변'의 다중성으로 확대됨으로써, 이제 기존의 경계를 넘어서는 탈경계적 문화 변동은 우리 삶의 중요한 근간이 되었다.

탈경계인문학은 이러한 시대적 문화 변동 과정에서 탈경계 문화 현상 속의 인간과 인간의 관계를 탐구하는 학문으로서, 구체적으로는 세계, 인간, 언어의 측면에서 지구지역성glocality, 젠더gender, 다매체multimedia에 대한 연구를 촉진하며 소통 · 공존 · 융합을 추구하는 인문 지식을 생산하고 있다. 방법론적으로는 대립과 갈등을 야기하는 '경계짓기'를 반성적으로 성찰하고, 인문학과 타학문, 학문과 일상을 잇는 모델을 개발하는 것을 목표로 한다.

이를 위해 탈경계인문학은 인문학 내 여러 학문 분과들의 유기성을 강화할 뿐만 아니라 인접 학문들, 즉 사회과학 분야, 예술 분야, 나아가 자연과학 분야의 학문들과도 유기성을 강화해 나가고 있으며, 기존의 인문학 연구 대상을 확장시켜 문화 전반을 연구 대상으로 삼고, 주변자와 소수자의 다양한 시각을 확보하여 탈경계의 지점들을 연구하고 있다. 또한 빠르게 변화하는 매체 환경에 대응하고 인간과 기술의 조화로운 발전 방안을 모색하고 미래 인간학 모형을 개발하고 있으며, 나아가 인문 지식의 현실성과 실용성을 강화하고 대중화와 현장화를 추구함으로써 학문과 삶을 연결해 나가고자 한다.

이러한 목표를 가지고 진행되는 탈경계인문학 연구의 성과를 학술총서로 출간하되, 이 학술총서는 매년 세 권의 책을 10년 동안 출판할 계획이다. 해마다 출판되는 세 권의 책은 각각 탈경계인문학의 핵심 주제인 '지구지역성', '젠더', '다매체'를 주제로 다루며, 각 주제는 10년 동안 연구를 발전시켜 나가면서 10권의 책으로 완성될 것이다.

〈탈경계인문학 학술총서〉가 새로운 인문학의 방향을 제시할 뿐 아니라 창조적이며 미래 지향적인 인문학을 선도하고 학문적 완성도를 발전시켜 나갈 수 있기를 기대하며, 〈탈경계인문학 학술총서〉 출판에 참여해 주신 모든 연구자의 노고에 감사드린다.

2009년 7월

이화인문과학원장 오정화

| 차례 |

제2부 대중문화 속의 젠더(무)의식의 지형

제3부 젠더 이데올로기와 위반의 상상력

| 서문 |

'경계'를 '탈'하기 위한 공존의 인문학을 향하여

탈경계인문학연구단의 젠더 연구분과는 탈경계적 젠더 패러다임의 도입을 통한 '공존의 인문학'을 체계화하고 이를 실천하는 데 연구 목표를 두고 있다. 즉 인간 공존의 가치를 실현하기 위해 남성과 여성의 경계를 넘어서 연구의 지평을 주변인이나 소수자, 경계인의 불평등이나 권력 문제로 확대시켜 포괄적인 젠더 연구를 지향점으로 설정하고 있다. 궁극적으로는 인간적 가치 존중의 인문학적 책임을 실천하는 지식 생산이 젠더 연구분과의 목표라고 할 것이다. '공존의 인문학' 구축을 위한 토대로서 1단계 1차 연도의 연구는 '젠더 질서를 모델로 다양한 형태의 중심/주변 권력 관계들을 비판적으로 성찰'하기 위해 인문 지식 생산 주체와 타자의 역사를 고찰하고 젠더 구성의 계보학과 문화 담론을 분석하는 것을 주요 내용으로 진행되었다.

인간관계와 사회 구성에서 젠더 정체성은 경계짓기의 가장 대표적 표상으로 인식되어 왔다. 성별에 의한 경계와 더불어 사회적 존재로서 경계

밖에 머물게 하는 과정에서 보여 주는 다양한 인식의 지평은 경계를 도드라져 보이게 하면서 이로써 젠더 연구에서 탈경계를 지향하게 하는 추동력이 되고 있다. 젠더 관계를 분석하되 탈경계의 지향을 위해 일차적으로 경계의 기원 내지 현상을 구체적으로 들여다보고자 하는 의미에서 본 젠더분과 학술총서의 제목에서 '탈'과 '경계' 사이에 빗금을 그었다.

젠더 관계만큼 인간관계 속에서 즉각적으로 표출되면서도 사실은 오랜 역사적 함축을 반영하고 있는 문화 현상은 찾아보기 힘들다. 인간이면 누구나 연관되어 있고 의식과 무의식 속에서 각자의 가치관과 지향을 지니고 있으며 이것이 사회에 다양한 방식으로 각인되고 구조화되어 있기 때문에 젠더 연구는 필연적으로 복잡한 지형을 보여 줄 수밖에 없다. 젠더가 매개된 '경계'의 복잡한 지형을 분석해 내기 위해 또한 필연적으로 학제적 연구가 요구되어 왔다. 이러한 학제적 성격이 반영되어 이 젠더분과 학술총서에 실린 논문들도 철학, 문학, 사학, 여성학 등 다양한 학문 분야의 연구자들에 의해 연구된 결과물들이다.

이 책의 전체적인 구성을 살펴보면 다음과 같다.

제1부 '경계를 가로지르는 언어와 사유'는, 뚜렷한 경계선으로서의 국경이나 민족을 주요 토대로 한 문화가 상호문화적 관점에서 다시 사유되어야 함을 탈경계의 논리적 근거로 제시하는 최현덕의 논문에서 시작하여, 경계를 넘어서 오거나 가는, 또는 주체가 아닌 타자로서의 이방인과 주인의 관계 역학에서 환대에 주목하는 김애령의 논문과, 제1세계/백인/남성 중심의 세계에서 식민지 출신/흑인/여성이라는 경계인적이고 주변적인 위치를 부각시키는 문학작품을 통해 경계적 상황에 대한 탈식민적 해석을 예시하고 분석하는 이경란의 논문으로 구성되었다.

제2부 '대중문화 속의 젠더(무)의식의 지형'은, 근대 대중잡지의 언어를 통해 여성이 조선 시대에 이어 여전히 비주체적인 존재로 투영되었던

현상을 분석한 강소영의 사회언어학적 논문과, 1930년대 대중가요 가사 분석을 통해 김억의 시가 여성성을 대중성의 기본 정서로 인식하는 젠더 무의식을 드러내고 있음을 보여 준 김진희의 논문, 그리고 비보이 현상을 포스트모던한 문화 현상으로 포착하여 이에 나타난 남성성의 전형을 통해 성별의 경계를 강화하면서 동시에 전복적으로 만들고 있는 젠더 정체성의 복합적 지형을 분석한 이수안의 논문으로 구성되었다.

마지막으로 제3부 '젠더 이데올로기와 위반의 상상력'은, 중국에서 오랜 기간 동안 여성의 도리에 관한 담론을 구축하는 데 사용된 여성 교육서 『여계女誡』를 분석하여 유교 젠더 이데올로기의 토대를 분석한 김영숙의 논문과, 조선 후기에 자기를 매매한 사항을 기록한 문서 분석을 통해 당시 하층민의 가족 질서가 어떻게 유교적 사회 규범의 영향을 받았는지를 밝혀낸 박경의 논문, 그리고 조선 후기 사회에 나타나기 시작한 동성애의 소설적 표현인 『방한림전』 분석을 통해 젠더 위반에 대한 새로운 상상을 드러냄으로써 변화하는 여성 의식과 성정체성의 의미를 찾아낸 김경미의 논문으로 구성되었다.

이 논문들을 구체적으로 살펴보면 다음과 같다.

최현덕은 "문화들 사이에서 철학하기 : 상호문화철학의 대두"에서 대략 1980년대 말경 국제적인 철학 담론 속에 철학적 개념terminus technicus으로 등장하여 빠르게 확산되고 있는 '상호문화철학'의 개념과 전개 과정을 소개하고 있다. 이 글에서는 상호문화철학 개념이 가지는 차별성을 설명하기 위해 상호성inter-, 문화, 그리고 철학의 개념들에 대해 특히 '타자와의 만남'의 관점에서 토론한다. 먼저 '상호성'에서는 '동등성'과 '대화'를 통한 소통이 중요한 내용을 이루며, '문화'에서는 맥락성contextuality, 경계, 권력 관계에 대한 토론이 중점을 이루되, 맥락성이란 진정한 보편성을 이루기 위한 전제이지 상대주의로 귀결되는 것이 아님을 논한다. 마지막으로 '철학'에서는 서양 철학의 보편성 주장에 도전하면서, 다양한 사유 전통이 함께 참여하여 발전시켜 갈 새로운 보편성을 상호문화철학의 프로그램으로 제시한다.

김애령의 "이방인의 언어와 환대의 윤리"는 이방인과 주인의 '관계 역학'이라는 문제를 다룬다. 이방인은 누구인가? 우리는 이방인을 어떻게 표상해 왔는가? 우리는 이방인을 어떻게 맞아야 하는가? 우리는 이방인과 어떻게 공존할 수 있을까? 이 글은 이방인과의 만남이 확대되고 있는 오늘날 더욱 절실해지는 이러한 물음들에 직면하고자 한다. 근대적 관용의 원리는 권력의 불평등에 기초한 가부장적인 것이라는 점에서, 권위적인 허용의 관점에서 출발하고 있다는 점에서 한계적이다. 관용은 이방인이 "우리의 규칙을, 삶에 대한 우리의 규범을, 우리 언어, 우리 문화, 우리 정치 체계 등등을 준수한다"는 조건에 순응할 때 제공되는 것이기 때문이다. 관용의 한계와는 달리 환대는 아무런 조건도, 물음도, 한계도 없이 이방인을 맞아들이는 것이다. 이 글은 이방인과의 관계에서 왜 환대의 정의가 중요한 지향적 이념이 되어야 하는지를 논증하고 있다. 나아가 절대적이고 무조건적인 환대의 정의와 환대의 실천 사이의 관계를, 그리고 환대의 공간에서 언어 권력과 젠더 권력이 작동하는 방식을 비판적으로 고찰하고 있다. 다문화의 공간에서 흔히 망각되는 것은 이러한 권력 관계의 차이들이다. 이방인이 모두 같은 처지에 놓이지는 않으며, 환대는 주인의 것이기만 할 수 없다. 거기에는 움직이면서도 변하지 않는, 주인으로 머물 수 있는 지배 언어와 상징 체계의 젠더화된 권력이 존재한다.

이경란의 "탈식민 해석의 정치학 : 제1세계 독자에게 말걸기"는 백인 중심의 제1세계 메트로폴리탄 뉴욕에서 활동하는 제3세계 출신 흑인 여성 작가 킨케이드Jamaica Kincaid의 텍스트 『작은 곳』을 중심으로, 포스트식민 국가들을 여전히 지배하는 식민주의적 담론들과 제국주의적인 초국가적 경제적 실천들을 폭로하는 디아스포라 지식인의 탈식민적 재해석의 정치학을 분석한다. 킨케이드는 제1세계/백인/남성 중심의 세계에서 식민지 출신/흑인/여성이라는 경계인적이고 주변적인 위치를 양 세계를 경험하고 판단하고 비판할 수 있는 특권적 입지로 발전시키고 있다는 점에서 소수자들의 전복적 가능성을 보여 주고 있다. 킨케이드의 텍스트는 또한 독특하게 도전적인 스타일로 제1세계 독자들이 의식적으로 혹은 무의식적으로 가지고 있거나 실천하고 있는 식민주의적 사고와 특권적 지위를 그들의 눈앞에 반어적으로 피할 수 없게 제시함으로써 개별 독자들의 의식 변화를 요청하는 실천적 텍스트이다.

강소영의 "근대 대중잡지에 투영된 '여성'과 '여성다움'"은 여성이 비주체적 존재나 사물로 여겨졌던 조선 시대의 남성 중심적 이데올로기가 여성 내지는 여성의 말에 대한 의식에서도 그대로 관통하고 있음을 보여준 지금까지의 연구물을 바탕으로 하여 개화기에 서구의 선진 사상을 적극 수용하려 한 남성 지식인들의 관념 속에 존재했던 여성이라는 존재는 어떠했는지를 살펴보고 있다. 이 연구는 여성에 대한 지칭이나 표현 분석을 통해 여성이 우리 사회에서 어떻게 객체로서 자리 잡고 있는가를 분석한다. 이러한 시도는 1970년대 이후 '언어와 성'을 주요 테마로 삼았던, 이른바 여성주의적 언어학의 연구 성과들과 맥을 같이한다. 여성주의 언어학은 여성의 사회적인 지위가 언어의 변수로 작용한다는 인식 아래 여성의 사회적 지위를 언어의 현실에서 찾아내려는 시도를 포함하고 있다. 또한 남녀의 성차에 의한 언어 변이를 극복하고 수정해야 할 대상으로 놓고, 현재 언어 개혁의 속도와 방향, 방법에 관심을 기울인다. 이러한 여성주의 언어학 연구의 궁극적인 목표는 여성 차별어가 사라진 세상, 여성어와 남성어가 평등하게 공존하는 세상이라고 할 수 있다.

김진희의 연구 "1930년대 대중가요의 센티멘털리즘과 여성성 : 김억 작사곡을 중심으로"는 김억의 1930년대 대중가요 가사가 시인이 초기 시부터 추구했던 여성적 정서와 형식에 기반하고 있음을 논의한다. 이 연구는 김억의 작품을 통해 여성성을 대중성의 기본 정서로 인식하는 사회·문화적 젠더 무의식을 밝히는 한편, 나아가 그의 작품이 식민지 근대문화의 변두리에 위치했던 감상성과 여성성을 부각시킴으로써 근대의 기획에 가려진 식민지 문화의 균열과 갈등의 양상을 효과적으로 보여 주고 있다. 이 글은 고급문화와 대중문화의 경계를 만드는 젠더적 의식을 문제삼고, 이를 통해 중심에서 벗어난 주변 문화를 통해 당대 현실에 대응하는 새로운 미학을 개진함으로써 문학 연구의 경계를 넘어선다.

이수안은 "비보이 현상과 재현으로서의 남성성"에서 비보이 현상을 포스트모던한 문화 현상의 하나로 해석하여 남성성이 문화적 재현으로 등장하는 방식을 추적함으로써 젠더 정체성이 포스트모던 사회의 문화 변동에서 일종의 상징적 지표로서 위상을 갖게 되는 과정을 분석했다. 비보이 현상이 등장하게 된 시대적 배경과 배틀battle로 명명되는 공연 형식에 대한 분석을 통해 비보이의 기원을 이루고 있는 '저항성', '반항성', '공격성'이 기존의 젠더 정체성 이론에서 행해진 남성성 논의에서 보여 주는 전형적 남성성의 특성을 보여 주고 있음을 드러내고 있을 뿐 아니라 메트로섹슈얼이나 위버섹슈얼 등 복합적인 젠더 정체성으로 진화하는 양상이 중첩적으로 드러나는 방식을 세밀하게 들여다본다. 이로써 비보이 현상을 통해 젠더 정체성의 문화적 경계가 한편으로는 위악적으로 강화되고 다른 한편으로는 서서히 허물어져 가는 경향을 포착해 내고 있다.

김영숙의 "『여계』의 '여성의 도리' 담론과 유교 젠더 이데올로기"는 젠더 담론과 젠더 이데올로기의 각도에서 『여계』를 분석함으로써 『여계』가 그 이전의 유가 젠더 담론과 어떻게 다른지를 고찰했다. 중국 동한東漢 시기 반소班昭가 쓴 『여계女誡』는 중국 최초의 여성 교육서로서 유가儒家의 정통 사상의 입장에서 처음으로 여성 윤리를 체계화한 것으로 동아시아 젠더 담론의 형성과 발전에 중요한 역할을 했을 뿐 아니라, 오늘날의 젠더 담론에도 여전히 영향력을 행사하고 있다. 이 글은 『여계』가 어머니의 입장에서 딸이 출가한 후 담당해야 할 역할과 책임 등의 문제를 구체적으로 서술한 지침서임을 밝혔다. 또한 『여계』가 여성에 의해 씌어졌지만, 계급 질서를 중시했던 한대 유가 사상의 영향을 받아 젠더 의식 형태의 측면에서 남편에 대한 절대 복종을 강조했고, 또한 그것에 의거하여 여성의 행위 규범을 규정하고 있으며, 이러한 행위 규범이 결과적으로 남녀 불평등의 관념을 더욱 강화했을 뿐 아니라 200여 년 동안 동아시아 여성의 젠더 사유와 행위의 틀을 구속해 왔음을 지적하고 있다.

박경은 "조선 후기 자매自賣 문서에 나타난 하층민 가족 질서"에서 조선 후기의 자매문기를 통해 하층민 가족의 생활에 반영된 사회 규범을 밝힘으로써 조선 후기 권력과 경제력에서 소외되었을 뿐 아니라 목숨을 연명하기조차 어려웠던 하층민 가족 관계에 유교적 사회 규범이 어떠한 방식으로 영향을 미치고 있는지를 파악하고자 했다. 자매문기는 자신이나 자신의 가족을 다른 사람에게 팔았다는 것을 증명하는 문서이다. 매매 대상뿐 아니라 그 자손의 미래에까지 영향을 미치는 중요한 거래에서 누가 매매 주체가 되고 누가 매매 대상이 되었는지는 시사하는 바가 크다. 이를 통해 가족 내에서 지위에 따른 위상과 가족 구성원 간의 권력 관계를 파악할 수 있기 때문이다. 종래의 연구가 양반 가족을 중심으로 유교적 규범이 가족 윤리로서 고착화되어 가는 과정에 대해 연구하고 설명했다면, 자매문기를 통해 본 하층민 가족의 규범에 관한 연구는 유교 이념에 의해 형성된 경계의 지점을 좀 더 구체적으로 밝히는 연구라고 할 수 있다.

김경미의 "젠더 위반에 대한 조선 사회의 새로운 상상 : 『방한림전』을 중심으로"는 젠더 경계의 위반에 대한 새로운 상상을 보여 주는 조선 시대 작품인 『방한림전』을 분석한다. 19세기 말에 창작된 것으로 보이는 『방한림전』이라는 소설은 두 여성 주인공이 성별 체계를 거부하고 나아가 가부장적 결혼 제도를 거부한다는 점에서 매우 급진적인 성의식을 보여 주는 작품이다. 이 작품은 생물학적 여성으로 태어났으나 이를 거부하고 남장으로 평생을 살아가는 새로운 성정체성을 가진 인물(방관주)과 여성의 성정체성을 받아들이기는 하나 결혼을 거부하는 인물(영혜빙)을 등장시키고 있기 때문이다. 김경미는 이러한 설정이 조선 후기에 성행했던 소설 유형인 여성 영웅소설의 플롯에 기초하고 있지만 더 나아가 동성 결혼의 예를 제시한다는 점에서 파격적인 성의식을 보여 준다고 평가했다. 그러나 이러한 파격적인 성의식은 표면화되지 못하기 때문에 주인공은 우울과 냉소를 지니게 되는 것으로 보았다. 이 글은 젠더의 탈/경계가 어떻게 진행되었는가를 문학적 재현뿐만이 아니라 역사적 예에서 찾아보려는 시도를 보여 준다.

탈경계인문학연구단의 젠더분과에서는 위의 연구 성과에서도 보았듯이 1단계 1년차의 연구 목표인 중심과 주변의 경계짓기 현상과 지형을 젠더 관점에서 내용적으로 살펴보고 이를 넘어서는 탈경계가 어떻게 이루어질 수 있는지를 젠더 패러다임을 적용하여 분석했다. 경계짓기의 문화 현상과 이를 '탈'하기 위해 그었던 빗금(/)이 사라질 수 있도록 하고자 더욱 깊이 있는 연구를 진행시키기를 다짐하는 하나의 표현으로 이 연구 결과물들을 묶어서 세상에 내놓는다.

2009년 7월

젠더 연구분과 집필진을 대표하여

이수안 씀

제1부

경계를 가로지르는 언어와 사유

문화들 사이에서 철학하기: 상호문화철학의 대두 _ 최현덕

이방인의 언어와 환대의 윤리 _ 김애령

탈식민 해석의 정치학: 제1세계 독자에게 말걸기 _ 이경란

문화들 사이에서 철학하기:
상호문화철학의 대두*

최현덕

1. 들어가는 말

'상호문화철학'이라는 개념은 대략 1980년대 말경 국제적인 철학 담론 속에 철학적 개념으로 등장하여 빠르게 확산되어 가고 있다. 상호문화철학의 담론을 주도해 가는 학자들에 따라 그 문제 의식과 강조점은 조금씩 차이를 보이고 있기는 하지만, 서구 철학이 지닌 자족적 태도, 서구 철학을 보편 철학philosophia perennis 그 자체로 간주하면서 자기 우월 의식으로 다른 문화권에 속한 사상적 전통을 대상화시키고 그들의 주체적·철학적 목소리를 배제해 온 것에 대해 비판을 가하면서, 다양한 문화 속의 사유 전통들이 함께 동등한 권리를 갖고 참여하여 새로운 대안적 보편성

* 이 글은 2006년 11월 27~29일에 전남대학교에서 주최한 국제학술대회 〈지구화 시대의 연대와 소통: 상호문화철학의 문제들〉에서 발표된 것을 수정한 것으로서, 영문 발표문은 베트남 사회과학원 발행 영문 학술지 *Philosophy* 2008년 2권 6호에 게재된 바 있다.

을 담지하는 철학을 발전시킬 것을 기획하고 있다는 점에서 공통점을 보이고 있다(여기서 염두에 두고 있는 서구 철학이란, 서구의 대학을 중심으로 하는 학계에서 주류로 통용되는 철학으로서, 권위 있는 서구 철학사가에 의해 철학사로 재구성된 내지는 재구성되고 있는 철학을 지칭한다).

상호문화철학의 필요성은 단지 철학의 내부적 상황에서 도출된 것만은 아니다. 상호문화철학의 필요성을 느끼게 하는 철학 외적 요인으로는 첫째, 서구 철학이 전 세계의 철학계를 지배하는 상황의 배경에는 서구 철학이 중요한 인류의 문화적 업적이라는 점을 간과할 수 없겠지만, 서구 철학이 독점적 위상을 누리게 되기까지에는 서구의 막강한 권력과 식민지 지배국으로서 역사가 함께 작용하고 있다는 점(이에 대한 인식과 분석을 위해서는 철학뿐 아니라 역사학, 지식사회학 등 사회과학적 연구가 보완되어야 한다), 둘째, 지난 세기말 경부터 진행되고 있는 세계사적 상황이, 모두가 동등하게 함께 사는 삶의 문화를 가꾸려는 노력에 대해 적대적인 경향을 보이는 점을 들 수 있다.

1980년대 말이라는 시기는 세계사적으로 중요한 의미를 지닌다. 1989년 베를린 장벽이 무너졌고 이어 소련을 비롯한 동구의 현실 사회주의 국가들이 몰락했다. 이후 세계 자본주의는, 더 이상 견제 세력이 존재하지 않는 상황에서, 마치 고삐 풀린 말처럼 자신의 영향력을 세계 곳곳에 확산해 가고 있다. 현재 인류가 직면하고 있는 중요한 문제를 든다면, 신자유주의적 자본주의 시장경제의 전 지구적 확산을 핵심으로 하는 지구화와, 그 반작용으로서의 근본주의fundamentalism의 확산, 이러한 문제들의 집약적이고 첨예한 표현으로서의 전쟁, 이른바 테러와의 전쟁이라는 명목하에 이루어지고 있는 전쟁들을 빼놓을 수 없을 것이다.

시장 경제에 의해 뒷받침된, 강대국 중심의 자본주의 주류문화의 급속한 확산과, 작고 약한 문화의 주변화 현상을 수반하는 지구화globalization라 불리는 과정이 급속도로 진행되는 현재,[1] 상호문화철학이 동시에 발전해 가는 것은 결코 우연이 아니다. 물론 그 이전에도 유럽중심주의에 대한 비판, 다른 문화의 인정을 통한 문화적 다양성에 대해 열린 태도를 보인 철학자들이 있었지만,[2] 상호문화철학이라는 프로젝트는 현재 진행되고 있는 지구화 현상이 수반하는 여러 문제들, 특히 타자와의 관계에서 전면적이고 급진적인 비판을 철학적 차원에서 전개하면서 인류가 연대와 소통의 공동체를 이루기 위한 길을 모색함으로써, 현재 당면한 문제에 관한 철학적 대응이라는 의미를 획득하고 있다.

2. 상호문화철학의 전개 과정

상호문화철학을 하나의 철학으로서 성립시키려는 논의가 본격화되는 시기로는 1980년대 말, 1990년대 초를 꼽는다. 이 시기에 『철학의 세[!] 발생지 : 중국, 인도, 유럽』, 『상호문화철학 : 역사와 이론』, 『아프리카의

1 문화적 차원에서 지구화 현상을 설명하는 이론 중에는, 지구화 과정은 또한 국지적인 문화들로 하여금 빠른 시간 내에 세계 무대에 등장하는 것을 가능하게 해 주었고, 따라서 지구화 과정은 전 지구적 차원에서 다양한 많은 문화들이 공존하게 되는 과정이라는 입장도 존재한다. 이러한 입장은, 지역문화가 국제화되는 현상을 포착하고 있는 점에서는 수긍할 수 있다. 그러나 어떠한 지역문화가 어떻게 전파되는지에 주목해 보면, 지역문화의 국제화는 자본주의적 시장의 논리에 따라 이루어지고 있으며, 문화의 상품화를 강화시키고 있다. 외견상 문화가 다양해진 듯 보일 수 있으나, 이러한 확산이 시장 논리에 따라 이루어진다는 점에서, 결국은 문화가 획일화되고 있다고 주장할 수 있는 것이다(이동연, 2006 참조).

2 라틴 아메리카의 철학자 마르티José Martí는 1877/78년 과테말라에서 한 강의에서, 철학의 발생지가 (그리스뿐 아니라) 세계 여러 곳에 있으며, 콜럼버스가 도착하기 이전 북남미 대륙에 존재했던 사유 전통도 같은 권리로 철학에 포함되어야 함을 주장했다(Martí, 1975a: 335 이하; Martí, 1975b, 47 이하. 이상 Yousefi, / Mall, 2005: 62에서 재인용). 또 한편 쉘러Max Scheler, 야스퍼스Karl Jaspers, 플레스너Helmuth Plessner, 사르트르Jean Paul Sartre 등이 식민주의적 타자관을 내면화한 유럽 철학에 대해 내면적 비판의 단초를 제공한 유럽의 철학자로 꼽히고 있다(Yousefi & Mall, 2005: 41, 64).

철학 : 상호문화철학 개념에로의 접근』, 『문화들의 비교 속에서의 철학 : 상호문화철학에로의 입문』과 같은 책이 나오면서 상호문화철학의 체계화를 시도하게 되고, 본격적 논의가 시작된다(Mall & Hülsmann, 1989 ; Wimmer, 1990 ; Kimmerle, 1991 ; Mall, 1992).

그 후 20년이 채 못 되는 세월이 흐른 지금, 이 기획에 참여하는 학자, 연구자들이 많이 늘어났으며, 연구 서적 출판을 비롯하여 연구 성과들이 계속 축적되고 있다. 무엇보다도 2개 학회의 결성을 비롯한 상호문화철학 연구자들의 네트워크 형성은 상호문화철학의 연구가 연구자 개인의 개별적 열의의 차원을 넘어서 국제적으로 조직된, 지속성을 담보한 활동 양상을 띠게 되었음을 의미한다(Fornet-Betancourt, 2002 : 19). 이와 더불어 상호문화철학에 관한 개념과 입장, 강조점에서도 연구자들 간에 분화되는 양상을 보이고 있다(Fornet-Betancourt, 2002 : 18-23 ; Becka, 2004 : 45-107 ; Yousefi & Mall, 2005 : 41-75). 여기서는 상호문화철학 분야에서 왕성한 출판 활동을 하고 있으며, 학회를 비롯한 네트워크 형성에 중심적 역할을 하고 있고, 학술 대회 개최, 잡지 혹은 기획출판물을 간행하고 있는 철학자들을 중심으로 그 활동 전개 상황을 간단히 소개하고자 한다.

상호문화철학회

인도 태생으로서 뮌헨대학의 철학교수인 말Ram Adhar Mall을 중심으로 1992년 상호문화철학회Gesellschaft für interkulturelle Philosophie, www.int-gip.de가 독일 쾰른에서 결성되어 지금까지 활발한 활동을 하고 있으며, 현재 전 세계적으로 약 350여 명의 학자들이 이 학회의 회원이다. 2004년부터는, 쾰른대학의 빅만Claudia Bickmann 교수가, 말 교수의 뒤를 이어 학회

장을 맡고 있다. 창설 이래 지속적으로 상호문화철학에 관한 국제 학술대회를 개최해 왔으며, 2004년 7월에는 〈전통과 전통의 단절 : 상대화하는 회의와 독선적 자기 주장 사이에서의 상호문화적 관점〉이라는 제목으로, 2006년 7월에는 〈종교의 도전 : 종교와 철학의 갈등? 상호문화적 관점에서〉라는 제목으로 학술대회를 개최했다. 1993년 이래 말 교수는 〈상호문화철학 연구Studien zur Interkulturellen Philosophie〉라는 기획총서를 암스테르담과 뉴욕 소재 로도피 출판사에서 간행해 오고 있으며 현재 17권까지 발행되었다. 출판 서지 목록은 이 학회 웹사이트에서 볼 수 있다.[3]

말R. A. Mall은 서로 다른 문화 간의 이해에 관한 문제를 해석학적으로 규명하는 데에 연구에 중점을 두고 있으며, 동일성의 해석학identical Hermeneutics이라는 한 극단과 비교불가능성incommensurability이라는 다른 극단 사이에서, 유사성의 해석학analogous Hermeneutics이라는 제3의 길을 제안하고 있다. 동일성의 해석학에 따르면, 낯선 자를 자기화해 버려, 낯선 자를 그의 고유성 속에서 이해하는 것이 어렵게 되며, 또한 다름을 너무 강조한 나머지 비교불가능성에 빠져버리면, 낯선 자를 이해하는 것 자체가 불가능해진다는 것이다. 그는 서로 다른 문화 속에 존재하는 중복성overlapping에 의거하여 상호간 이해의 기반으로 삼고, 첫 단계의 소통을 가능하게 할 것을 제안한다. 그는 어떤 하나의 문화를 절대적 일반성의 위치에 두고서, 다른 문화들을 그 절대적인 것의 부분적 형태로 환원해서는 안 된다고 경고한다. 구체적인 문화적 · 역사적 주체를 넘어서서 존재하는 하나의 보편적 · 해석학적 주체는 없다고 보며, 유사성의 해석학, 즉 중복성을 찾아 서로를 이해하려는 노력은 "다른 주체를 환원하지 않은 채, 성찰적이고 매개적인 태도로 그를 동반하는 것," 즉 상호문화적 이해

3 http://www.int-gip.de/index.htm => "Publikationen"

에 도달하는 길이라고 설명한다.[4]

비엔나 상호문화철학회

1994년에는 비엔나대학의 철학교수인 비머Franz Martin Wimmer를 중심으로 비엔나 상호문화철학회Wiener Gesellschaft für interkulturelle Philosophie, www.wigip.org가 결성되었다. 이 학회는 1998년부터 『폴리록. 상호문화적으로 철학함을 위한 잡지*Polylog. Zeitschrift für interkulturelles Philosophien*』를 독일어로 발간해 오고 있으며 지금까지 20호를 간행했다. 또한 여러 언어로 인터넷에 띄워 놓은 포럼 〈폴리록. 상호문화철학 포럼Polylog. Forum für interkulturelle Philosophie〉(www.polylog.org)을 2000년부터 운영해 오고 있다.

비머는 상호문화철학의 실천 원칙으로서 다음과 같은 최소 규칙을 내세운다. 즉, 어떤 철학적 명제가 형성되는 과정에서, 단지 하나의 문화적 전통만이 작용했다면, 그 명제는 논증이 잘 된 명제로 보지 말라는 것이다. 긍정적으로 표현한다면, 가능한 한 많은 문화권에 중복되어 나타나는 철학적 개념 내지는 명제를 찾으라고 한다. 잘 논증된 명제는 여러 문화 전통 속에서 중복되어 나타나기 마련이라는 것이다. 우선 이러한 최소 규칙만을 지켜도 철학 연구자들이 다른 문화권에 대한 태도가 달라질 것이라고 그는 보고 있다(Wimmer, 2004 : 50 이하).

비머는 철학사 재구성에 큰 관심을 가지고 있다. 어느 지역에 국한되어 씌어진 철학사, 예를 들어 서양 철학사는 그 나름대로 충분한 의의가 있다. 그러나, 어느 한 지역의 철학사가 스스로를 보편적 철학사로 주장한

4 Mall, Ram Adhar, "Toward a Theory and Practice of an 'Analogous' Intercultural Hermeneutics," in: http://www.int-gip.de/intercultural.htm.

다면, 결코 정당하지 못하다. 그런 의미에서 세계 철학사는 아직 시도 단계에 불과하다. 이를 위해서는 상이한 사상 전통들이 함께 참여해야 할 것이고, 각각의 사상 전통에 걸맞은 방법론이 개발되어야 할 것이다. 이 과정에서 비머는 다양한 사상 전통들이 '폴리록'에 참여할 것을 주창한다. 폴리록이란, dia-log이 둘 사이의 대화를 의미하는 데 반해 많은 편들이 함께 참여하여 나누는 담화임을 강조하려고 비머가 고안해 낸 신조어이다.

〈국제 상호문화철학 대회〉와 〈남북반구의 철학대화 세미나〉

1995년부터는 브레멘대학의 철학교수이며 미시오 선교학연구소의 남미연구국장인 라울 포르넷 베탕쿠어Raúl Fornet-Betancourt의 주도 하에 격년으로 〈국제 상호문화철학 대회〉가 멕시코, 브라질, 인도, 독일, 스페인, 아르헨티나 등지에서 개최되어 왔으며, 제8차 회의는 2009년 7월 서울에서 열릴 계획이다. 매번 대회가 끝난 후 그 결과를 책으로 출판하여 지금까지 7권이 출간되었다.[5]

포르넷 베탕쿠어 교수는 또한 1989년 이래 〈남북반구의 철학대화 세미나Philosophisches Dialogprogramm Nord-Süd〉라는 이름으로, 빈곤, 인권, 민주주의, 새로운 형태의 식민주의, 연대 등의 주제를 놓고, 남반구와 북반구의 철학자들이 각기 자기의 콘텍스트에 뿌리박은 철학적 성찰을 기반으로 대화를 나누는 프로그램을 진행해 왔다. 제12차 대회가 지식문화를 주제로 하여 2007년 1월에 인도 마드라스에서 열렸고, 지난 2008년 12월 제13차 대회가 스페인 바르셀로나에서 '대지의 의미'를 주제로 하여 열렸

5 매회 대회 주제와 출판물 서지 사항: http://www.mwi-aachen.org/ forschungvermittlung/ themen/ philo_interkultur/ default.asp#0

으며, 제14차 대회는 2010년 5월 브라질 상 레오폴두São Leopoldo에서 열릴 예정이다.[6] 이 프로그램 역시 매번 대회가 끝난 후 그 결과를 책으로 출판하여 지금까지 12권이 출간되었다. 또한, 이 두 가지 대회들이 정기적으로 개최되면서, 참석자들 간에 일종의 네트워크가 형성되어 왔다.

포르넷 베탕쿠어 교수는, 1997년 〈대화 속의 사유 전통들—해방과 상호문화성을 위한 연구〉라는 제하의 기획 총서 시리즈를 상호문화적 소통을 위한 이코 출판사IKO-Verlag für interkulturelle Kommunikation에서 발행하기 시작하여 2008년까지 28권이 출간되었다. 그가 일하고 있는 미시오 선교학연구소에서는 2002년부터 『차카나. 신학과 철학을 위한 상호문화 포럼』이라는 잡지를 발간하여 상호문화철학과 신학의 논의의 장을 제공해 왔으나 이 잡지는 2005년 연구소 정책 변화로 인해 6호를 마지막으로 폐간되었다.[7] 이 연구소의 아시아 연구국에서는 2003년과 2004년에 아시아 철학자들 사이에 상호문화철학적 담론을 발전시켜 가기 위한 국제 철학 학술대회를 스리랑카와 필리핀에서 개최한 적이 있으나, 그 후속 작업 역시 연구소 정책 변화로 중단되었다.[8]

포르넷 베탕쿠어 교수는 상호문화철학을 다양한 사유 전통이 참여하는

6 매회 대회 주제와 출판물 서지 사항: http://www.mwi-aachen.org/ forschungvermittlung/ themen/ nordsueddialog/ dialog_philo.asp

7 http://www.mwi-aachen.org/publikationen/institut/chakana/
이외에 상호문화철학과 관계된 기획출판 시리즈로는, 브레멘대학의 유네스코 철학 석좌교수인 한스 요르그 산드퀼러Hans Jörg Sandkühler가 튀니지의 투니스대학과의 협력 사업의 일환으로 그곳 대학 파디 트리키Fathi Triki 교수와 공동으로 발간하는 〈함께 사는 삶의 철학Philosopher le vivre-ensemble / Philosophie des Zusammen-Lebens〉 시리즈가 페터 랑 출판사에서 출판되고 있으며, Hamid Reza Yousefi, Klaus Fischer, Ram Adhar Mall, Jan D. Reinhardt, Ina Braun이 발간하는 〈상호문화 도서관Interkulturelle Bibliothek〉 시리즈가 Traugott Bautz 출판사에서 2004년 이래 간행되고 있다.

8 마닐라에서 열린 학술대회의 보고: Choe, 2006. 스리랑카에서 열린 대회에서 발표된 몇몇 논문들은 다음에 수록되어 있다. Vijñnadîpti. *A Journal of Philosophico-Theological Reflection*, Vol.6, No. 2, June 2004 (published by the Vijinananilayam. Institute of Philosphy and Religion, Janampet, Vijayarai-534 375, Eluru, A.P., India).

대화를 통해 기존 철학을 급진적으로 변혁시키는 기획으로 보고 있다. 그에 따르면, 상호문화철학의 기획이란 기존의 주류 철학의 패러다임을 그대로 인정한 채, 주변화된 문화권의 사유 전통을 알리고, 그것을 주류 철학에 포함시키는 정도의 작업이어서는 안 된다고 한다. 그는, 상처입은 역사에 대한 기억을 철학적으로 성찰하면서, 서구 식민주의로부터 파생된 인식론적 편견을 극복하여, 서구 철학이 상정한 '합리성'의 범주 자체를 재검토할 것을 요청한다. 바로 이 범주에 의해 비서구 지역의 많은 문화권들 내에 존재했던, 혹은 아직도 존재하는 사유 및 지식의 형태들이 철학의 범주 밖으로 밀려나 있다. 이는 다른 문화권에 존재하는 철학적 사유의 중요한 자원들을 활용하지 않고 썩히는 행위에 해당한다. 포르넷베탕쿠어 교수는 모든 문화권의 사유 전통들을 동등하게 취급하여, 철학이 무엇인가에 대한 정의 자체부터, 다양한 사유 전통들의 교류와 대화 속에서 형성되도록 해야 철학이 진정한 보편성에 이르게 될 것임을 지적한다.

이상의 세 경향들은 현재 상호문화철학계에서 일종의 분업 형태로 존재하며 긴밀한 협력 관계를 유지하면서 각기 활발하게 활동을 전개해 오고 있다.

3. 상호문화철학의 개념

이상에서 본 바와 같이 상호문화철학이 분화 발전해 가고 있는 과정에서, 명확하게 모두가 동의하는 정의를 내린다는 것은 어렵다. 여기서는 필자가 2001년 이래 5년간 일했던 미시오 선교학연구소를 중심으로 상호문화철학 운동에 동참하면서 배워 온 것들을 기반으로 하여, 개념 설명을 시도해 보고자 한다.

'상호문화철학'은 intercultural philosophy(영어)의 번역으로서, '상호문화적'이라는 형용사가 '철학'의 특성을 규정해 주고 있다. 여기서 '상호문화적'임은 철학을 할 때의 관점perspective을 의미한다. 즉, 상호문화철학은 인식론, 논리학, 윤리학, 미학 등과 같이 고유한 대상 영역을 갖고 있는 철학의 한 분야를 뜻하는 것이 아니라, 철학의 모든 분야를 통괄하되, 상호문화성이라는 새로운 관점에서 비판하고 이론을 전개시켜 가는 철학이다. 물론, 상호문화철학의 전형적인 문제 의식에 연관된 영역들('타자성', '차이', '이방인의 해석학', '다문화성/상호문화성/초문화성' 등)이 있기는 하지만, 이들 문제들 역시 철학의 어느 한 분야에 국한하여 논의될 성격이 아니다. 이런 점에서 여성(주의)철학feminist philosophy과도 유사성이 있다. 여성 철학은 성차 문제 등 그 나름대로 전형적인 문제 영역들을 갖고 있지만, 철학의 전 분야를 관통하여 성 차별적 관점에서 문제를 제기하기 때문이다.

상호성

관계성

'inter'라는 접두어는 관계의 측면을 표현한다. 즉 상호문화성이라는 개념에는 여러 문화들이 어떠한 형태로든 서로 관계 속에 놓여 있는 상황에 대한 표상이 전제되어 있다. 바로 이런 측면에서 '상호문화성'이라는 개념은 '다문화성multiculturality' 개념과 구별된다.

'다문화성'이라는 개념은 한 사회 속에 여러 문화가 공존하는 현실에 직면하여 그러한 현실 속에서 생기는 문제들을 좀 더 정확하게 파악해 내어 설명하고 해결을 모색하기 위한 개념으로 도입되었다. 우리나라에서도 얼마 전부터 이주 노동자들이 증가하고, 국제 결혼이 크게 늘어나면서 '다문화 사회'에 대한 논의가 시작되고 있다.

하나의 사회를 단일 문화권으로 상정함으로써, 그 사회 속의 문화적 소수자들을 배제 또는 차별해 온 것에 비교해 볼 때, 한 사회 속에 여러 문화의 존재를 인정하는 '다문화성' 개념은 분명 진일보한 것임에는 틀림이 없다. 그러나 다른 한편, '다문화성' 개념에는 여러 다른 문화들이 존재하는 것에만 초점을 맞추었을 뿐, 이들 문화 간의 관계에 대한 표상이 결여되어 있다. 정작 중요한 문제, 즉 여러 다른 문화들이 어울려서 어떻게 평화적인 상생의 삶을 이루어 갈 수 있는가 하는 문제에 대한 답을 모색하는 과정에서, 자칫 존재하는 모든 문화적 소수 그룹들을 상대주의적으로 인정해 주는 것으로 나아갈 수 있다. 또는, 여러 문화들이 함께miteinander가 아니라, 서로에게 무관심한 채, 제각기 게토ghetto화되어 그저 병존nebeneinander하게 함으로써, 갈등의 잠재력을 부추긴다는 비판도 받고 있다.

실제 여성주의자들이 제기한 다문화주의에 대한 비판은 어느 소수 그룹이 여성을 억압하는 문화적 관행을 가지고 있을 때, 다문화주의의 이름으로 이 그룹의 문화적 자주권을 인정해 줌으로써 여성의 인권 유린 현상을 묵인 내지는 조장해야 하는가에 초점이 맞추어져 있으며, 이는 다문화주의가 문화적 상대주의에 빠질 수 있음에 대한 심각한 경고라고 보아야 할 것이다.[9]

'상호문화성' 개념에는 관계에 대한 표상이 기본을 이룬다. 그러면 그 관계는 어떠한 관계인가의 물음이 다음으로 제기된다.

9 여성주의적 입장에서 행한 오킨Susan Moller Okin의 다문화주의 비판, 이에 대한 킴리카Will Kymlicka의 답변을 비롯하여 이 문제에 대한 다각도의 논쟁을 담고 있는 책으로 Okin, 1999 참조. 이 글에서 논의할 수는 없으나, 문화 다양성의 존중과 여성주의는 서로 모순적일 필요는 없다. 이 둘의 공존의 가능성을 논증하는 연구서로는 Benhabib, 2002 참조.

동등성

'상호성'은 더 나아가, '동등성/평등성'을 함축한다. 따라서 '상호문화성'은 문화 간의 만남에서 모든 문화가 각기 주체이며, 힘의 크기에 상관없이 각기 동등한 권리를 갖고 있음을 뜻한다. 이는 타자를 그의 고유성 속에서 인정하는 것(차이의 인정), 다양성을 존중하는 데로 귀결된다. 인식론적 차원에서 보자면, 다른 문화를 이해하는 데에서도 한편은 해석의 주체가 되어 다른 편을 해석의 객체로 삼아 대상화하는 것이 아니라, 이해하고자 하는 편과 이해받고자 하는 편이 동등하게 해석학적 주체로 만나 대화를 통해, 스스로의 세계를 상대방이 이해할 수 있도록 번역 작업을 공동으로 수행할 것을 요구한다(Fornet-Betancourt, 2002b : 53 이하). 실천철학적 차원에서 보자면, '동등성/평등성'은 지배와 피지배의 관계, 한쪽이 다른 쪽을 주변화하는 모든 흐름의 중심주의(서구 중심주의, 중국 중심주의, 아리아족 중심주의 등)를 배격함으로써 소통과 연대 관계를 이루기 위한 단초를 제공한다.

이는 물론, 식민주의 역사가 남긴 문화, 지구화 과정이 몰고오는 문화적 현실(작고 약한 문화의 주변화)과는 정반대되는 표상이다. 즉, 상호문화성이라는 개념은 당위적 · 규범적 성격을 지니고 있다. 이는 이 개념이 단지 현실을 묘사하기 위해서가 아니라 현실을 개혁하고자 하는 의지를 바탕으로 탄생된 것에 기인한다.

'대화'

일상적인 차원에서 보자면, '대화'를 통한 소통이란 서로 다른 사람들, 혹은 서로 다른 문화권을 대표하는 사람들이 만나는 데 기본을 이루는 것으로, 너무나 당연해서 사소해 보이기까지 한다. 그러나 서로 다른 문화권에 속한 사유 전통들 간에 상호 인정을 바탕으로 하는 동등한 대화가 거의 이루어지지 않고 있는 지금까지의 현실에 비추어 볼 때, 상호문화철학자들이 '대화'를 강조하는 것은 큰 의미를 가진다.

키멀레Heinz Kimmerle[10]는 상호문화적 대화에서 다음 사항들을 염두에 둘 것을 강조한다(Kimmerle, 2002 : 12, 80-86).

첫째, 대화 참가자들이 각기 다른 의견들을 갖고 있고, 그들이 하는 말의 내용이 다르다 하더라도, 지위에서 동등성을 인정받아야 한다.

둘째, 대화의 결과가 어떻게 나올지는 열려 있어야 한다. 이는 대화의 과정 속에서 서로가 자신을 변화시킬 가능성을 열어 두어야지, 자신의 견해로 상대방을 설득시키려는 식의 태도, 대화의 결과를 이미 선취하려는 태도로 진행되는 이야기는 결코 대화라 불릴 수 없다는 것을 뜻한다.

셋째, 서로가 서로를 이해하게 되는 데에는 언어 내지 토론만이 유일한 수단이 아니라는 것을 고려한다.

넷째, 내 자신이 혼자서는 결코 알지 못했을 것을 상대방에게서 들을 수 있을 것이라는 기대를 가지고 대화에 임한다.

상호문화철학에서 '대화'는 단순히 소통의 한 방편에 불과한 것이 아니다. 각기 자기의 문화적 콘텍스트에 뿌리박은 사유 전통들(개별자)을 존중한다는 것이 문화상대주의에 빠지지 않고 보편성을 획득하게 하는, 어떻게 보면 모순적으로 보이는 과제를 해결하는 길을 상호문화철학자들은 '대화'에서 찾고 있다. 이렇게 볼 때 '대화'는 새로운 대안적 보편성을 모색하는 상호문화철학의 중요한 구성 요소가 되고 있다.

10 네덜란드 로테르담대학의 철학과에서 '상호문화철학의 기초' 연구를 담당하는 교수로서 재직하다가 은퇴했으며, 아프리카 철학을 깊이 연구한 키멀레Heinz Kimmerle는 상호문화철학이 형성되는 데 큰 역할을 한 대표적 철학자 중 한 사람으로서 은퇴 후에도 상호문화철학과 관련된 많은 책들을 저술해 오고 있다.

문화

철학의 콘텍스트로서 문화

철학, 즉 인간의 사유 활동은 인간이 뿌리내리고 살고 있는 구체적 삶의 장소, 문화의 장에서 이루어진다. 철학은 철학자가 의식하든 안 하든, 그가 살고 있는 사회적 · 역사적 · 문화적 맥락 속에서 형성되며, 철학과 그 맥락 사이에는 명시적이든 묵시적이든 간에 상호 의존적 관계가 있다. 이런 점에서 볼 때, 한 지역에서 그 지역의 문화적 맥락을 바탕으로 형성된 패러다임을 갖고 있는 철학을 절대화하여, 전 세계의 보편적 철학으로 규정하는 것은 정당할 수 없다(Fornet-Betancourt, 2002a : 13).

이 지구상에는 다양한 문화적 맥락들이 존재하며, 이에 따라 다양한 형태와 내용의 철학이 발생하게 된다. 또한 철학이 표현되는 방식, 조직화 · 제도화되는 방식에도 많은 차이가 있다. 서구에서 철학이 전통적으로, 대학에서의 강의, 세미나, 연구 서적 출판, 철학회 결성, 철학 학술대회에서의 강연 등의 형태로 표현되고 제도화되어 왔지만(Fornet-Betancourt, 2002a : 14), 아프리카에서는 마을 사람들이 모인 자리에서 행해지는 현자賢者의 구술口述 형태로 표현되기도 했다. 문화적 맥락의 다양성에 대한 인식은 철학의 내용, 형태, 표현 방식 등의 다양성을 인정해야 하는 근거를 제공한다.

일찍이 헤겔Georg W. F. Hegel이 "개념으로 포착된 시대"라는 말로 철학을 정의하기도 했듯이, 철학은 철학자가 처해 있는 시대적 · 문화적 맥락 속에서 자라나는 것인가 하면, 그 시대 그 문화를 만들어 가는 요소이기도 하다(Fornet-Betancourt, 2002a : 14). 이는 한편으로는, 철학의 자기 인식 작업에, 자신의 맥락에 대한 의식적인 성찰을 포함시킬 것을 요청한다. 다른 한편으로는, 철학의 프락시스에 대해 생각하게 한다. 여기에 입각하여 특히 포르넷 베탕쿠어는 상호문화철학이 상호문화성에 입각한 사회를 향한 개혁 작업에 철학적 작업을 통해 투신할 것을 주창한다.

문화의 경계

서로 대화를 나누는 개별 문화들은, 꼭 국경선 혹은 기타 지역적 경계에 따라 규정된 단위의 문화를 뜻하는 것은 아니다. 한 사회 내에 여러 문화가 존재하고, 또한 이에 따라 권력 관계 역시 복잡하게 얽혀 있는 것이 현재의 현실이고 보면, 지역을 단위로 하여 구별되는 문화, 그 지역 내에서의 단일성homogeneity을 전제로 하는 문화 개념으로는 사회 현실을 제대로 설명해 낼 수 없을 뿐 아니라, 한 사회의 주류문화를 그 사회의 유일한 문화인 듯 내세우는 이데올로기적 기능까지 수행한다. 이는 주류문화와는 다른 소수문화 혹은 저항문화들은 마치 그 사회에 속하지 않은 것인 양 호도하고, 차별, 억압하는 결과를 낳는다. 한국에 시집온 베트남 며느리에게, 그 며느리의 식성은 전혀 고려하지 않은 채, 매운 한국 음식만을 먹고 요리하라고 일방적으로 강요하는 데에는, 이러한 단일 문화 개념이 근저에 깔려 있다.

상호문화적 대화에 참가하는 문화의 범위는 그때 그때 설정된 주제 혹은 맥락에 따라 매번 새로이 정해져야 할 것이다. 인도에서 불교 철학과 힌두 철학 간의 상호문화철학적 대화를 나눌 수 있으며, 남미 내에서 이식된 서구 문화와 인디오 문화 간의 대화가 있을 수도 있다. 여성 철학의 주도 하에 남성문화와 여성문화 간의 대화가 이루어질 수도 있을 것이며, 청년문화와 노인문화 간의 대화가 있을 수도 있다. 지역적 단위의 단일 문화 개념을 거부하면서도, 특정한 틀 안에서라면, 예를 들어 일본 문화와 한국 문화 간의 대화(예를 들어 제국주의적 폭력 지배와 식민지 문화라는 틀 안에서), 한국 문화와 베트남 문화 간의 대화도(예를 들어 베트

남전쟁과 관련된 과거 청산 문제의 틀 안에서) 행해질 수 있다.

문화적 상대주의에 대한 입장

다양한 문화적 콘텍스트를 동등하게 존중한다고 해서 문화적 상대주의로 빠질 필요는 없다. 이 점이 상호문화철학이 포스트모더니즘이나 로티Richard Rorty 식의 맥락성 개념과 구별되는 측면이다. 상호문화철학은 서구 철학이 자신에 대해 주장하는 보편성의 정당성을 인정하지 않을 뿐, 보편성에의 요구를 포기하지 않는다. 상호문화철학은 어느 한 철학적 패러다임에 의거하여 선험적으로 설정된 사유를 전 세계의 보편적 사유로 주장하는 것에 반대하면서, 다양한 문화 맥락 속에서 형성된 사유 전통들이 자신의 역사와 사회 현실을 철학적으로 성찰해 가면서 대화를 통해 상이한 경험들과 상이한 관점들을 교환해 가며 과정적으로 철학을 만들어 가는 데에서 보편성이 형성되는 것이라고 보고 있다. 이러한 보편성은 또한 한편이 다른 한편에게 강요할 필요가 없는 보편성이 될 것이다.

철학

철학의 자기 정체성, 즉 철학이 무엇인가 하는 문제는 그 자체가 철학적 탐구 대상이다. 이는 자신의 연구 대상을 외부에서 규정받는 다른 개별 과학과 구별되는 철학의 특성이다. 리터Joachim Ritter, 그륀더Karlfried Gründer, 가브리엘Gottfried Gabriel 등이 엮은 『철학 개념사 사전*Historisches Wörterbuch der Philosophie*』에서 '철학'이라는 개념의 역사에 얼마나 많은 면수를 할애하고 있는가만 보아도, 이 문제의 중요성을 알 수 있다. 서구 철학 내에서만 보더라도, 철학의 개념은 계속 새로이 규정되어 왔다.

유럽에서 학술 활동을 하다 보면, 서구 철학만이 철학이라는 의견을 갖고 있는 철학자들이 의외로 많음을 느끼게 된다. 이유는 철학이란 '합리성'을 바탕으로 하고 있으며, 이 '합리성'은 그리스에서 시작된 특유한 사유 전통의 산물이라는 것이다. 비서구 지역에도 사유 전통들은 있어 왔지만, 이는 서구에서 형성된 철학의 개념에는 맞지 않으며, 따라서 '삶의 지혜'라든가, '우주관', '신화' 등으로 명명하는 것이 적합하다는 것이다.

서구의 대학에서도 중국 철학, 인도 철학, 일본 철학을 연구하고 가르치지 않느냐는 반론이 나올 만한데, 이들 철학은 대부분 철학과에서가 아니라 중국학, 인도학, 일본학의 범위에서 연구되고 가르치고 있다. 중국학자, 인도 학자, 일본 학자들은 대부분 철학을 전문으로 연구하는 학자들이 아니며, 그들이 가지는 관심도 철학적 관심(제기된 철학적 문제에 대해 인도, 중국, 일본 등의 철학 내in에서 진리를 찾으려는 관심)에서라기보다는, 이들 지역의 문화 현상으로서 철학에 대해über 연구하려는 태도가 주종을 이룬다.

비교철학을 철학과에서 다루는 대학들이 있으나, 첫째, 비교 대상으로 삼는 철학이 대부분 동양(중국, 인도)으로 집중되어 있어, 아프리카나 남미의 철학은 거의 제외되어 있다. 둘째, 대상의 역사적 접근에 머무르는 경향이 강하다. 셋째, 주로 서양 철학의 대표적인 개념이나 문제에서 출발하여 그에 상응하는 철학적 서술을 동양의 고전에서 찾아내어 비교하는 식이기 때문에, 서구에서 행해지는 비교철학은 서구와 비서구 철학의 동등한 대화가 이루어지는 장이라고 보기 어려우며, 비서구 철학을 동등하게 다루고 있다고 보기도 어렵다.

언어분석 철학 쪽에서는, 서양 철학만이 철학인가 아닌가의 문제는 '철학' 개념의 분석을 통해 해결할 수 있는 간단한 문제로 볼 수도 있겠다. 그러나 철학 개념의 분석을 통해 어떤 개념 하에서는 비서구 지역에서도 철학이 존재하며, 어떤 개념 하에서는 존재하지 않는지로 밝혀 놓는다고 해서 문제가 다 해결되지는 않는다. 첫째, 철학 개념의 유무에 관한 논란에는 묵시적으로 철학적 사유를 양산한 문화권의 우월성과 그렇지 못한 문화권의 열등성의 뉘앙스가 함께 들어 있어 문화의 우열을 가리는 작업이 무의식적으로 병행되고 있다. 둘째, 철학에 대한 배타적인 정의로 인해 다른 사유 전통의 유산을 배제한다는 것은, 철학 자신의 지평을 좁히는 결과를 초래한다.

이 시점에서 동아시아에서 '철학' 개념 수용의 역사의 한 측면을 돌아보고자 한다. 처음 천주교를 통해 서양 철학이 중국에 소개되었을 때, '철학'은 philosophia를 한자로 음역하여 지칭되었다. 19세기 후반에 이르러 일본 학자가 philosophia의 뜻을 번역하여 '지혜에의 사랑/희구의 학문'를 뜻하는 '希賢學', '希哲學'과 같은 신조어를 고안했고, 점차로 '밝음(지혜)의 학문'이라는 뜻의 '哲學'이 정착하게 된 것이라고 한다(백종현, 1999 : 35-45). 철학이라는 용어가 널리 쓰이게 되면서, 본래 서양 철학만을 지칭하던 이 용어는 중국, 일본, 한국에 있던 사유 형태를 포괄하여 지칭하게 된다.

처음 서양 철학이 소개되면서 이를 지칭하기 위해 신조어가 생겨났다는 것은, 우리 선조들이 서양 철학을 한편으로는 아주 낯선 것으로 느끼면서 다른 한편으로는 이를 사귀고자 하는 호기심과 호감을 갖고 받아들였음을 뜻한다. 이 단계에서는 우리 자신의 것과 낯선 것이 어떤 관계를 맺게 될지 아직 불분명하다. 낯선 것은 우선 낯선 것으로 두어져 있다. 시간이 흐르면서, 이 낯선 것 속에서 우리 것과 비슷한 것을 발견한 듯하다. 우리의 사유 전통도 철학이라는 이름으로 부르기 시작했다는 것은 처음에 낯설었던 것이 우리 자신의 것으로 통합되어 가는 과정을 뜻한다. 이 과정은 낯선 것과 우리 자신의 것이 동시에 변화하여 새로운 것으로 변환

되는 과정이기도 한다. 철학이라는 개념의 도입과 더불어 한국의 사유 전통 내지는 사유문화는 큰 변혁을 겪었다. 서양 철학의 수용과 그것이 준 한국의 전통적 사유에의 자극을 통해 한국의 사상계는 새로운 것이 되었다. 물론 식민지 역사를 비롯하여 서양 철학을 수용하는 태도 등, 자기 비판적으로 성찰해야 할 부분은 많지만, 기본적인 틀로 보았을 때, 낯선 것과 자신의 것, 새 것과 낡은 것 사이의 변증법적인 동력을 통해 자기 갱신을 이루어 가고 있다고 생각된다.

철학은 자신의 개념 자체를 상호문화적 관점에서 개방할 필요가 있다. 한 문화권에서 형성된 개념을 고수하여, 다른 사유 전통들에 배타적인 태도를 보이는 것보다, 다양한 사유 전통들이 함께 참여하여 뒤얽혀서 배타가 아닌 포용의inclusive 과정을 거쳐 자신을 진정한 보편성에로 고양시키는 것, 이것이 상호문화철학 프로그램의 핵심일 것이다.

참고 문헌

백종현, 「'한국 철학'이란 무엇인가?」, 『한국 현대철학 100년의 쟁점과 과제』, 한국철학회 펴냄, 1999년 춘계학술대회보, 1999.

Becka, Michell, *Anerkennung im Kontext interkultureller Philosophie*, Frankfurt am Main/London, 2004.

Benhabib, Seyla, *The Claims of Culture: Equality and Diversity in the Global Era*, Princeton and Oxford: Princeton Unviersity Press, 2002.

Choe, Hyondok, "Praxis of Interculturality in Asia," *Dominance of Cultures and Interculturality, Documentation of the 6th International Congress for Intercultural Philosophy*, Hg. Raúl Fornet-Betancourt,

Frankfurt am Main: IKO-Verlag, 2006.

Fornet-Betancourt, Raúl, *Zur interkulturellen Transformation der Philosophie in Lateinamerika*, Frankfurt am Main/London: Iko-Verlag, 2002a.

——, "Hermeneutik und Politik des Fremden. Ein philosophischer Beitrag zur Herausforderung des Zusammenlebens in multikulturellen Gesellschaften," *Verstehen und Verständigung. Ethnologie – Xenologie – Interkulturelle Philosophie. Justin Stagl zum 60. Geburtstag*, Hg. W. Schmied-Kowarzik, Würzburg, 2002b.

Kimmerle, Heinz, *Philosophie in Afrika: Annäherungen an einen interkulturellen Philosophiebegriff*, Frankfurt am Main, 1991.

——, *Interkulturelle Philosophie zur Einführung*, Hamburg, 2002.

Mall, Ram Adhar, *Philosophie im Vergleich der Kulturen. Eine Einführung in die interkulturelle Philosophie*, Bremen, 1992.

——, "Toward a Theory and Practice of an 'Analogous' Intercultural Hermeneutics," in: http://www.int-gip.de/intercultural.htm.

Mall, Ram Adhar & H. Hülsmann, *Die drei Geburtsorte der Philosophie.* China, Indien, Europa, Bonn, 1989.

Martí, José, "Judicos, Filosofía," *Obras completas*, 19, La Habana, 1975a.

——, "Cuadernos de apuntes," *Obras completas*, 21, La Habana, 1975b.

Okin, Susan Moller, *Is Multiculturalism Bad for Women?*, Princeton: Princeton University Press, 1999.

Wimmer, Franz Martin, *Interkulturelle Philosophie: Geschichte und Theorie*, Wien, 1990.

Yousefi, Hamid Reza & Ram Adhar Mall, *Grundpositionen der interkulturellen Philosophie*, Nordhausen, 2005.

이방인의 언어와 환대의 윤리*

김애령

1. 들어가는 말

소포클레스의 『클로노스의 오이디푸스』는 이제 막 클로노스 숲에 당도한 안티고네와 오이디푸스의 대화로 시작된다. 오랜 방랑 끝에 딸 안티고네의 손에 이끌려 클로노스의 성스러운 숲에 당도한 눈먼 방랑자 오이디푸스는 그들이 도착한 그곳이 어디인지, 환대를 기대할 수 있는 곳인지 확인하고자 한다. 그러기 위해 오이디푸스는 다가오는 클로노스인을 "이방인이여!"라고 불러 세운다. 데리다Jacques Derrida는 이방인의 문제를 숙고하는 자리에서, 이 장면을 인용한다(데리다, 2004b : 78). 이 장면은 '이방인'이 존재 규정이 아니라, 위치에 따라 상대적으로 주어지는 호칭임을 보여 준다. 즉 오이디푸스는 클로노스 땅에 이제 막 도착한 방랑자

* 이 글은 『철학과 현상학 연구』 39집(2008년)에 게재된 논문을 수정·보완한 것이다.

요 이방인이지만, 오이디푸스의 입장에서 보자면 그 고장 사람이 낯선 이방인인 것이다.

이렇게 서로에게 이방인으로 마주한 양측은 대화를 시작한다. 도착한 그곳에서 예언에 따라 안전한 죽음의 장소를 제공받고자 하는 오이디푸스는 우선 그 고장 사람들이 던지는 "당신은 누구인가? 당신은 누구의 아들인가?"라는 물음에 답할 수 있어야만 한다. "사람들은 익명의 도래자에게, 또는 이름도, 성도, 가족도, 사회적 위상도 없어서 이방인(외국인)으로 취급되지 못하고 야만적 타자로 취급되어 버리는 사람에게는 환대는 베풀 수 없기 때문이다"(데리다, 2004b : 70).

다가오는 이방인이 누구인지 알 수 없을 때, 그의 의도와 목적에 대한 의심을 떨칠 수 없을 때, 그래서 그가 안전한 이방인인지 야만적인 타자인지 확인할 수 없을 때, 환대는 어려움에 봉착한다. 따라서 환대를 기대하는 이방인은 서로에 대한 탐색이 미궁에 빠지지 않도록 토박이의 언어로 물음에 답할 수 있어야 한다. 그렇지 못할 경우, 이방인은 야만적 타자로 취급될 것이다. 그렇다면, 다가오는 이방인이 "당신은 누구인가?"라는 물음에 답할 수 없을 때, 혹은 이방인이 자신의 이름과 유래와 무고함과 선한 의지를 언어화할 수 없을 때, 환대는 철회될 수밖에 없는가?

이방인이 토박이의 언어로 자신의 유래와 의도에 대해 말해야 한다는 것은 무엇일까? 주체인 토박이의 입장에서라면 당연한 안전의 문제이겠지만, 물음에 답할 수 없는 도래한 이방인의 입장에서 그것은 위협적인 배타성을 의미할 수도 있다. 2007년 10월 14일 캐나다 밴쿠버 공항에 도착한 40세의 폴란드인 로버트 지칸스키는 "당신은 누구인가?"라고 묻는 입국심사관의 질문에 답하지 못했다. 그는 캐나다에 먼저 이주한 어머니의 초청으로 입국하려던 참이었다. 그러나 그는 영어를 전혀 하지 못했고, 10시간이 넘게 지체되던 입국 심사에 분노한 그에게 주어진 것은 테이저

건(전기 충격기) 충격과 그에 따른 사망이었다. 이 과도한 진압 과정은 한 시민에 의해 촬영되었고, 그가 '위협적 몸짓'을 했기 때문에 전기 충격이 불가피했다는 경찰의 설명은 과장된 것이었다는 비판이 제기되었다. 어쨌든 영어로 입국 경위를 설명할 수 없었던 그를 국경 경찰이 위협적인 존재인 '야만적 타자'로 보았음은 분명해 보인다.[1]

이 글은 이방인과의 조우에서 '환대의 윤리'가 요청되는 이유를 탐구하고자 한다. 환대는 주체에 의해 베풀어지는 것이지만, 또한 이방인의 권리이기도 하다. 근대의 계약 중심적 윤리에서, 이방인의 환대받을 권리는 상호성에 근거한 계약적 약속에 의해 부분적으로 허용된다. 즉 이방인이 주체인 토박이들의 공동체를 위협하지 않는 한 그들의 다름은 관용될 수 있었다. 주체의 자비와 인내에 의존하는 관용은 그러나 환대의 권리를 부분적으로 승인할 뿐이다. 이 글에서는 왜 관용이 이방인 타자와의 관계 윤리를 정초하기에는 한계적인지를 살펴봄으로써, '절대적 환대의 윤리적 이념'이 요청되는 이유를 근거짓고자 한다. '환대의 윤리'는 타자/타인을 '그 자체로서의 충만함'으로 받아들이는 타자 중심의 윤리적 지향이다. 그런 의미에서 그것은 주체 중심의 윤리에서 타자 중심의 윤리로의 전환을 의미한다. 나아가 이 글은 환대의 윤리를 이념적으로 근거짓는 것을 넘어서, 환대의 윤리 안에서 고려의 대상이 되지 못한 주체와 '내부의 타자들' 사이의 관계를 살펴보려고 한다. 그러기 위해 '여성/여성성'이 환대의 주체도, 객체도 되지 못하는 '내부의 타자'였음을 보여 주는 환대 공간의 장면들을 분석할 것이다. 이 글의 목적은 환대 공간에서 환대를 말할 수 있는 자, 환대를 제공할 수 있는 자는 누구인지를 '젠더화된 언어 주체'라는 관점에서 재고함으로써, 환대의 윤리를 온전하게 하려는 것이다.

1 「加 TV 이민자 사망 순간 방영, 경찰 잔인성 폭로」, 연합뉴스, 2007년 11월 15일자.

환대의 윤리를 주제로 하는 이 글은 다음의 질문 과정들을 밟아갈 것이다. "이방인은 누구인가?"라는 물음에서 출발하는 이방인의 지위에 대한 고찰, 그리고 이방인과의 관계에서 "관용은 왜 한계적인가?"에 대한 검토, 관용의 한계를 넘어서는 "절대적 환대의 윤리적 이념이 요청되는 이유는 무엇인가?"에 대한 해명, 그리고 마지막으로 환대의 공간에서 "누가 환대의 주인이 될 수 있으며, 환대는 누구를 향한 것인가?"에 대한 비판적 고찰이 바로 그것이다.

2. 물음을 던지는 자로서의 이방인

이방인은 누구인가? '이방인'은 상대적인 개념이다. 토박이 클로노스인에게 방랑자 오이디푸스가 이방인인 것만큼, 그 역도 사실이다. 누가 주체의 위치를 점유하는가에 따라, 즉 누구의 관점에서 보는가에 따라 이방인의 지위는 상대적으로 주어진다. 그러나 어떠한 주체도 주체임을 포기하고 이방인이 되지는 않을 것이다. 따라서 서로에게 낯선 두 이방인의 만남은 곧 두 주체의 만남이기도 하다.

이방인과 마주하는 주체는 주체로서 자신의 지위와 위치를 주장하기 위해 거점을 필요로 한다. 그 거점은 주체가 세계 안에 자기 자리를 확보하는 것을 말한다. 확고함, 안정성, 세계에서의 위치를 획득하기 위해, 주체에게는 거점이 되는 집, 즉 '거주dwelling' 공간이 필요하다.[2] 그 거점이

2 레비나스Emmanuel Levinas는 형이상학적으로 이러한 거점의 확립을 주체의 '자기 정립hypostase'이라고 불렀다. 주체의 자기 정립이란 '익명적 존재il y a'의 세계에 이름을 부여하면서 주체가 세계 안에 자기 자리를 확보하는 것을 말한다. 레비나스는 이를 '거주'라고 부른다. '거주'는 주체가 자기 자신을 회복할 수 있는 안정된 공간이다(레비나스, 2001: 138; Levinas, 1969: 156; 김애령, 2008: 82 참조).

'주체'의 입장을 보장해 주기에, 주체는 그 위에서 타자를 이방인으로 맞이할 수 있다. 주체가 이방인을 맞이하는 '집'은 주체의 거주 공간이자, 주체의 공동체적 공간이다. 그 공간에서 주체는 자신의 정체성을 구성하고 세계를 수립한다. 이방인은 주체인 토박이의 공동체적 공간에 도래한 타자이고, 그 '도래'가 주체에게 낯선 경험, 즉 차이의 경험을 자극한다.

이방인은 한 공동체 안에 아직 완전히 동화되지 않아 낯섦을 간직하고 있는 자이다. 짐멜Georg Simmel은 이방인을 "잠재적 방랑자로서 [……] 비록 더 이상 이동하지는 않지만 오는 것과 가는 것의 분리 상태를 완전히 극복하지는 못한 방랑자"라고 정의했다(짐멜, 2005 : 79). 이 정의에서 '이동'이라는 개념에는 문자 그대로의 의미뿐 아니라, 공동체적 질서와의 동화라는 상징적인 의미도 담겨 있다. 이방인은 토박이와 달리 완전히 정착하지 못한 채, 이질성의 요소와 국외자의 태도를 유지하고 있다. 따라서 이방인은 "가까이 있으면서 동시에 멀리 떨어져" 있는(짐멜, 2005 : 87), 긴장 속에 놓여 있는 존재이다.

이방인이 간직하고 있는 긴장은 토박이 공동체에 자극을 준다. 짐멜의 분석에 따르면, 이방인은 "처음부터 그 영역에 속하는 것은 아니지만, 그곳에서 나온 것이 아닌, 아니 나올 수도 없는 특성들을 그 영역 안으로 끌어들인다"(짐멜, 2005 : 79). 이러한 이방인의 '다른 관점'은 그들이 다가가는 집단을 거리를 두고 관찰할 수 있게 하며, '객관성'이라는 특별한 태도를 가능하게 한다. "이 태도는 이를테면 단순한 거리와 중립을 의미하는 것이 아니라 가까움과 멂 그리고 무관심과 적극적인 관여가 조합된 특별한 구조를 가리킨다"(짐멜, 2005 : 82). 이 객관적인 거리를 짐멜은 '자유'라고도 표현한다. "객관적인 인간은 주어진 것에 대한 인식, 이해 및 평가를 미리 결정짓는 그 어떠한 고착된 관념에도 속박당하지 않는다"는 것이다. 이러한 이방인의 위치는 때로 그들을 위험한 존재, "낯선 밀사, 교사자, 외부의 선동가"로 보게 하기도 한다. 그러나 이것은 "이방인이 수행하는 특별한 역할이 과장된 것이다." "그들은 실제적으로 그리고 이론적으로 더 자유로운 사람이고, 모든 관계들을 더 공평무사하게 조망하고, 이것들은 더 보편적이고 객관적인 이상에 비추어 측량하며, 또한 그는 행위에서도 관습, 신앙심, 선례에 구속되어 있지 않다"(짐멜, 2005 : 83). 그래서 그들은 더 객관적일 수 있다.

이방인이 지닌 이 '객관성'과 '자유'는 이들이 토박이의 그것과는 다른 해석 도식Auslegungsschema을 가지고 있기 때문에 가능한 것이다(Schütz, 1972). 쉬츠Alfred Schütz에 따르면 이방인은 "본질적으로 그들이 다가가는 그 집단의 성원들에게는 의심의 여지가 없어 보이는 것들 중 거의 전부에 대해 물음을 던지는 사람"이다(Schütz, 1972 : 59). 이방인은 자신이 성장한 공동체로부터 '그들이 다가가는 집단'의 그것과는 다른 '집단생활의 문화적 틀Zivilisationsmuster des Gruppenlebens'을 전수받았다. '집단생활의 문화적 틀'이란 가치 체계, 제도, 법, 도덕, 관습, 사회적 태도, 유행 등의 복합체를 말한다. 따라서 그들은 전혀 다른 세계 해석의 도식을 지니고 있고, 한 토박이 집단에서 당연시되는 '통상적인 생각Denken-wie-üblich'을 당연한 것으로 받아들이지 않는다.[3] 이방인이 지니고 온 이 새로운 해석 도식은 토박이 집단이 확신하는 '통상적인 생각'의 타당성을 뒤흔든다. 그리고 이방인에 의해 비교의 관점이 도입되면서 토박이 집단의 문화 틀은 변화를 자극받게 된다(김광기, 2007 : 49).

한 공동체의 문화적 틀을 재고하게 하는 이방인의 객관성과 비교의 관점은 사실 쓰라린 경계 경험의 결과이다. 경계 경험은 "한 개인이 자신의 지위, 주도적인 역할, 심지어는 자신의 역사까지도 상실할 수 있다는 것,

3 "이 '통상적인 생각Denken-wie-üblich'이라는 말은 [……] 쉘러Max Scheller의 비교적 자연스러운 세계관relativ natürliche Weltanschauung[이라는 용어]에 해당한다"(Schütz, 1972: 58).

그리고 삶의 정상적인 진행이 보이는 것보다 훨씬 덜 안전하다는 것을 가르쳐 준다"(Schütz, 1972 : 68). 이 불안정하고 쓰라린 경험이, 이방인 개인에게는 객관적이고 자유로운 관점을, 그리고 그가 다가가는 공동체에는 비교와 물음을 통한 자극과 변화의 가능성을 제공한다. 이 경계 경험을 통해 이방인은 '물음을 던지는 존재'가 된다.[4]

이러한 '물음을 던지는 자'이자 '당연시되던 것을 다른 관점에서 묻는 탐구자'로서 이방인의 지위와 역할에 대한 예를, 데리다는 플라톤의 대화록에서 찾는다. 데리다는 플라톤의 많은 대화록에서 이방인이 질문자로 등장하고 있음에 주목한다(데리다, 2004b : 57). 이방인은 대화와 사유를 시작하도록 자극하는, 의문을 제기하는 자이다. 만일 이방인이 자신의 다른 기원과 경계 경험으로 인해 물음을 가져오는 자라면, 한 공동체 내에서 당연하게 여겨지는 '자연스러운 세계관'에 물음을 던지려는 사람은 스스로 '이방인처럼' 되어야 한다. 데리다가 주목한 대로, 소크라테스는 물음을 던지는 자로서, 스스로가 이방인이 되기를 자처했다. 산파술적인 질문을 던지고, 공동체의 상식을 혼란스럽게 하는 "소크라테스 자신이 이방인의 특징을 구비하고 있다. 그는 이방인을 대변하고, 이방인의 형상을 한다. 그는 이방인이 아니면서 이방인 역을 연기한다"(데리다, 2004b : 63). 그러면서 소크라테스는 공동체 규약과 대립한다. 그가 아테네의 법정에서 자신을 이방인으로 대우해 달라고 요청할 때, 소크라테스는 자신을 다른 시각을 가지고 묻는 자이자 공동체의 관습적 질서를 당연시하지 않는 자로 위치짓는다.[5]

4 데리다는 이러한 관점에서 "이방인이란 물음으로-된-존재, 물음으로-된-존재의 물음 자체, 물음-존재 또는 문제의 물음으로-된-존재"라고 정의한다(데리다, 2004b: 57).

5 법정의 언어와 변론의 수사학을 모르는 이방인으로 대우해 달라는 소크라테스의 요청은 이중의 의미를 갖는다. 한편으로 소크라테스는 특정 사회의 '암묵적 지식'의 당연함을 묻기 위해 스스로

경계 경험으로 인해 획득한 이방인의 객관적이고 자유로운 관점을 보여 주는 다른 하나의 극적인 예를 우리는 안티고네에게서 발견할 수 있다(소포클레스, 2001). 오이디푸스의 죽음 이후, 안티고네는 이방인의 경험을 가지고 자신의 고향인 테바이로 돌아온다. 테바이로 돌아온 '여자 이방인' 안티고네는 통치자 크레온의 이름으로 공표된 테바이의 법에 대항하여, 죽은 오라비 폴뤼네이케스의 시신을 거두어 장사를 지낸다. 크레온은 외부 세력과 연합하여 고향인 테바이를 공격한 폴뤼네이케스를 국가 공동체의 적으로 규정하여, 전사한 그에게 어떠한 장례 절차나 애도 의식도 행하지 못하도록 금지했다. 이 금령을 깨뜨린 안티고네의 행동은 도시국가 테바이의 질서를 위협하는 행동으로 판단되면서, 안티고네는 공동체의 규약 밖에 선 존재가 된다. 공동체의 법적 규약에 대항하여 안티고네는 '다른' 법적 근거로 자신을 정당화한다. 안티고네는 인간의 법과 신의 법을 구분한다. 크레온에 맞서서 그녀는 "나는 그대의 명령[크레온의 법령]이, 신들의 확고부동한 불문율들을 죽게 마련인 한낱 인간이 무시할 수 있을 만큼 강력하다고 생각지 않았어요"라고 말한다(소포클레스, 2001 : 289).

여자 이방인인 안티고네는 '다른' 관점을 가지고, 하나의 공동체적 규약에 물음을 던지는 자이다. 정의正義에 대해 다른 관점을 가져오는 안티고네의 이방인적 지위는 이중의 기원을 갖는다. 그 하나는 그녀가 이방인으로서 '경계 경험'을 가지고 고향에 돌아왔다는 것이다. 그녀의 오랜 방랑 경험은 고향의 관습적 틀을 당연시하지 않을 수 있는 자유를 준다. 이방인은 그가 소속되기 위해 접근하는 집단의 문화적 틀에 변화를 야기할

'무지한 자'이기를 자청한 것이다(김광기, 2008: 302 참조). 그러나 다른 한편으로 소크라테스는 이방인에 대한 계약적 관용을 요청한 것이기도 하다. 그리스 도시국가에서 문명화된 이방인이나 외국인은 일정한 보호의 권리를 보장받았다(데리다, 2004b: 67).

뿐 아니라, 그가 떠나온 고향 집단의 변화에도 영향을 미친다. 이방인은 토박이들과는 또 다른 잣대를 가지고 있다.[6] 다른 한편, 안티고네의 '이방인적 관점'은 그녀의 '여성이라는 위치'에서 출발하는 것이기도 하다. 안티고네에 대한 크레온의 분노에는 젠더적 의미가 포함되어 있다. 크레온은 여러 차례에 거쳐 법령 선포자로서 '남성'의 지위를 선언한다. 크레온은 안티고네의 행동을 자신의 '남성' 지위에 대한 도전으로 해석한다. 크레온이 "정말이지 이제 나는 사내가 아니고 이 계집이 사내일 것이오, 이번 승리가 벌 받지 않고 그녀의 것으로 남는다면 말이오"(소포클레스, 2001 : 290)라고, 또는 "내가 살아 있는 한, 여인이 나를 지배하지는 못할 것이다"(소포클레스, 2001 : 293)라고 말할 때, 그는 남성중심적 권위 위에 자신을 세운다. 여성 타자인 안티고네는 이러한 남성중심적 질서의 바깥에서 주변부의 관점을 유지하는 위치에 서 있다. 공동체 내에서 남성 주체와는 다른 지위를 강요받아 온 여성들은 공동체의 가치와 질서에 대해 남성 주체와는 다른 관점을 갖게 된다.[7] 이중적 이방인의 위치에서 안티고네는 공동체적 질서의 교란자가 된다.

질문자이자 질서 교란자로서 이방인의 등장은 주체에게는 불편하지만 피할 수 없는 과업을 준다. 그들과 어떻게 관계맺을 것인가? 그들의 다른 관점과 그들이 던지는 물음을 어떻게 수용할 것인가? 이 질문들은 '타자의 존재' 자체가 던지는 윤리적 과제를 보여 준다.

6 이러한 분석은 쉬츠의 것이기도 하다(김광기, 2007: 63 참조).

7 울프Adeline Virginia Woolf는 『3기니』에서 안티고네의 '다른 규범'에 대해 언급한다. 국가의 적이었던 폴뤼네이케스의 매장을 금지한 크레온의 금령에 반하여, "나는 서로 미워하기 위해서가 아니라, 서로 사랑하기 위해서 태어났어요"라고 선언하는 안티고네는 공동체 유지의 남성 지배 질서에 대한 대안적 관점을 보여 준다는 것이다. 국가 공동체의 질서가 남성 주체에 의해 주도되면서 여성을 그 공동체의 타자로 만드는 한, "여성에게 국가는 없다"고 울프는 선언한다. 여성들이 놓여 있는 국가 공동체 내에서의 이방인적 지위는 여성들을 자신의 땅에서 토박이가 아닌 '이방인'으로 만든다(울프, 2007). 여성들의 이방인적 관점에 대해서는 부르디외, 2000 참조.

3. 관용의 한계

이방인과의 만남은 토박이 주체에게 윤리적 물음으로 다가온다. 우선 낯선 타자는 주체의 안정성과 절대성을 흔든다. 이방인은 안정적인 주체에게 때로는 자극과 매혹으로, 때로는 당혹과 위협으로 표상되어 왔다. 커니Richard Kearney의 분석에 따르면, 서구 문화는 타자를 '악마화'해 왔다. "서구의 사유는 일찍이 선the Good을 자아 정체성 및 통일성의 개념과 등치시켰으며, 악의 경험을 우리 밖의 이질적 존재와 연결시켰다. 거의 언제나 타자성은 영혼의 순수한 단일성을 오염시키는 이질화와 밀접한 관계가 있는 것으로 여겨져 왔다"(커니, 2004 : 116). 이러한 맥락에서 낯선 이방인은 쉽게 의혹의 대상이 된다.

근대 이래 서구에서 타자와의 평화로운 공존 관계를 확립하기 위한 윤리적 기획의 모범으로 받아들여져 온 칸트Immanuel Kant의 『영원한 평화를 위하여*Zum ewigen Frieden*』도 낯선 이방인들 사이의 관계는 일차적으로 위협이라는 관점에서 출발한다. 칸트에 의하면, "함께 생활하는 사람들 사이에서의 평화 상태는 자연 상태가 아니다. 자연 상태란 전쟁의 상태이다. 이것은 적대 행위가 계속 자행되고 있다는 것을 뜻하는 것이 아니라, 적어도 중단 없는 전쟁의 위협을 의미하는 것이다"(칸트, 1992 : 23). 따라서 칸트는 '평화를 정초'하기 위해서는 합리적이고 법적인 장치가 필요하다고 주장한다. 법적 장치를 통해 상호 안전을 보장해야 하는 이유는 "자연 상태에 있는 사람은(혹은 국민은), 그가 내 곁에 있을 경우, 그가 비록 실제로 해를 입히지는 않는다고 하더라도 나의 안전을 위협하고 나에게 해를 초래"하기 때문이다(칸트, 1992 : 23). 안전은 합의된 제도적 장치에 의해 보장될 수 있을 뿐이다. 따라서 칸트에 따르면 법적 장치가 마련되지 않은 상태에서 맺어지는 타자와의 관계는 그 자체로 '부단한 위협'

이다.

이러한 전제에서 출발함에도 불구하고, 칸트는 "영원한 평화를 위한 제3의 확정 조항"에서 이방인의 '환대권'을 명시한다. 세계 시민법에 근거한 "세계 공화국의 참여자라는 관점에서 보면, 환대는 모든 인류가 가져야할 '권리'"라는 것이다(벤하비브, 2008 : 51). 칸트가 말하는 환대Hospitalität는 주인의 온정과 친절에 기대는 박애의 문제가 아니라, "각기 다른 시민 결사체에 속하면서, 그 경계지어진 공동체의 변경에서 조우하는 개인들 사이의 상호 작용을 규정"하는 '계약'의 문제이다.[8] 그렇기 때문에 환대권은 절대적인 권리가 아니라, 이방인을 맞이하는 주인의 입장에서 한계지어지는 것이다. 칸트에 따르면 "우호(손님으로서의 대우, Wirtbarkeit)란 한 이방인이 낯선 땅에 도착했을 때 적으로 간주되지 않을 권리를 뜻한다." 그러나 그것은 한정적인 권리, 즉 조건부 권리이다. 그 권리에 대해 칸트는 다음과 같이 설명한다. "추방으로 인해 그 외국인이 생명을 잃지 않는 한, 그 국가는 그를 자신의 땅에 발붙이지 못하도록 할 수 있다. 그러나 그가 평화적으로 처신하는 한, 그를 적대적으로 다루어서는 안 된다. 이방인이 영속적인 방문자이길 요구할 권리는 없다"(칸트, 1992 : 36-37).

벤하비브Seyla Benhabib는 칸트의 환대권에 대한 조항을 읽으면서, 그의 논의가 모호하다고 지적한다. 칸트는 환대권을 이야기하면서, 그것을 제공하는 주인이 이 권리의 인정을 어떠한 경우에도 지켜야만 하는 강제적 의무로 지녀야 하는지에 대해서는 명확히 언급하지 않고 있다는 것이다. 그러나 칸트의 논의 맥락에 따르면 "외국인이나 이방인에게 환대를 표해야 하는 의무는 결코 강제될 수 없"으며, "정치적 주권들이 자발적으

8 벤하비브에 의하면 "환대권은 정치 체제의 경계에서 나타나는 것"이다. "그것은 구성원과 이방인 사이의 관계를 규제함으로써 시민적 공간을 경계짓는다"(벤하비브, 2008: 51).

로 지는 의무"로 남겨져 있는 듯하다(벤하비브, 2008 : 53-54). 그렇다면 칸트의 '환대권'은 이방인을 맞이하는 주체의 자의에 의존할 수밖에 없다.

칸트의 환대에 대한 규정은 벤하비브가 지적하는 대로 불완전하며 조건적이다. "이 의무가 '불완전한' 이유, 즉 조건적인 이유는 예외를 허용하는 점과 그리고 자기 보존을 위한 합법적 이유로 무시할 수 있기 때문이다"(벤하비브, 2008 : 60-61). 이 조건부 환대는 이방인의 필요보다는 주체의 입장과 위치를 중심으로 한다. 따라서 이 조건부 환대가 제공될 가능성은 주체의 관용tolerance에 의거한다. 관용은 주체의 입장에서 타자의 다름을 인정하고, 그것에 동의하지 않더라도 용인하여 공존을 허용하는 것을 말한다.[9] 물론 여기서 말하는 관용은, 칸트의 지적대로, 박애의 결과가 아니라 상호성에 입각한 합의의 결과이다. 나아가 법적 · 제도적 장치에 의존함으로써 안전하고 평화로운 공존을 보장받는 것이다.

그러나 관용의 제도화는 시대와 문화 그리고 정치 질서에 따라 각기 다른 방식으로 구현되어 왔고, 또 이 각각의 제도들은 그 사회의 변화에 따라 안정적인 관용의 시기와 그 관용이 불관용으로 전환되는 시기를 겪었다. 왈쩌Michael Walzer는 특히 근대 이후의 정치 체제들 하에서 관용의 의무가 위협받아 왔음을 지적한다. 제국, 민족국가, 이민 사회와 같은 체제에서 "통일성과 단일성에 대한 욕구는 차이의 관용을 압도"했기 때문이다(왈쩌, 2004 : 153). 사회의 변화에 따라 관용의 의무가 후퇴하거나 포기될 수 있는 이유는, 관용이 힘의 불균등에 근거하기 때문이다. "누구를 관용한다는 것은 권력의 행사"이고, "관용받는다는 것은 약함을 인정하는 것이다"(왈쩌, 2004 : 99). 하버마스Jürgen Habermas는 관용에 내재하는

9 왈쩌, 2004: 23-32; 김용환, 1997: 19-48 참조.

이러한 권력 불평등을 '가부장적인 것'이라고 비판한다. "관행에서 벗어난 소수파의 행동에 대해 지배자나 다수파의 문화가 자기들 마음대로 기꺼이 '관용한다'고 일방적으로 선언하는 행위"가 "가부장적인 것"이다(보라도리, 2004 : 86). 하버마스는 관용의 행위가 자비나 은혜 베풀기와 같은 요소를 지니고 있음을 지적한다. 그것은 관용이 지배자 또는 다수자의 권위주의적 허용의 한계 내에 존재하는 것임을 드러낸다. 그러나 이러한 비판에도 불구하고 하버마스는 관용 개념이 해체되는 것은 위험하다고 강조한다. 하버마스는 민주적인 공동체의 맥락에서 관용이 여전히 옹호될 수 있다고 보는데, 그것은 그 안에서 '관용의 한계선'이 다수자의 권위에 의해 일방적으로 결정되지 못하도록 견제하는 것이 가능하다고 보기 때문이다(보라도리, 2004 : 87). 민주적 공동체 내에서 평등한 권리와 상호존중의 토대가 지지될 때, 관용에 내재된 권력 불평등을 비판적으로 극복해 나갈 수 있다고 보는 것이다.

하버마스와 동일한 관점에서 관용의 담론이 지닌 한계를 지적하는 데리다는, 그러나 하버마스와 달리 관용에 대한 비판을 더 밀고나간다. 데리다는 관용이 권력자의 양보와 자비, 은혜 베풀기에 기댈 수밖에 없는 한, 그것은 '힘이 곧 정의'라고 하는 '최강자의 논거' 편에 있게 된다고 지적한다(보라도리, 2004 : 232). 데리다는 강자의 자비가 제공하는 관용으로 이방인의 권리를 마련해 줄 수는 있지만, 그 자체로 이방인과의 평화로운 공존의 원리가 될 수는 없다고 본다. 그 이유는 관용의 정도, 즉 관용의 한계선 설정이 권력을 가진 자의 '자의성'에 의존할 수밖에 없고, 관용에 기대는 소수자, 이방인 집단은 불평등한 수혜적 관계를 감수해야 하기 때문이다. 자의성에 기대는 한, 관용은 상황 의존적 변화에 취약할 것이고, 따라서 '원리'가 될 수 없다는 것이다.

다시금 주체들 간의 평등하고 상호적인 관계맺기 가능성에 기대를 거는 하버마스와는 달리, 데리다는 타자와 관계맺기를 윤리적으로 정초하려면 '관용'으로는 불충분하다고 주장한다. 데리다는 관용의 제도화가 제대로 수행되기 위해서라도 관용을 받쳐 줄 더 근본적인 '윤리적 이념'이 요청된다고 본다. 그 윤리적 이념이 바로 '환대'이다.

4. 이념적 지향으로서의 무조건적인 환대

데리다는 "관용은 환대의 한계에 불과하다"고 강조한다. 관용도 환대의 표현이다. 그러나 환대와 관용 사이에는 본질적인 차이가 있다. 관용은 주체에 의해, 주체의 영역 안에 한계지어진 주체 중심적인 것인 반면, 환대는 타자 중심적인 것이다. 관용이 여전히 주체의 힘, 즉 '할 수 있음'에 근거한 것이라면, 환대는 타자에게 선택권을 넘겨 주는 데서 출발한다.

물론 관용과 환대가 전적으로 대립하는 것은 아니다. 데리다에 따르면 관용은 '조건부 환대'이다. 조건부 환대인 관용은 무조건적인 환대와는 달리 "타자가 우리의 규칙을, 삶에 대한 우리의 규범을, 나아가 우리 언어, 우리 문화, 우리 정치 체계 등등을 준수한다는 조건을 내걸고 환대를 제의"하는 것이다. 데리다는 이러한 환대를 '초대invitation의 환대'라고 부른다. 그것이 바로 우리가 흔히 이해하고 실천하는 환대이며, "민족적, 국제적, 나아가—칸트가 어느 유명한 글에서 말한 것처럼—'세계시민적' 성격을 갖는 관습, 법률, 규약을 발생시키는 것도 바로 이런 환대"이다(보라도리, 2004 : 234). 이러한 조건부 환대는 내 영토에서의 순응을 조건으로 이방인을 나의 공간으로 '초대'하는 것이다.

데리다에 따르면 '초대의 환대'는 제한적인 환대일 뿐 아니라, 원리상 스스로를 배반하게 되는 환대이다. '초대의 환대'가 스스로를 배반하게 되는 이유는 다음의 세 가지 측면에서 살펴볼 수 있다. 첫째, 조건부 환대의 경우 환대의 주인은 '나의 영역'에 대한 강한 고집을 버리지 못하기 때문에, "자기-집을 보호하기 위해, 또는 보호하겠다는 주장에 의해 잠재적으로 이방인 혐오자가 될 수 있다." 데리다는 다음과 같이 부연한다. "나는 나의 집에서 주인이고 싶고, 나의 집에 내가 원하는 사람을 맞이할 수 있기를 원한다. 나는 나의 '내-집'을, 나의 자기성을, 나의 환대 권한을, 주인이라는 나의 지상권을 침해하는 이는 누구나 달갑지 않은 이방인으로, 그리고 잠재적으로 원수처럼 간주하는 것으로 시작한다. 이 타자는 적의에 찬 주체가 되고, 나는 그의 인질이 될 염려가 있는 탓이다"(데리다, 2004b : 89). 둘째, 계약적 조건부 환대인 관용은 내가 누구라고 말할 수 없는, 즉 언어와 표현을 가지지 못한 이방인이나 보이지 않는 타자, 즉 계약적 권리의 주체가 될 수 없는 타자를 배제한다. 셋째, '초대의 환대'는 주인의 관습과 법률과 규약을 강요하면서, 이방인에게 자신의 문화와 정체성과 언어를 포기하도록 하기 때문에, 순수한 의미의 환대라 할 수 없다.

데리다에 따르면 "순수하고 무조건적인 환대는, 환대 그 자체는, 기대되지도 초대받지도 않은 모든 자에게, 절대적으로 낯선 방문자로서 도착한 모든 자(일어나는 모든 것)에게, 신원을 확인할 수 없고 예견할 수 없는 도착자에게, 사전에 미리 개방되어 있"어야 한다(보라도리, 2004 : 234). 그런 의미에서 순수하고 무조건적인 환대는 '초대의 환대'가 아니라 '방문visitation의 환대'이다. 그것은 주인의 입장에서 초대하는 환대가 아니라 도래자, 이방인, 타자의 방문에 열려 있는 환대이다. 그러나 이러한 무조건적인 환대, 즉 '방문의 환대'는 법제화될 수 없다. 무엇이 다가오는지, 어떤 이방인이 방문하는지를 예견할 수 없기 때문에 늘 일정하게 적용되어야 하는 제도적 규칙을 작동시킬 수 없기 때문이다. 또한 이 '방문의 환대'는 위험을 감수해야 한다. 모든 방문을 향한 개방은 "나를 타자로부터 보호해 주는 면역을 제거할 경우 이는 죽음을 무릅쓰는 위협이 될 수 있다"(보라도리, 2004 : 234). 따라서 법제화되는 것은 일정한 주체 보호의 조건을 확보한 조건부 환대인 관용일 것이다.

그러나 어떠한 조건도 붙이지 않은 '방문의 환대'가 죽음의 위협을 감수해야 할 만큼 극단적인 것이라 할지라도, 이 이념은 보존되어야 한다. 다시 말해 조건부 환대인 관용이 적대적인 불관용으로 추락하지 않도록 하고, 나아가 힘이 불균등한 이질적인 존재들, 이질적인 공동체들 간의 성찰적 공존을 가능하게 하기 위해, 무조건적인 환대의 이념이 관용을 법제화하고 실행하는 모든 과정에 동반되어야 한다. 데리다는 명시적으로 "순수하고 무조건적인 환대를, 환대 그 자체를, 최소한 사유해 보지 않는다면, 우리는 환대 일반의 개념을 갖지 못할 것이며 (자신의 의례와 법규, 규범, 국내적 관계나 국제적 관례로 이루어지는) 조건부 환대의 규준조차 정할 수 없을 것"이라고 말한다(보라도리, 2004 : 235). 따라서 "무조건적인 환대는 법적이지도 정치적이지도 않지만, 그럼에도 불구하고 정치적인 것과 법적인 것의 조건"이 되어야 한다(보라도리, 2004 : 235).[10] 무조건적인 환대는 정치적이거나 법적인 환경에서 그대로 실현되는 것은 아니지만, 관용의 제도를 보호하고 근거지으며 반추하는 정의로운 척도로 요청된다.

무조건이고 절대적인 환대는 '타자의 윤리'에서 출발한다. 그것은 주

10 데리다는 무조건적인 환대를 "정의의 환대"라고 한다. 데리다는 『법의 힘』에서 "정의는 불가능한 것의 경험"이라고 규정한 바 있다. 법과 달리 정의는 매순간 다르게, 매순간 특수성에 의거하여 개별적인 타자들의 상황에 따라 정당하게 변화하고 변형되어야 하는 것이기 때문이다. 순수한 환대의 절대적 이념과 제도화된 조건부 환대인 관용 사이에는 정의와 법의 관계처럼, 실행과 그 실행을 반추하는 이념의 긴장 관계가 유지되어야 한다. 정의의 이념이 법을 매순간 반추하는 것처럼, 절대적 환대는 불가능해 보이기까지 하는 어려운 것이지만 포기될 수 없다는 것이다(데리다, 2004a).

체 중심의 관점에서 출발하는 것이 아니라, 타자의 방문訪問으로부터 시작한다는 의미에서 그러하다. 타자에 대한 주체의 평가나 파악, 인식, 이해를 뛰어넘는 적극적인 경향을 레비나스는 윤리학이라고 불렀다(데리다, 2001 : 151). 레비나스의 '타자의 윤리학'은 서구의 철학 전통이 '타자로서의 타자'와 관계할 수 있는 가능성을 배제해 왔다는 비판에서 출발한다. 다시 말해 서구 철학은 주체적 자아의 관점에서 세계와 타자를 자기 틀로 파악해 왔다는 것이다. 레비나스의 타자의 윤리학은 주체적 자아의 관점에서 타자를 받아들이는 것이 아니라 타자의 '전적으로 다름' 앞에서 주체가 겸허히 자신의 한계를 인정하는 데에서 출발한다. 레비나스에게, 타자의 타자성은 주체 중심으로 세워진 체계로는 파악할 수 없는 '초월성'이다. 타자를 평가하거나 파악하는 인식 행위로는 타자의 이 '초월성'에 도달하지 못한다. 그러한 초월적 타자와의 만남이 '나'를 윤리적 주체로 만든다(타우렉, 2004 : 98). 타자의 절대성과 초월성에 입각한 윤리학은 "타자의 차이에 대한, 그리고 (타자를 만나는) '나'와의 관계에서의 타자에 대한 이론"이다(타우렉, 2004 : 93). 타자의 윤리학에서 타자에 대해 주체가 행할 수 있는 윤리적 태도가 바로 '환대'이다. 주체가 자신의 조건과 상황, 가능성의 영역에서 타자를 맞이하는 것이 아니라, 절대적으로 낯선 타자의 도래를 있는 그대로 수용해야 한다는 것이다.

레비나스로부터 출발하는 타자의 윤리학은 다음의 두 가지 점에서 비판받아 왔다. 그 하나는 레비나스의 '절대적 타자'는 언어화할 수도 없고, 언어화되지도 않는 초월성으로 현현하는데, 그렇게 절대화된 타자와는 관

11 이 절대적 타자의 "언어화할 수 없음"이라는 측면에 대한 비판은 각기 다른 방식으로 데리다와 리쾨르Paul Ricœur에 의해 제기되었다. 데리다는 「폭력과 형이상학」에서 레비나스의 딜레마는 언어화할 수 없는 절대 타자를 자신의 철학으로 언어화함으로써 스스로를 배반하게 되는 난제라고

계맺기가 불가능하다는 점이다.[11] 레비나스 철학의 일관성을 따르자면, 타자의 절대적 타자성은 언어화될 수 없다. 절대적 타자성이 언어화되면, 그것은 이미 주체에 의해 파악되거나 이해된 것이므로, 주체에 의해 재단되기 때문이다. 따라서 절대적 타자는 주체의 파악 가능성, 이해의 능력, 표현과 언어를 뛰어넘는 초월성으로 보아야 한다. 결국 레비나스의 절대적 타자는 개념 너머에 있는 것이므로, 개념적 사유의 대상이 될 수 없다. 그렇다면 이러한 타자를 언어화하고자 하는 레비나스의 시도는 모순적인 것이 아닌가? 또 이렇듯 개념화를 거부하는 절대적 타자와 우리는 어떻게 관계맺을 수 있는가? 레비나스의 절대적 타자는 결국 부정 신학적 의미로 파악된 '신적인 것'일 수밖에 없고 타자의 윤리는 종교적인 것일 수밖에 없다는 비판을 피할 수 없다.[12]

무조건적 환대로 구현된 타자의 윤리에 대한 또 다른 비판은 커니에 의해 제기되었다. 커니는 절대적 타자성에 기초한 타자의 윤리학은 "선한 에일리언과 악한 에일리언을 [……] 윤리적으로 구분할 필요성을 과소 평가한다"고 지적한다. 한 걸음 더 나아가 '악한' 이방인에 대해서조차 레비나스가 말하는 바 "타자에 대한 무차별적이고 절대적인 책임"을 지면서 '환대'를 보장한다면 그것은 지나친 결과를 야기하게 된다는 것이다. 우리는 나를 해치는 이방인, 악한 타자에 대해서도 무한한 책임을 져야 하는가? 그들까지도 환대해야 하는가?[13] 이 질문과 더불어 커니의 다음과 같

지적한 바 있다. 한편 리쾨르는 "어떤 측면에서 절대적 타자를 관계적 타자, 즉 또 다른 자아를 위한 타자로 변형시키지 않는 한 타자와의 관계는 있을 수 없다"고 지적했다. 즉 레비나스의 절대적 타자는 결국 타자와의 관계를 포기하는 것이 될 수밖에 없다는 것이다(커니, 2004: 143 참조).

12 바디우의 레비나스 비판은 이 점을 강조한다(바디우, 2001: 27-34).

13 "레비나스는 후기 저작 『존재와는 다른*Otherwise than Being*』에서 다음과 같은 주장을 하기에 이른다. 타자에 대한 나의 책임은 한계가 없기 때문에, "박해자가 행하는 고문에 대한 책임조차 내게 있다." 이러한 과도한 일관성에 대해 커니는 다음과 같이 비판한다. "내가 보기에 때때로 그 과장된 언어는 마조히즘과 편집증에 인접해 있다"(커니, 2004: 127, 128).

은 지적은 정당하다: "절대적으로 타자를 환대한다는 것은 윤리적 분별의 모든 기준을 보류함을 의미한다. 그리고 그러한 비분별적인 타자에 대한 개방 안에서 우리는 선과 악을 구분할 능력을 상실한다"(커니, 2004: 129).

그렇다면 우리는 '무조건적이고 절대적인 환대'라는 타자 윤리학의 이념을 어떻게 이해해야 하는가? 데리다에 따르면, 절대적 환대의 이념은 정의의 이념처럼 '불가능성의 경험', '경험할 수 없는 것의 경험'으로서 유지되어야 한다. 즉 절대적 환대의 이념은 그것이 불가능하다 할지라도 현실의 경험을 성찰하는 준거로 유지되어야 한다는 것이다. 절대적 환대에 대한 윤리적 요청은 결코 조건부 환대의 제도화나 관용의 의무와 권리를 부정하는 것도 아니고, 타자에 대한 윤리적 판별의 무용을 주장하는 것도 아니다. 절대적 환대와 윤리적 분별을 대립시킴으로써 무조건적인 환대의 위험을 강조하는 커니의 지적이 재고해야 할 부분은 그토록 두려워하는 '악한 이방인'은 누구인가라는 점이다. 악이란 무엇인가? 악한 이방인은 어떤 자인가? 레비나스와 데리다가 '절대적 환대'의 이념으로 극복하고자 하는 것은 주체의 자의성에 의해 타자를 '악'으로, 또는 '악한 의도를 가진 자'로 파악하는 것이다. 서구 사유 전통이 '주체-타자'의 관계를 표상해 온 바에 의하면, 타자성과 이질성은 주체의 통일성과 동일성, 안정성을 위협하기 때문에 그 자체로 악이었다. 이러한 사유 구도에서라면 모든 이방인은 악으로 의심받고, 무해함을 증명하도록 강요당한다. 그러나 누가 무엇을 악으로 규정하는가도 물어야 한다. 이 물음은 윤리적 상대주의나 악의 불가지론을 말하려는 것도, 이방인을 선악의 피안에 두려는 것도 아니다. 단지 선악은 주체 또는 이방인의 존재적 속성이 아니라, 타자와 마주한 주체의 윤리적 판단의 결과라는 점이 지적되어야 한다는 것을 의미한다. 그 판단이 타자가 던지는 도전에 적합하게 주체의 자기중심성을 넘어선 윤리적 판단인지는 매순간 '절대적 환대'에 의해 성찰될 수 있다.

5. 환대 공간의 주체성과 언어, 그리고 여성

절대적 환대의 윤리적 이념이 유지되기 위해, 환대 자체가 포함하고 있는 내적 아포리아aporia가 고찰되어야 할 것이다. 그 아포리아는 절대적 환대가 주체가 아닌 타자로부터 출발하는 것이지만, 환대가 가능하기 위해 주체의 확고함 또한 포기될 수 없다는 데서 시작된다. 다시 말해 무조건적이고 절대적인 환대를 제공하기 위해 주인은 자신의 공간과 주체적 의지를 포기해야 하지만, 주체의 의지와 공간이 없이는 환대를 제공할 수 있는 주인도 없다. 레비나스에 의하면 타자 중심의 윤리도 주체의 자기 정립으로부터 출발해야 한다. 절대적 타자를 향한 윤리적 주체이자 환대의 주인이 되기 위해, 자아는 자기의 거점과 세계를 확보하고 있어야 한다는 것이다. 그래서 데리다도 "자기-집에 대한 자기 지상권이 없으면 고전적 의미에서 환대란 없다"고 지적했다(데리다, 2004b : 89). 자기-집의 지상권을 갖는 환대의 주인은 누구인가? 타자 윤리의 주체가 되기 위해, 자아는 무엇을 준비해야 하는가?

여기서 무조건적이고 절대적인 환대의 정의를 유지하기 위해, 환대 공간 내부에서의 권력 문제를 재고하게 하는 두 장면을 살펴보려고 한다. 이를 통해 환대의 주인이 되기 위해, 확보해야 하는 주체적 자아의 '지상권'의 의미를 재고해 보려는 것이다.

첫 번째 장면은 오뒷세우스의 모험 중에 등장한다(호메로스, 2007). 세이렌의 바다를 가로지르는 오뒷세우스는 세이렌들의 노래를 듣고도, 귀향에 성공한다. 세이렌들과의 만남은 오뒷세우스의 '이야기'를 통해 전해진다. 그는 귀환 중에 자신을 환대해 준 알키노오스 왕에게 자신이 누구인지, 어디 출신인지, 어떤 모험을 했는지 이야기한다. 호메로스는 환대에 답하는 오뒷세우스의 인사를 이렇게 기록했다: "무엇을 먼저 이야기하고 무엇을 나중에 이야기할까요? / [……] / 먼저 내 이름을 말씀드리겠소이다. 그대들도 내 이름을 알도록 / 그리고 내가 무자비한 날에서 벗어나 비록 멀리 떨어진 / 집에서 살더라도 여전히 그대들의 손님으로 남아 있도록 말이오. / 나는 라에르테스의 아들 오뒷세우스올시다!"(호메로스, 2007 : 191).

그 모험 이야기의 한 대목에 오뒷세우스는 세이렌들의 바다를 가로지른 자신의 모험담을 담았다. 그는 자신의 몸을 돛대에 묶고 세이렌들의 노래를 들었다고 이야기한다. 그런데 세이렌들의 바다에서 오뒷세우스는 이방인이 아니다. '이방인'이 상대적인 개념이라고는 하지만, 모든 경계를 넘어 주체의 중심성을 유지하면서 보유하는 '주체'가 있는가 하면, 자기 공간에서조차 주체가 될 수 없는 주인도 있다. 오뒷세우스는 세이렌들의 장소를 타자화他者化시켰다. 그는 언어를 소유하고 있으며, 그 언어로 자신의 경험을 이야기함으로써 주체가 되었다. 오뒷세우스가 환대를 청하지도, 경유의 안전을 부탁하지도 않고 그녀들의 공간을 가로지르려고 할 때, "세이렌들, 그녀들은 분명 노래를 했던 것 같다"고 블랑쇼Maurice Blanchot는 해석한다(블랑쇼, 1993 : 11).[14] 그리고 세이렌의 노래는 오뒷

14 카프카Franz Kafka는 세이렌들이 노래보다 더 무시무시한 무기인 침묵으로 오뒷세우스를 맞았을 것이며, 오뒷세우스는 자신의-그러나 사실은 키르케가 알려 준-책략에 매혹되어 노래를 듣고 있다고 착각하면서 세이렌들의 침묵을 듣지 못했을 것이라고 지적한다(카프카, 2003: 208-209). 토도로프Tzvetan Todorov는 세이렌들이 오뒷세우스와 만남으로써 죽음에 이르게 되었지만, 그로 인해 영원히 '이야기' 안에 남게 되었다고 분석한다. 세이렌들의 죽음과 실패는 이야기 안에서의 영원한 삶으로 보답되었다는 것이다. 그러나 우리는 그 이야기가 오뒷세우스의 이야기일 뿐이라는 사실을 알고 있다(토도로프, 1992). 블랑쇼와 카프카, 토도로

세우스의 분절화된 언어, 즉 "통일성을 부정하는 다양성 속에서 통일성을 갖게 되는 자아를 형성하는"(아도르노 · 호르크하이머, 2001 : 86) 언어와는 달리, "인간에게는 낯선, 아주 나지막한 소리"이자 "정상적인 삶에서는 충족될 수 없는 극단적인 쾌락을 일깨우는 소리", 그리고 "한번 들으면 말 하나하나가 심연으로 통해 있어 그 속으로 사라지기를 강하게 원하는 심연의 노래"였을 것이라고 한다(블랑쇼, 1993 : 12). 다시 말해 세이렌의 노래는 분화되지 않은, 즉 주체와 타자, 동일성과 다양성, 안과 밖을 나누는 구분선이 그어지지 않는 노래였을 것이다.

세이렌의 바다에서 세이렌들은 오뒷세우스를 환대하지 못한다. 세이렌들은 전설이 전하는 대로 바다에 몸을 던져 죽어 버렸거나, 바위가 되었거나, 다시는 노래하지 않게 되었을 것이다. 오뒷세우스가 주체가 되는 과정에서, 그는 세이렌들에게 환대를 청하는 이방인의 자리에 자기를 두지 않는다. 환대를 제공하기 위해서는, 환대를 청하는 이방인과 만나야 한다. 반면 오뒷세우스의 이야기와 언어 안에서 세이렌들은, 언어를 갖지 못한 자, 동일성의 주체가 되지 못한 자로 남으면서,[15] 환대의 주인으로서의 자리를 박탈당한다.

더러 어떤 방랑객은 스스로를 주체로 유지하면서, 길을, 공간을, 집을 제공하는 주인을 타자화한다. "영국을 떠나온 방랑자들이 매사추세스 해안에서 피쿼트족Pequot과 마주쳤을 때 그들은 피쿼트족을 가리키며 "이 이방인들은 누구인가?"라고 묻는다. 물론 피쿼트족 또한 영국 잉글랜드의

프의 해석들은 모두 이야기를 소유한 주체는 오뒷세우스이며, 세이렌은 언어를 갖지 못함으로써 죽음에 이르게 되었다는 점을 지적한다.

15 노성숙은 오히려 이 비동일적 자아의 모습에서 근대적인 동일적 자아에 대한 비판과 극복의 가능성을 발견한다. 세이렌들의 비동일적 자아는 '체화된 목소리로 노래하는 자아', '관계적 자아'로서 여성들의 자아에 대한 새로운 의미 해석의 적극적 가능성을 보여 준다는 것이다(노성숙, 2008; 121-145).

항구 도시 플리머스에서 온 이들을 향해 동일한 질문을 했을 것이다"(커니, 2004 : 12-13). 그렇게 이방인은 언제나 동등하게 '상대적인 개념'이라고 할 수 있을까? 아메리카 대륙의 역사, '아메리카 대륙'이라는 이름의 역사는 결코 이 관계가 '언제나 상대적인' 이방인들의 상호 관계가 아님을 보여 준다. 모든 도래자가 환대를 청하는 이방인이 아니듯이, 모든 토박이가 환대를 제공하는 주인이 될 수 있는 것도 아니다. 토박이와 이방인이 어떤 언어의 지배를 받는가에 따라 권력 관계가 형성되기 때문이다.

언어 지배가 주체를 주체로 만든다. 일반적으로 환대를 제공하기 위해 주체는 자기 공간에서의 지상권과 더불어 '언어'를 소유할 수 있어야 한다. 그 주인의 언어는 도래하는 이방인을 향해 누구인지를 묻고, 답하도록 강요하는 언어, 나와 타자의 정체성을 규정하는 언어이다. 이 과정에서 환대를 제공하는 주인은 이방인에게 자신의 언어를 강요한다. 이방인은 주인이 강요하는 언어로 환대를 청해야 한다. 데리다에 의하면 "주인은 그[이방인]에게 자기 자신의 언어로의 번역을 강요하는데, 이것이 첫 번째 폭력이다"(데리다, 2004b : 62). 여기서 강요되는 언어는 단순한 의사소통의 수단을 넘어서는 넓은 의미의 것이다. 즉 "이 언어는 문화 전체요, 언어에 주재하는 가치들 · 규범들 · 의의들이다"(데리다, 2004b : 140). 결국 언어의 소유는 바로 권력으로 발휘되는 문화, 가치들, 규범들을 말하며, 그것이 환대 공간에서 주인과 이방인의 위치를 역전시킬 수 있다. '언어'로 대표되는 문화 권력의 소유 여부가 환대 제공의 가능성을 가른다.

세이렌들과 오뒷세우스의 만남이 만들어 낸 환대 공간에서의 주객의 역전은 '언어'와 교차되는 젠더 의미도 함축한다. 오뒷세우스가 이야기하는 자이자 합리성의 주인으로 '남성적 주체'의 자리를 차지하는 반면, 세이렌은 유혹하는 소리, 또는 주체 형성을 방해하면서 경계 없는 혼돈으로 이끄는 '여성적인 힘'으로 구조화되어 왔다. 오뒷세우스가 모험하는 '남성 주체'이자 분절적인 언어의 주체로 이방인이면서도 세이렌들의 공간을 타자화했다면, 세이렌들은 분화되지 않는 존재로 남아 있으며 '노래'를 강탈당하는 타자이다. 이 둘의 만남에서 환대의 이념은 손상당한다.

환대 공간에서 권력의 문제를 재고하게 하는 또 다른 장면은, 데리다가 『환대에 대하여』의 말미에 인용한 장면이다. 데리다는 이 장면을 구약성서 「창세기」 19장에서 가져온다. 이 장면은 소돔의 멸망에 즈음한 시점, 롯의 환대 공간에서 발생한 사건을 담는다. 날이 저물 무렵 두 천사가 소돔에 다다른다. 롯이 그들을 영접하며 간청한다. "내 주여, 돌이켜 종의 집으로 들어와 발을 씻고 주무시고 일찍이 일어나 갈 길을 가소서"(창세기, 19장 2절). 거절하는 그들에게 다시 간청하여 롯은 그들을 자기 집으로 청하고 환대한다. 그런데 그들이 잠들기 전에 소돔 남자들이 몰려와 "이 저녁 네게 온 사람이 어디 있느냐. 이끌어 내라. 우리가 그들을 상관[16] 하리라"(5절)고 협박한다. 롯은 이를 막아서면서 청해 들인 손님들을 대신하여 자신의 "남자를 가까이 아니한 두 딸"을 내어 놓겠다고 말한다(7~8절). 내 지붕 아래에 들어선 (남자) 손님을 대신하여, 내 집의 (여자인, 딸이거나 아내인) 타인을 내어놓는 환대를 우리는 어떻게 이해해야 하는가? 이 비슷한 사건은 「사사기」에서도 발견된다. 한 노인이 자신의 집에 이방인을 맞이하여 환대한다. "그 성읍의 비류非類들이 그 집을 에워싸고 문을 두들기며 집 주인 노인에게 말하여 가로되 네 집에 들어온 사람을 끌어내라. 우리가 그를 상관하리라"(사사기, 19장 22절). 집주인은 자기의 손님을 지키기 위해 자기 딸과 손님의 첩을 내어놓겠다고 제안한다. 결국 남자는 자신의 첩을 '내어 놓는다.' "그들이 행음行淫하여 밤

16 "상관하겠다"는 말은 성적으로 육체적인 관계를 갖겠다는 의미이다.

새도록 욕을 보이다가 새벽 미명에 놓은지라. 동틀 때에 그 주인의 우거한 그 사람의 집 문에 이르러 엎드러져 밝기까지 거기서 누웠더라"(25-26절). 그녀는 그렇게 그 집의 문지방 위에 손을 올려놓고 죽어 있는 채로 발견된다.

데리다는 『환대에 대하여』에서 이 장면의 의미를 끝까지 추적하지 않는다. 단지 '참조의 형태'로 던져 놓을 뿐이다. 데리다가 던져 놓는 이 '참조'는 이제까지의 환대의 권리 구조에 대한 논의가 동일한 지위에 놓인 자들, 주체들, 가부장인 남성 주체들 사이의 관계, 즉 남성중심적 모델이었음을 드러내 주는 틈새로서의 '참조'이다. 데리다는 "환대의 법들을 만드는 것은 가정의 폭군 · 아버지 · 남편, 그리고 어른인 집주인"이었음을 지적한다. 그들이 환대의 법들을 표상했다는 것이다(데리다, 2004b : 150). 그렇다면 집주인의 환대법은 그 집안의 타인들에게는 어떻게 작용하는가? 누가 환대할 수 있는가? 누가 환대의 주인이 될 수 있는가? 누가 환대받기에 합당한가?

여기서 우리는 주체적 자아가 타자 윤리학의 주인이 되기 위해 거주 공간의 말없는 타인인 '여성'의 존재를 요청한다고 본 레비나스의 논의를 기억하게 된다. 레비나스는 주체적 자아가 성립되기 위해서는 회복하기 위해 돌아오는 주체를 환대하고 영접하는 친밀한 타인이 필요하다고 주장한다. 이 친밀한 타인은 말없이 부드럽게 수용하고 이해하는 거주 공간 내의 존재이다. 레비나스는 이 친밀한 타인을 '여성'이라고 불렀다. 그 친밀한 타인은 주체를 돌보고 회복시키며 수용하는 '아내' 또는 '어머니'인 '여성'이다. 그런데 레비나스의 체계를 일관되게 따라가 보면, 이 친밀한 타인인 여성은 윤리적으로 진지하게 대면해야 할 '타자'가 될 수 없다. 가정 내의 친밀한 타인인 '여성'은 내가 아니지만 그렇다고 나와 분리된 절대적 타자성을 갖지도 않는, 나를 형성하는 일부처럼 나에게 속한 타인일 뿐이다. 레비나스의 논의 안에서 친밀한 타인인 여성은 윤리적 주체를 준비시키는 변증법적 단계의 불가결한 요인일 뿐, 주체적 자아에게 윤리적인 명령을 내리는 절대적 타자는 아니다. 그 이유는 친밀한 타인인 '여성'이 언어를 갖지 못하기 때문이다. 레비나스는 절대적 타자의 무한성은 '얼굴'로 현현顯現, epiphany한다고 한다. 그런데 여성은 얼굴로 현현하지 않는다. 브로디Donna Brody는 레비나스의 체계에서 "언어의 상호 주관적 차원 없이, 얼굴은 없다"고 지적하면서, 언어로 들어가지 못하는 여성은 얼굴을 지니지 못하고, 결국 과정적 존재로 남을 뿐 윤리의 주체나 윤리적 타자가 되지 못한다고 밝혀낸다(Brody, 2001 : 63-64). 레비나스의 언급대로라면 이 친밀한 타인인 여성은 언어를 갖지 못한다. 친밀한 타인의 언어는 "가르치지 않는, 침묵의 언어, 말없는 이해, 비밀스러운 표현" (Levinas, 1969 : 155)일 뿐이다. 따라서 이 친밀한 타인인 여성은 거주 공간의 주인인 '남성적 주체'[17]의 조력자일 뿐, 윤리의 주체도, 절대적 타자도 되지 못한다.[18] 결국 남성 주체들의 환대 관계에서 이 내부의 타자, 친밀한 타인은 희생된다. 이 내부의 타자들의 희생 위에서 벌어지는 환대는 자신의 원리를 배반한다.

위의 두 장면은 절대적 환대의 이념이, 환대 주체를 형성하는 언어 지배와 젠더 권력 관계의 역학 안에서 어떠한 폭력적 상황을 야기할 수 있는지를 보여 준다. 그러므로 환대가 자신의 원리를 지키기 위해서는, 이러한 폭력의 가능성과 직면해야 한다. 이 세밀한 환대 공간 내부로부터의

17 '남성적 주체'는 레비나스의 표현이다. 레비나스는 주체를 남성성, 남성적인 힘virility의 소유자로 정의했다. 남성적 힘의 소유자인 주체의 자리를 마련해 주는 것은 거주 공간 내의 친밀한 타인인 여성의 조력이다(레비나스, 1996: 50, 51, 78, 79).

18 이 논의에 대해서는 김애령, 2008, 86–88 참조. 신옥희는 레비나스에게 '여성적인 것'은 "인간의 윤리적 삶을 기초짓는 근원적인 전 윤리적pre-ethical 원리로 등장할 뿐"이라고 지적한다(신옥희, 1996: 244).

비판적 고찰은 환대를 포기하게 하는 것이 아니라, 환대의 정의를 지속하게 하는 힘이다. 환대의 정의는 어려움에도 불구하고 포기될 수 없는 지향으로 남는다. 환대의 주인이 밖에서 다가오는 이방인뿐 아니라 주변적 위치로 인해 경계를 경험하는 내부의 타자들에 대해 성찰할 때, 또 주체가 자신의 언어로 타자를 규정하지도 자신의 언어를 강요하지도 않고 다른 언어로 들려오는 소리들을 듣고자 노력할 때, 절대적 환대의 어려운 지향은 유지된다. 그것은 매번의 실천 안에서 반성적 지침으로, 포기될 수 없는 원리로 일관되어야 할 뿐 아니라, 언어와 젠더를 둘러싼 권력에의 민감성을 유지해야 한다. 그것은 매번 동일하지도 않고, 동일할 수도 없지만, 고유하고 특수한 매 상황과 개별적인 관계 안에서 매번 다르게 살아나야 하는 정의正義이다.

6. 나오는 말

이방인과 만나면서 주체는 윤리적 과제에 직면하게 된다. 이방인은 주체에게 당연하게 여겨지고 무심히 받아들여져 온 상식적 세계를 다른 눈으로 보게 하고, 다름의 존재에 진지하게 직면함으로써 스스로의 한계를 되돌아보게 하는 자극이자 도발이다. 이방인이 자극과 도발로 새로운 관점을 가져올 때, 이 새로운 다른 관점은 경계 경험의 결과이다. 어느 집단에도 완전히 속하지 못함으로써 갖게 되는 이방인의 자유롭지만 위험한 존재 조건이 다르게 보는 시각을 가능하게 한다. 이 자극이 공동체에 위협으로 느껴지는 한, 이방인은 적대시될 것이다. 그러나 타자의 윤리에서 출발한 '절대적 환대'는 이방인이 던지는 물음을 주체의 입장과 틀에 가두지 않으면서, 타자의 존재를 온전히 승인하고자 한다.

절대적 환대의 어려움은 그것이 위험과 함께한다는 사실에서 기인한다. 또한 절대적 환대는 출발에서부터 딜레마를 갖는다. 그것은 환대를 제공하는 주인이 되기 위해서는 주체가 확립되어 있으면서 동시에 무화無化되어야 하기 때문이다. 그러나 이 딜레마가 만들어 내는 긴장이 절대적 환대가 멈추지 않는 성찰에 열려 있게 하는 동력이다. 그 긴장과 위험에도 불구하고 유지되어야 할 '절대적 환대'의 이념이 아무런 조건 없이, 물음도 없이, 한계도 없이 타자를 수용하는 것이라면, 또한 그렇듯 불가능해 보이는 이념으로서 환대의 실천과 관용의 제도화를 동반하는 것이라면, 그것은 유형으로서의 타자, 집단으로서의 이방인, '내가 누구인지' 말할 수 있는 타자만을 향한 것일 수 없다. 하나의 언어가 '공동의 언어'가 된다고 생각되는 그곳에서, 멀리서 다가오는 타자를 환대하기 위해 내 공간의 타자들이 주체성의 그늘 아래 무화되는 그곳에서 환대의 윤리는 되물어질 것이다. 그러므로 환대와 관용이 논의될 때, 이러한 보이거나 보이지 않는 권력 관계들이 함께 고려되어야 한다. 환대가 요청되는 공간에 지배 언어의 상징 체계와 교차하는 젠더 권력이 존재한다. 내부의 관계들에도 동일하게 적용되지 못한다면, 환대의 윤리는 자신의 원리를 배반하게 될 것이다.

따라서 이념으로 동반되어야 할 절대적 환대는 주인의 장소, 즉 주체의 거점인 그곳에서 주체 정립의 그늘에 있는 타자들의 존재를 돌보아야 한다. 한 공동체 내에서 경계 경험을 하는, '여성'으로 표상되는 '내부의 이방인들'의 존재는 환대의 윤리가 스스로를 반추하게 하는 지속적인 물음으로 남을 것이다.

참고 문헌

게르하르트, 폴커, 『다시 읽는 칸트의 영구평화론』, 김종기 역, 백산서당, 2007.

김광기, 「'이방인'의 사회학을 위한 이론적 정초」, 『한국사회학』 제38집 6호, 2004.

——, 「이방인의 현상학」, 『철학과 현상학 연구』 제33집, 2007.

——, 「정상과 비정상, 그리고 이방인」, 『사회이론』 제33집, 2008.

김애령, 「'여성', 타자의 은유 : 레비나스의 경우」, 『한국여성철학』 제9권, 2008.

김용환, 『관용과 열린 사회』, 철학과현실사, 1997.

노성숙, 『사이렌의 침묵과 노래 : 여성주의 문화철학과 오디세이 신화』, 여이연, 2008.

데리다, 자크, 「폭력과 형이상학」, 『글쓰기와 차이』, 남수인 옮김, 동문선, 2001.

——, 『법의 힘』, 진태원 옮김, 문학과지성사, 2004a.

——, 『환대에 대하여』, 남수인 옮김, 동문선, 2004b.

레비나스, 엠마누엘, 『시간과 타자』, 강영안 옮김, 문예출판사, 1996.

——, 『존재에서 존재자로』, 서동욱 옮김, 민음사, 2001.

바디우, 알랭, 『윤리학 : 악에 대한 의식에 관한 에세이』, 이종영 옮김, 동문선, 2001.

벤베니스트, 에밀, 「환대」, 『인도·유럽 사회의 제도·문화 어휘 연구 I』, 김현권 옮김, 아르케, 1999.

벤하비브, 세일라, 『타자의 권리 : 외국인, 거류민, 그리고 시민』, 이상훈 옮김, 철학과현실사, 2008.

보라도리, 지오반나, 『테러시대의 철학 : 하버마스, 데리다와의 대화』, 손철성 외 옮김, 문학과지성사, 2004.

부르디외, 피에르, 『남성 지배』, 김용숙·주경미 옮김, 동문선, 2000.

블랑쇼, 모리스, 「상상적인 것과의 만남」, 『미래의 책』, 최윤정 옮김, 세계사, 1993.
소포클레스, 「안티고네」, 『오이디푸스 왕, 안티고네』, 천병희 옮김, 문예출판사, 2001.
——, 「클로노스의 오이디푸스」, 『그리스 비극: 아이스킬로스, 소포클레스, 에우리피데스』, 곽복록 · 조우현 옮김, 동서문화사, 2007.
신옥희, 「여성학적 시각에서 본 레비나스: 타자성의 윤리학」, 『철학과 현실』 29호, 1996.
아도르노, 테오도르 W., 막스 호르크하이머, 『계몽의 변증법』, 김유동 옮김, 문학과지성사, 2001.
왈쩌, 마이클, 『관용에 대하여』, 송재우 옮김, 미토, 2004.
울프, 버지니아, 『3기니』, 태혜숙 옮김, 이후, 2007.
짐멜, 게오르그, 「이방인」, 『짐멜의 모더니티 읽기』, 김덕영 · 윤미애 옮김, 새물결, 2005.
카프카, 프란츠, 「세이렌의 침묵」, 『변신 · 시골의사』, 전영애 옮김, 민음사, 2003.
칸트, 임마누엘, 『영원한 평화를 위하여』, 이한구 옮김, 서광사, 1992.
커니, 리처드, 『이방인, 신, 괴물: 타자성 개념에 대한 도전적 고찰』, 이지영 옮김, 개마고원, 2004.
타우렉, 베른하르트, 『레비나스』, 변순용 옮김, 인간사랑, 2004.
플라톤, 『소크라테스의 변명』, 황문수 옮김, 문예출판사, 1999.
호메로스, 『오뒷세이아』, 천병희 옮김, 숲, 2007.
Brody, Donna, "Levinas's Maternal Method from 'Time and the Other' Through 'Otherwise than Being': No Woman's Land?," *Feminist Interpretations of Emmanuel Levinas*, Pennsylvania: Pennsylvania University

Press, 2001.

Derrida, Jacques, "Die Einsprachigkeit des Anderen oder die Prothese des Ursprungs," *Die Sprache der Anderen*, hg. von Anselm Haverkamp, F/M: Fischer, 1997.

Levinas, Emmanuel, *Totality and Infinity*, Pittsburgh: Duquesne University Press, 1969.

McNulty, Tracy, *The Hostess. Hospitality, Femininity, and the Expropriation of Identity*, Minneapolis/London: University of Minnesota Press, 2007.

Schütz, Alfred, " Der Fremde," *Gesammelte Aufsätze, Bd. I*, Den Haag: Martinas Nijhoff, 1972.

탈식민 해석의 정치학:
제1세계 독자에게 말걸기*

이경란

1. 들어가는 말

카리브계 여성문학이 주목을 받기 시작한 것은 1980년대 이후 탈식민 이론, 탈식민주의 비평이 대두되면서이다. 중심이 아닌 주변부, 백인이 아닌 유색인, 남성이 아닌 여성에 대한 관심이 증가하면서 킨케이드 Jamaica Kincaid, 클리프Michelle Cliff, 마셜Paule Marshall 같은 카리브해 출신 미국 여성 작가들의 글쓰기와 그들이 경험한 이산, 젠더, 민족, 인종 등의 문제에 관심이 주어지기 시작했다.

『갈색 소녀, 갈색벽돌집들*Brown Girl, Brownstones*』, 『에이벵*Abeng*』, 『천국으로의 전화는 없다*No Telephone to Heaven*』, 『애니 잔*Annie John*』, 『루시 *Lucy*』 같은 카리브계 여성 작가들의 텍스트들이 중심적으로 다루는 이산

* 이 글은 『영미문화』(제8권 2호, 2008.8. 한국영미문화학회)에 실린 논문을 부분 수정한 것이다.

과 이주, 식민주의와 인종주의의 문제는 사실 카리브해 지역의 핵심적 경험이다. 카리브해 지역의 기원 자체가 이산과 이주의 역사이며 그 이산과 이주를 야기한 것이 서구의 제국주의와 식민주의이기 때문이다. 1492년 콜럼버스가 이 지역을 '발견'한 이래 원주민들을 몰살시키며 이 지역에 침입한 유럽 백인 식민주의자들은 유럽에 수출할 사탕수수와 같은 단일 열대작물을 재배하는 대농장Plantation을 운영하기 위해 엄청난 수의 아프리카 흑인 노예들을 강제 이주시킨다. 19세기에 노예무역이 종말을 고했을 때(1803년에는 덴마크가, 1807년에는 주요 노예 수송자였던 영국이 노예무역을 폐지한다) 카리브해 지역으로 끌려온 아프리카 노예들의 수는 아메리카 전체에 이송된 약 천만 명의 아프리카 노예의 47%에 해당하는 수였다. 1833년 영국계 카리브해 지역에 노예제가 폐지된 후에는 부족한 노동력을 보충하기 위해 인도와 중국 등에서 많은 계약 노동자들이 유입된다. 이러한 이산과 이주의 역사가 남긴 유산이 소수의 백인과 다수의 흑인 그리고 다양한 아시아 민족들로 구성된 현재의 다문화, 다인종, 다언어 공동체이다(Knight & Palmer, 1989 : 6-9). 유럽 국가들로부터 독립한 현재에도 카리브해 지역은 수출품 위주의 단일 작물 대농장 체제와 외국 관광객/자본에 전적으로 의존하는 관광산업 때문에 여전히 자급자족이 어려운 식민지적 경제 상태가 유지되고 있다. 유럽 식민지로서의 오랜 역사가 남긴 이러한 경제적 동인으로 인해 섬들 사이의 계절 이주노동과 이른바 유럽 '모국'들의 중심도시, 즉 메트로폴리스metropolis로의 이주가 활발하게 진행되고 있다.

현재 영어권 카리브해 지역 이주민들이 가장 많이 이주하는 국가는 미국이다. '모국'인 영국에서 미국으로 이주지가 전환된 배경에는 거리의 가까움, 미국의 적극적인 경제적 개입 등과 더불어, 1965년의 미국 이민법 개정이 큰 요인으로 작용한다. 영국이 1960년대에 이르러 제2차 세계

대전 직후 노동력 부족을 해결하기 위해 장려했던 이민들의 유입을 엄격하게 막기 시작한 것과 대조적으로 미국은 같은 시기에 이민법 개정을 통해 제3세계 이민자들에게 미국 이민의 기회를 확대했기 때문이다. 고향이 제공해 주지 않는 경제적 기회를 찾아 많은 전문직 영어권 카리브인들이 다양한 노동 이민자들과 더불어 미국으로 건너갔고, 1970년대 이후에는 특히 미국 백인 여성들의 직업적 기회가 확대되면서 생겨난 가사노동 시장의 수요를 채우기 위해 많은 영어권 카리브계 유색 여성들이 가족과 더불어 혹은 가족을 뒤에 두고 미국으로 건너갔다. 카리브계 미국 여성 작가들의 글에 백인 가정에서 일하는 카리브 여성들이 자주 등장하는 이유가 여기에 있다.

킨케이드는 식민지 고향을 떠나 서방 세계의 새로운 메트로폴리스 즉 뉴욕으로 이주해 간 대표적인 카리브계 이민 작가 중 한 명이다. 그녀도 다른 많은 카리브계 흑인 여성들처럼 고향 가족의 경제적 안정을 위해 노동 이민자로서 미국에 건너간다. 백인 가정의 아이보기로 입주했던 작가의 경험에서 나온 그녀의 작품 『루시』는 미국 메트로폴리스에서 카리브계 유색인 여성이 경험하는 독특한 소외와 단절의 경험을 보여 준다. 루시는 독립국인 자신의 고향은 단지 '그 섬들'로 지칭하는 미국에서 흑인 여성인 자신을 열대의 이국적인 꽃처럼 신비화하거나 낭만적인 존재로 대상화시키면서도 그녀가 아프리카 노예의 후손임을 지속적으로 상기시키는 미국인들 속에서 정체성의 혼란을 느낀다. 상당한 정도의 영국식 문화 교육을 받았으며 흑인이 대부분의 인구를 차지하는 국가에서 성장한 경험이 주는 흑인/인간으로서의 자긍심을 가지고 있는 카리브계 이민자 루시는 단순하고 엄격한 이분법적인 흑백의 위계만을 제시하는 미국의 인종 차별에 분노한다. 루시는 제1세계/백인/남성 중심의 주류 이데올로기에 동화하거나 영합하려 하기보다는 자신이 다른 문화와 관점을 가진,

주체적으로 말하고 행동하는 존재임을 적극적으로 드러내고 카메라 작업을 통해 자신을 응시의 대상이 아닌 응시의 주체로 위치시킨다. 하지만 루시의 이 모든 노력에도 불구하고, 작품 내내 카리브계 흑인 이주 여성을 열등하고 이국적인 존재로 타자화하는 제1세계 주류 백인들의 의식적인 혹은 무의식적인 특권 의식이 세계의 '변두리' (탈)식민지 출신인 흑인 여성 루시를 지속적으로 미국 사회 내에서 복합적인 소수자 입지에 놓이게 한다는 사실에는 변함이 없다.

카리브 흑인 여성들의 주변성과 소수성은 미국 이주 경험에서만 나타나는 현상은 아니다. 카리브 고향 섬에서도 흑인 여성들은 서구 백인 식민주의자들이 구축한 인종, 젠더, 계층의 엄격한 경계선이 작동하는 위계 구조 안에서 가장 주변적인 존재이다. 카리브 흑인 여성들의 주변성은 카리브해 도서 국가들이 식민지에서 벗어나 독립국가가 된 이후에도 변화 없이 유지된다. 그 극단적인 형태의 하나가 독립 후 흑인 여성 작가들의 취약한 위상과 흑인 남성 작가들의 작품에 나타나는 흑인 여성들의 부재 현상이다. 카리브 서사와 카리브 작가들의 작가성 문제를 젠더 관점에서 연구한 에드먼드슨Belinda Edmondson이 지적하고 있는 것처럼 제1세대 카리브 남성 작가들인 래밍George Lamming, 제임스C. L. R. James, 네이폴V. S. Naipaul 등의 저항, 혁명, 국가 서사에는 흑인 여성이 등장하지 않는다. 백인 여성만 흑백 남성 주인공들이 남성다움을 다투는 경쟁터로 등장할 뿐이다. 남성 텍스트들의 이러한 서사적 특징은 카리브 흑인 남성들이 카리브 지역의 해방과 독립을 흑인 남성의 남성다움 회복으로, 백인 남성과 흑인 남성 사이의 경쟁으로 간주하고 있었음을 시사한다(Edmondson, 1999 : 98-122).

흑인 여성이 과거 노예제의 상징으로만, 새로운 흑인 작가가 새로운 흑인 혁명적 감수성을 말할 수 있기 전에 파괴되어야 할 수치스러운 과거의 상징으로만 간주되는 곳에서 흑인 여성의 존재와 목소리가 침묵되어야 할 대상으로 여겨졌음은 쉽게 이해될 수 있다. 킨케이드 역시 한 인터뷰에서 자신이 책읽기를 그렇게 좋아했음에도 고향에서는 결코 작가로서의 자신을 상상해 본 적이 없었다고 말한다(Cudjoe, 1989 : 398). 이는 영국의 작가들만을 '작가'로 인식하게 한 영국 식민지 교육의 결과이지만 동시에 흑인 남성들의 경험과 목소리만을 독립 국가의 국가성을 대변하는 것으로 간주하는 카리브 지역에서 흑인 여성들이 놓여 있던 주변적/소수자적 위치의 결과이기도 하다. 킨케이드의 성장 소설인 『애니 쟌』과 『루시』에는 흑인 남자 아이들에게는 영국 유학을 통한 전문직 등 삶의 모든 가능성을 꿈꾸게 하고, 흑인 남성들에게는 가정 밖의 사생아를 수십 명씩 낳는 성적 자유로움을 허용하면서도, 흑인 여자아이에게는 '매춘녀'가 되지 않는 교육만을 제공하는 (탈)식민지 카리브 사회에 대한 흑인 여성 저자의 분노와 절망이 적나라하게 그려져 있다.

결과적으로 킨케이드/애니 쟌/루시가 시도하는 식민지에서 제국의 중심으로의 이주는 외적으로는 노동 이민의 형태를 띠지만, 내적으로는 망명의 속성을 가진다. 떠난 고향에서도 이주한 미국에서도 완전한 귀속감을 가질 수 없는 킨케이드의 이중적 망명 상태는 그녀가 미국에서 오랫동안 거주한 후에도 여전히 지속되는 존재 조건이다. 16세에 미국에 건너와 20여 년이 지난 1990년에도 그녀는 자신이 "지속적으로 글을 쓰면서 점점 더 제1세계의 인정에 관심이 적어짐을 느낀다. 그리고 내가 떠나온 세계의 인정은 결코 받아본 적이 없다. 그래서 지금 나는 내가 어디에 있는지 모른다. 나는 스스로를 다시 망명시켜 왔다"고 고백한다(Perry, 1990 : 499 재인용). 에드먼드슨이 네이폴, 래밍, 제임스 같은 남성 작가를 설명하기 위해 개진한 '망명 작가'의 정의가 여성 이민 작가 킨케이드에게도 무리없이 적용되는 이유이다. 네이폴처럼 킨케이드도 고향에서 진정한 서인도 주체로 간주되지 않은 망명 상태를 경험했으며, 기꺼이 고향을 떠나 메트로폴리스에 거주하는 망명을 통해 고향과 그 사회와 자신의 관계를 객관적으로 볼 수 있게 하는 물리적 거리를 확보했고, 다양한 방식으로 고향 땅의 의미에 지속적으로 사로잡혀 있다(Edmondson, 1999 : 140-141 참조). 그래서 미국에서 출판된 『루시』, 『애니 잔』, 『작은 곳*A Small Place*』, 『나의 오빠*My Brother*』, 『나의 정원*My Garden*』 같은 킨케이드 작품들은 미국 내 문학을 다루는 범주, 즉 아프리카계 미국 문학, 페미니즘 문학, 혹은 소수민족 문학 등의 범주보다는 그 범주들이 제기하는 문제들을 다루면서도 제1세계 '중심'과 제3세계 '주변'의 불평등한 권력 관계에 지속적으로 주목하는 탈식민주의 문학으로 분류되는 것이 적절해 보인다.

킨케이드는 제1세계 메트로폴리스에 살지만 지속적으로 제3세계 (신)(탈)식민지 고향에 대한 글을 쓰고 있다. 그녀는 제1세계의 문화적 제도 안에 자리를 잡고 있지만 세계의 '중심'과 '주변' 사이의 불평등한 권력 관계와 제1세계 제국주의적 이데올로기들과 실천들을 지속적으로 비판한다. 그녀는 고향으로 돌아가 사는 것은 원하지 않지만 고향의 국적은 여전히 포기하지 않고 있다. 이러한 킨케이드의 복합적인 정체성과 입지는 미국에서 활동하는 대부분의 탈식민주의 연구자들의 이중적 입지와 닮아 있다. 샤프Jenny Sharpe가 「미국 다문화주의 집안의 탈식민주의 연구Postcolonial Studies in the House of US Multiculturalism」에서 지적하는 것처럼, 1980년대부터 발전한 미국에서의 탈식민주의 연구는 그 동안 인종적/민족적 소수자들에 대한 연구와 재현이 미진했다는 각성의 결과이면서 동시에 1960년대 중반에 도입된 새로운 이민법의 결과로 두드러지게 증가한 제3세계 이민자들에 대한 반응이었고(Sharpe, 2005 : 12), 킨케이드처럼 탈식민주의 연구자들 대부분도 이 새로운 이민자 집단에 속하는 지식인들이었다. 『이산적 매개들 : 고향과 거주지 사이 *Diasporic Mediations: Between Home and Location*』의 서문에서 "탈식민주의적-이산적-소수민족적 결합이, 모든 아메리카의 현대 역사가 그 자신을 기억해 내도록, 미합중국이 그 자신의 많은 소수민족적 과거들, 원주민 미국인들의 대학살, 노예제 중심의 자유 의식 등을 기억하게 만드는 방법"(Radhakrishnan, 1996 : xxvi)이라고 지적한 라드하크리슈넌R. Radhakrishnan의 통찰처럼, 미국 내의 소수민족들이 어디에서 왔는지 어떤 이유로 왔는지 끈질기게 탐문하는 킨케이드의 텍스트들은 미국 내 '제3세계'인 소수민족들의 존재가 미국이 오랜 역사 동안 국내외에서 행한 제국주의적 활동의 불가피한 결과임을 지속적으로 환기시킨다는 점에서 탈식민적 텍스트들이다.

이 글은 킨케이드의 글쓰기가 미국이 예외주의 담론에 기대어 스스로의 의식에서 지우고자 노력했던 미국의 제국주의적 활동을 가시화하면서 그러한 기획에 의해 암흑, 불가시성, 타자로 규정되면서 주변화되어 버린 것들의 권리를 회복하고 재탈환하려고 시도한다고 보고, 제국의 중심에 거주하는 (탈)(신)식민지인의 시각에서 제국들이 실천했던 혹은 실천하고 있는 식민주의와 제국주의에 대한 그녀의 이야기와 해석들이 어떻게 탈식민적으로 새로운 의미 체계와 관계들을 창출하고 있는지 살펴보고자 한다. 구체적으로는 1988년에 출판된 긴 에세이 『작은 곳』을 중심으로 카리브해 관광산업이 왜 세계의 주변부가 중심에게, 제3세계 출신 흑인 미국 이민 여성 작가가 제1세계 독자에게 도전하는 탈식민적 해석의 정치학에 중요한 주제가 되고 있는지, 제1세계가 생산해 내고 제3세계도 일부 공모하는 관광 담론과 관광객에 대한 작가의 탈식민적 재해석이 어떤 내용으로 구성되어 있으며 어떤 면에서 탈식민적 정치학으로 작동하는지, 이러한 탈식민적 해석의 정치학을 효과적으로 작동시키기 위해 작가가 어떤 서사 전략을 사용하고 있는지 살펴보고자 한다.

2. 제1세계 독자에게 사적으로 말걸기

『작은 곳』은 전형적인 친절한 관광 안내 책자처럼 "만약 당신이 안티과Antigua에 관광객으로 가면 이런 것을 볼 것이다"(Kincaid, *A Small Island* : 3)**라고 서사를 시작한다. 이름 없는 화자가 자신의 눈을 전형적인 미국 관광객의 눈에 맞추어 안티과에 처음 도착하는 관광객이 공항에서, 호텔로 가는 택시 안에서, 휴양지 호텔과 해변에서 보고 겪게 될 전형적인 경험들을 따라간다. 하지만 그 과정에서 화자는 단순히 관광객이 보게 될 현지의 이국적인 풍물들을 설명해 주고 그의 호기심을 충족시키기보다는, 역으로 그러한 이국적인 풍물들을 보면서 관광객이 했음직한 혹은 가지고 있음직한 생각들을 제시하고 그에 대한 화자 자신의 생각과 해석을 덧붙인다. 날카로우면서도 매혹적인 스타일을 통해 제공되는 관광과 제1세계 관광객에 대한 화자의 해석들은 관광객의 전형적인 가정들을 비판하는 대항 해석을 제공할 뿐 아니라 때로는 매우 분노에 찬 어조로 그것들을 비난하고 조롱함으로써 결국 이 텍스트를 '반反관광 서사'로 만든다.

이 책이 표현하는 제1세계 백인 관광객과 안티과 흑인 정부의 무능력과 부패에 대한 작가의 분노는 숨길 수 없이 직접적이고 강력하다. 원래 이 글이 실리기로 되어 있던 『더 뉴욕커*The New Yorker*』지의 새 편집장 고트리엡Robert Gottlieb은 이 글이 너무 분노에 차 있다고 출판을 거절했고 (Bouson, 2005 : 93), 안티과 정부 역시 그녀의 입국을 비공식적으로 오랫동안 금지한다. 미국 대학에서 백인 학생들을 대상으로 이 텍스트를 가르치는 강의자들 역시 이 텍스트를 강의하려면 특별한 전략이 고려되어야 할 정도로 백인 학생들이 즉각적인 적대감을 표현하는 경우가 많다

** 이후 이 책에서의 인용은 괄호에 쪽수만 기입함.

고 보고한다. 이 텍스트를 효과적으로 읽히려고 탈식민주의에 관한 지식을 미리 공부시키거나, 학생들이 탈식민적 · 다문화적 작가들의 이데올로기적 입장에 감정이입을 할 수 있는 제휴의 지점을 찾아내도록 고무하는 방법 등 다양한 읽기 전략을 제안되었지만, 프레드릭Rhonda D. Frederick 같은 이는 이러한 일반적인 탈식민주의 텍스트 읽기 전략들보다는 오히려 백인 학생들이 이 텍스트를 처음 읽으면서 느끼는 자신들의 분노와 당황의 감정 자체에 주목하는 것이 효과적이었다고 보고한다. 즉 학생들이 자신들의 감정적 반응 그 자체를 토론과 분석 대상으로 삼게 함으로써 자신들을 포함한 제1세계 백인들이 무의식적으로, 혹은 의식적으로 가지고 있는 인종적, 계급적, 국가적 편견들을 반성적으로 볼 수 있게 할 수 있었다는 것이다(Young, 1995 : 91 ; Frederick, 2005 : 1-5 참조).

백인 독자 개개인들이 이 텍스트에 그토록 즉각적인 감정적 반응을 보인 것은 백인 관광객에 대한 작가의 공격이 신랄하고 직접적이었기 때문이기도 하지만, 그 분노를 전달하는 방법이 특별했기 때문이기도 하다. 텍스트의 첫 시작에서 화자는 독자를 제1세계 백인 관광객으로 가정하고 그를 친근하게 '당신'이라고 부른다. 마치 친구에게 말하듯 사적인 어조로 말을 건다. 이렇게 제1세계 관광객을 친밀하게 이인칭으로 부르는 화자의 호칭은 화자가 백인 관광객들처럼 제1세계 거주자라는 점에서 설득력을 가진다. 하지만 화자는 곧 자신의 친밀한 어조를 관광객 '당신'을 직접적으로 공격하는 효과적인 무기로 전환시킨다. 화자는 관광객 혹은 관광객이 될 가능성이 많은 백인 독자가 가지고 있는 전형적인 생각들을 환기시키고 그것을 비틀어 되돌려 주는 방식으로 조롱하고 비판한다. 그 과정에서 독자 개개인은 화자의 말걸기에 그리고 그 말걸기를 통한 화자의 비판에 자신이 피할 수 없이 연루되었다고 느끼고, 그 결과 백인 관광객과 카리브해 관광산업에 대한 화자의 조롱과 공격을 독자 개인에 대한 공격으로 받아들인다. 이렇게 관광객 개인의 경험을 따라가는 화자의 서술 전략은 카리브해 지역에서 관광산업이 어떻게 실천되고 있는지, 그 관광산업에 관광객 개개인이 어떻게 참여하고 있는지, 자본주의, 신식민주의, 경제적 불평등 등이 어떻게 개인들의 삶에 사적으로 내밀하게 힘을 발휘하는지를 드러내는 데 효과적이다. 또한 관광객 개인에게 사적인 어조로 말을 거는 화자의 방식은 초국가적 관광산업의 식민주의적 착취 구조를 작동시키는 책임이 초국가적 자본이나 제도에만 있는 것이 아니라 그 구조를 개인적으로 작동시키는 개개인들에게도 똑같이 있다는 사실을 독자 개개인이 피할 수 없이 대면하도록 만든다.

화자는 백인 관광객을 "추한, 공허한, 어리석은"(17) 같은 강한 부정적인 형용사로 정의하지만, 더 세심히 읽어보면 고향에 머무르는 백인과 해외로 여행하는 백인을 구별하고 있다. 이러한 구별은 화자가 백인 자체를 공격하는 데에 목적이 있는 것이 아니라, 백인들이 관광객이 되는 과정, 그리하여 안티과인들을 착취하고 이익을 얻는 구조에 참여하게 되는 과정 그 자체에 관심이 있음을 드러낸다(Frederick, 2003 : 7). 화자는 백인 독자들에게 자신들이 알게 모르게 연루되어 있는 신식민지적 관광산업의 구조와 그들이 알게 모르게 행하는 제국주의적 실천들을 자각하도록 지속적으로 요구한다. 이러한 화자의 시도는 백인 독자들이 텍스트에서 그려지는 '추한 관광객'이 될 수도 있지만 동시에 '추한 관광객에 대한 저자의 비판과 경멸을 공유하고 반성할 수 있는 비판적인 개인'이 될 수도 있음을 시사한다. "당신은 왜 나 같은 사람들이 과거를 극복하지 못하는지, 용서하지 못하고 잊지 못하는지 이해하려고 노력해 본 적이 있는가?"(26)라는 화자의 수사적 질문은 한편으로는 그러한 노력을 하지 않았던 백인 독자들에 대한 비난이면서 동시에 당신들은 그러한 노력을 할 수 있는 잠재력을 지닌 개인들이니 시도해 보라는 촉구로도 해석될 수 있다.

독자에 대한 이러한 이중의 가능성과 이중의 관점이 킨케이드의 '제1세계 독자에게 말걸기'의 중요한 핵심이다. 즉 독자/관광객 개인에게 직접 말을 걸어 독자 개개인의 의식을 변화시키고자 하는 킨케이드의 서술 전략 속에는 스스로의 행동을 반성할 수 있는 잠재 능력을 가진 개별 독자들이 존재한다는 믿음이 놓여 있다. 이런 개인의 능력과 책임에 대한 킨케이드의 믿음은 스피박Gayatri Chakravorty Spivak이 『포스트콜로니얼 이성 비판*A Critique of Postcolonial Reason*』에서 하위 주체들과의 내밀한 만남, 개인과 개인의 만남이 가능하게 하는 책임과 의무에 바탕을 둔 윤리성의 확립을 촉구하면서 보여 준 개인에 대한 믿음과 유사하다. "법, 생산 관계, 교육 체제, 그리고 의료 체제를 바꾸는 집단적인 노력이 필요하다. 하지만 마음을 변화시키는 일대일의 책임 있는 접촉이 없이는 아무것도 유지되지 않는다"(Spivak, 1999 : 34)고 말하는 스피박의 주장처럼 독자 개개인에게 직접적으로 말을 걸어 개개인의 의식을 공략하는 킨케이드의 서술 방법은 기존 체제를 변화시키고자 하는 중요한 정치적 행위이다.

3. 카리브 관광산업과 관광 담론에 대한 탈식민적 비판

관광 담론의 파라다이스 판타지 해체

킨케이드가 제1세계 관광객의 의식 중에서 중요하게 문제삼는 것은 카리브해 지역을 현실에서 단절된 파라다이스로 보고자 하는 욕망이다. 파라다이스로서의 카리브해라는 관광 담론은 카리브해 지역 정부들과 제1세계 자본이 협력하여 만들어 낸 관광 책자와 광고를 통해 전 세계로 퍼져 나간 담론이다. 이 파라다이스 담론은 너무나 강력해서 그에 대한 대항 이야기들이 거의 서양 관광객들에게 영향을 미치지 못한다. 화자가 서사의 시작에서 지적하는 것처럼, 외국 관광객들은 이 지역의 "뜨겁고 깨끗한 공기"(5) 안으로 들어오자마자 즉각적으로 자신들이 "정화되었다, 축복받았다, 특별하다"(5)고, 지루하고 고단한 일상에서 해방되었다고 느낀다. 이런 해방감이 바로 카리브해 관광 담론이 관광을 통해 관광객들이 얻을 수 있다고 약속한 것이다.

킨케이드의 관광산업에 대한 비판을 인류학, 특히 민속지학의 새로운 연구 방향 모색이라는 맥락에서 다루었던 돌비Nadine Dolby가 보여 준 통찰처럼, 관광객에게 일상과 현실에서의 단절이 가능하다는 환상을 주입시킴으로써 해방감을 느끼게 만드는 카리브해 관광산업은 연구 대상을 건널 수 없는 차이를 지닌 타자로 구성해 온 고전적인 민속지학자의 자세가 보여 주는 것과 같은 단절의 역학을 담고 있다(Dolby, 2003 : 58). 화자는 '우리'와 '그들' 사이에, 고향/현실과 관광지/파라다이스 사이에 선명한 선을 긋는 이러한 단절의 역학 속에 기꺼이 자신을 던지는 백인 관광객에게, 카리브해 관광지도 그들이 떠나온 고향처럼 이곳 사람들에게는 일상적인 삶의 터전이며 그래서 파라다이스로서의 카리브해 관광 담론은 비현실적인 신화에 불과하다는 것을 최선을 다해 상기시킨다. 쨍쨍한 햇빛은 섬사람들을 지속적인 가뭄 속에 살아가게 하는 고통스러운 요인이며, 관광객들이 이국적인 풍경으로 감상하는 전경 속의 허름한 학교, 병원, 도서관 등은 이 지역의 지독한 가난과 부패의 산물이다. 도서관은 지진으로 부서진 후 10여 년이 넘도록 여전히 '수리 예정' 푯말을 달고 있다. 이 지역에 하나밖에 없는 병원의 의사들은 너무나 무능해서 돈이 있는 사람은 누구나 아프면 바로 비행기를 타고 뉴욕으로 건너간다. 관광객들이 호텔로 가려고 타는 리무진은 감탄스러울 정도로 비싼 고급 차들이지만 그 차를 채우는 것은 소음과 매연을 뿜어내는 저급 휘발유이며, 고급 차를 모는 운전사들이 사는 집은 형편없다. 자동차 산업을 독점한 부패한 정부 요인들이 자동차 판매를 위한 융자는 쉽게 해 주면서 주택 융자는 어렵게 하고 있기 때문이다. 화자는 현지인들의 삶을 고통스럽게 하는 현실이 그들만의 현실이 아니라 관광객들의 현실일 수도 있다고 상기시킨다. 관광 안내 책자들은 관광객들에게 깊고 푸른 낭만적인 바다를 약속하지만 해변을 산책하는 관광객에서 킨케이드는 경고한다. "방금 당신이 '호텔 화장실에서' 물로 내려 보낸 화장실의 내용물이 당신이 바다를 걸을 때 당신의 발목을 휘감을 수도 있다"(14)고, 하수시설을 불가능하게 만드는 빈곤한 지역경제와 착취적인 관광산업이, 관광객이 꿈꾸는 낭만적인 바다를 오염시키고 있다고 경고한다.

파라다이스 담론을 해체하는 만큼이나 공을 들여 화자가 독자에게 상기시키는 사실은 백인 관광객에게 자유와 행복의 환상을 제공해 주는 관광산업의 조건들이 현지인들이 겪는 인종적 · 경제적 · 정치적 착취와 풀 수 없이 얽혀 있다는 점이다. 백인 관광객들은 공항에서부터 현지 흑인들과 다른 특권적인 대접을 받는다. 그들은 "관광객, 북미인 혹은 유럽인, 즉 백인이기 때문에, 친척들이 매우 필요로 하는 값싼 옷들과 음식을 담은 종이 상자들을 가지고 유럽이나 북미에서 돌아오는 안티과 흑인이 아니기 때문에, 세관을 빠르게 통과한다"(4). 관광객이 현지 음식이라고 믿으며 즐기는 호텔 음식은 "안티과 같은 곳에서…… 더럽게 싸게 재배되어 마이애미에 갔다가 다시 되돌아온 것"(14)이다. 이 지역에서 '더럽게 싸게' 생산된 재료가 미국으로 건너가 가공된 후 다시 생산지로 되돌아와 현지인들은 감히 살 수도 없는 비싼 '현지' 음식이 되어 관광객에게 팔리고 있는 것이다. 이러한 생산과 소비 구조는 관광산업이 현지인들의 노동력을 착취하며 성행하는 제1세계 중심의 글로벌 경제 구조로 작동되고 있음을 보여 준다.

이렇게 제1세계와 제3세계 사이의 불평등한 권력 구조 안에 자신들이 들어 있다는 것을 의식해 본 적이 없는 독자들, 자신의 카리브해 여행이 의미하는 바를 아직 모르는 관광객들에게 직접 말을 걸어 그들 여행이 가지는 식민주의적 의미를 일깨워 주는 화자의 방식은 관광산업의 파라다이스 담론을 효과적으로 해체한다.

백인 관광객/식민주의자의 인종적 · 문화적 우월 의식 해체

킨케이드가 제1세계 독자에게 요구하는 또 다른 반성은 그들이 관광객으로 제3세계에 올 때 가지고 오는 인종적 · 문화적 우월 의식에 대한 반성이다. 사실 카리브해 관광산업은 많은 면에서 제1세계 관광객들이 자신을 현지인과 비교해서 느끼는 인종적 · 문화적 · 경제적 우월감에 의존해서 번성하고 있다. 백인 관광객들은 '그들'과 '우리'의 다름을 '우리'의 문화적 우월함과 '그들'의 문화적 열등으로 해석하고, 현지인들을 휴양지의 태양과 모래와 바다의 일부로, "위험 없고, 상호 작용이 가능한 전경"(MacDonald-Smythe, 2001 : 148)으로 타자화시키면서 자신들의 일상의 터전에서는 결코 얻지 못하는 만족감을 얻는다. 그러므로 백인 관광객의 우월감을 깨뜨리는 것은 곧 초국가적 관광산업에 내재된 그리고 초국가적 관광산업을 작동시키는 불평등한 권력 관계를 드러내는 방법이기도 하다.

화자는 백인 독자와 백인 관광객이 가지고 있는 인종적 · 문화적 우월 의식을 깨뜨리기 위해 전통적인 응시 대상과 주체를 전환시키는 방법을 사용한다. 인종적 관계에서 흔히 특권적인 응시의 주체는 언제나 백인으로 가정되어 왔다. 제3세계 유색인들은 백인의 응시에 의해 타자화된 대상으로 그려질 뿐이다. 킨케이드는 자신들이 특권적인 응시의 주체임을 믿어 의심치 않는 백인 관광객들에게 그들이 이곳에서는 흑인 현지인들의 응시 대상임을 상기시킴으로써 그들의 우월감의 기반 자체를 흔들어 놓는다. 더욱이 화자는 영국 식민주의자들이 흑인들을 경멸하고 조롱한 바로 그 용어와 그 방식대로 흑인 현지인들이 백인 관광객을 조롱하고 있다고 말해 줌으로써 백인 관광객을 견고한 중심의 위치에서 위태로운 상대적 위치로 가차없이 끌어 내린다.

> 당신이 방금 서 있었던 그곳에 사는 사람들이 당신을 참을 수 없어 한다는 사실이, 닫힌 문 뒤에서 그들이 당신의 이상함을 비웃는다는 사실이 결코 당신에게 떠오르지 않을 것이다(당신은 그들처럼 생기지 않았다). 당신의 몸의 모습은 그들에게 유쾌한 모습이 아니다. 당신은 예의가 없다(그들은 손으로 밥을 먹는 관습이 있는데 당신이 그들처럼 먹으려 하면 바보처럼 보이고, 당신이 늘 하듯이 먹으면 바보처럼 보인다). 그들은 당신이 말하는 방식을 좋아하지 않는다(당신의 억양은 이상하다). 그들은 웃느라 어쩔 줄을 모르면서 당신이 일상적인 행위를 할 때의 모습을 상상하며 모방한다. 그들은 당신을 좋아하지 않는다. 그들이 나를 좋아하지 않는다! 그 생각은 실제로 결코 당신에게 떠오르지 않는다. (밑줄 필자)

> [It] will never occur to you that the people who inhabit the place in which you have just paused cannot stand you, that behind their closed doors they laugh at your strangeness (you do not look the way they look); the physical sight of you does not please them; you have bad manners (it is their custom to eat their food with their hands; you try eating their way, you look silly; you try eating the way you always eat, you look silly); they do not like the way you speak

(you have an accent); they collapse helpless from laughter, mimicking the way they imagine you must look as you carry out some everyday bodily function. They do not like you. *They do not like me!* That thought never actually occurs to you. (17)

흑인들이 과거에 백인들과 다르게 생겼다고, 다른 방식으로 밥을 먹는다고, 다른 방식으로 말한다고, 그래서 열등한 종족이라고 오랫동안 영국 식민주의자들에게 경멸을 받았던 바로 그 역사, 다름을 열등함으로 만들었던 그 역사를 뒤집는다. 그리고 백인 관광객이 똑같은 이유로 흑인 안티과인들의 비웃음의 대상이 되고 있다고 말해 준다. 관광객과 토착민을 응시의 주체와 응시의 객체로 서로 자리를 바꿀 수 있는 존재들로 재해석해 줌으로써 킨케이드는 백인 관광객이 스스로에게 부여했던 권위와 특권을 효과적으로 마모시키는 정치적 목적을 달성한다. 스스로가 현지인을 응시하는 주체라고 확고하게 믿고 있는 백인/관광객들에게 그들도 현지인들의 응시의 대상에 불과하며, 흑인/원주민도 응시의 주체가 될 수 있다고 상기시킨다. 화자는 이러한 방식으로 제국주의적 경제 구조 안에서 백인/제1세계인으로서의 특권을 누리고 있으면서도 그것을 의식하지 못했던 혹은 의도적으로 그것을 보려 하지 않았던 백인/관광객들에게 자신들의 특권적 입지를 반성적으로 보도록 촉구한다.

킨케이드는 관광객과 현지인 모두가 응시의 주체이면서 동시에 대상이 될 수 있다는 사실과 더불어, 백인 관광객 역시 어느 특정한 지역의 현지인임을 지적함으로써 관광객과 현지인의 엄격한 이분법에 근거한 관광객의 우월 의식을 와해시킨다. 백인 관광객이 자신의 고향과 일상의 지루함에서 고통받듯이, 이곳 사람들도 고향과 일상의 지루함과 단조로움에 압박받은 사람들이고, "모든 곳의 모든 원주민은 잠재적인 관광객이며, 모든 관광객은 어떤 곳의 원주민"(8)이라고 상기시킨다. 차이가 있다면 이곳 현지인들을 "그들이 살고 있는 곳에서 적절하게 살 수도," 동시에 "너무 가난해서 어디도 갈 수 없게"(15) 만드는 경제적 요인뿐이다.

킨케이드는 또한 현대의 백인 관광객처럼 과거의 영국 식민주의자들도 모험이나 진보를 추구하는 영웅이 아니라 "영국의 삶이 싫어서"(24) 고향 영국을 떠난 사람들에 불과하다고 유럽 식민지 개척자들의 의미를 새롭게 해석해 낸다. 그들은 자신들이 문화적으로 우월하다고 자랑하면서도 낯선 손님으로 온 이곳에서 주인인 현지인들의 삶을 무시하고 경멸하는 "예의바르지 못한 태도"(27)를 보였던 사람들이라는 점에서도 현재의 관광객들과 유사하다. 킨케이드는 자신의 고향이 영국 식민지였을 때 체코슬로바키아인 의사가 어떻게 흑인 아이들을 오염과 경멸의 대상으로만 보았는지, 백인 교사가 어떻게 흑인 학생들을 "나무에서 방금 내려온 원숭이들"(29)이라고 드러내놓고 경멸했는지 상기하면서, 백/흑, 문명/비문명, 인간/동물, 순수/오염 같은 이항 대립적 위계 질서 속에서 흑인들을 경멸했던 백인 식민주의자들의 인종적 · 문화적 우월감을 기억해 낸다. 그리고는 곧 백인 관광객의 우월감을 마모시켰던 똑같은 방식으로 백인 식민주의자들의 우월 의식을 마모시킨다. 즉 응시의 주체와 대상을 역전시켜 흑인들이 이 백인 식민주의자들을 어떻게 보았는지를 백인 독자에게 알려 준다.

> 우리[흑인들]는 이 사람들[백인들]이 너무나 예의 없다고 생각했다. 그래서 우리는 이것에 너무 놀랐다. 왜냐하면 그들은 자신들의 고향에서 멀리 있었고, 우리는 집에서 멀리 있을수록 행동을 잘 해야 한다고 믿었기 때문이다⋯⋯ 우리는 그들이 비기독교적이라고 생각했다. 우리는 그들이 편협하다고 생각했다. 우리는 그들이 동물 같다고, 우리가 그래야 한다고 이해하는

인간적 기준 저 아래 있다고 생각했다. 우리는 이 모든 사람들보다 우월하다고 느꼈다.

> We thought these people were so ill-mannered and we were so surprised by this, for they were far away from their home, and we believed that the farther away you were from your home the better you should behave... We thought they were un-Christian-like; we thought they were small-minded; we thought they were like animals, a bit below human standards as we understood those standards to be. We felt superior to all these people. (29)

식민지의 '미개한' 흑인들이 '문명인' 영국인들에게 그들이 그토록 자랑하는 영국 문명의 용어, 즉 문명과 야만, 기독교와 이방인, 인간과 동물, 손님과 주인 사이의 올바른 관계에 대한 영국인 그들의 기준을 그대로 들이대고, 그 기준에 맞추어 보니 식민지에 온 영국인들은 "인간적 기준 저 아래" 있는 그래서 흑인들에게 우월감을 느끼게 했던 그런 동물 같은 존재에 불과했다고 킨케이드는 새롭게 해석해 낸다.

4. 탈식민적 역사 의식의 회복

텍스트 중간 중간에 킨케이드는 노예들의 삶을 묘사하는 19세기 판화 그림들을 배치하고 있다. 그 그림들 속에는 평화로운 농촌 흑인들의 삶이 그려져 있다. 서인도제도의 노예/원주민 삶의 핵심인 고통이나 그들의 삶을 고통스럽게 하는 유럽인들 혹은 식민지 기업인들을 상기시키는 어떤 요소도, 토착인들의 저항의 역사도 전혀 나타나 있지 않다(MacDonald-Smythe, 2001 : 148). 만족스러운 토착 현지인들을 그려내고 있는 20세기 관광 엽서들처럼 역사적인 맥락이 빠져 있는 그림들이다. 역사적 맥락이 빠져 있는 그 그림에 역사적 맥락을 채워 주는 것, 과거의 식민 지배자처럼 행동하는 백인 관광객들과 여전히 식민화된 의식을 유지하는 흑인 현지인들에게 역사 의식을 회복시켜 주는 것, 킨케이드가 이 에세이 전체를 통해 하고 있는 작업은 바로 그것이다. 그 목적을 위해 킨케이드는 지속적으로 과거 식민주의 역사와 현재 신식민주의적 관광산업의 유비성類比性을 찾아낸다.

화자는 백인 관광객이 낭만적으로 발을 담그는 그 바다가 관광객 자신의 오물이 관광객 자신의 발을 휘감는 그런 바다, 즉 현재 안티과의 가난을 상징하는 바다일 뿐 아니라, 백인들이 과거 노예선에서 던진 수많은 흑인 노예들을 집어삼킨 바다, 즉 백인 관광객의 조상들이 범죄를 저지른 바로 그 장소라고 지적한다. 자신의 조상들이 범죄를 저지른 바로 그 현장에 돌아와 있으면서도 도덕적으로 둔감한 백인 관광객을 조롱하기 위해 킨케이드는 백인 관광객이 스스로를 정당화하는 수사학을 불러내어 관광객 자신에게 되돌려 주는, 부손J. Brooks Bouson이 "수치를 되돌려 주는 방식"(96)이라고 부른 대화 방식을 사용한다.

> 당신은 착취, 억압, 지배 등에 대해 때때로 느끼게 되는 그 약간 이상한 느낌이 완전히 발전되어 불안과 불편함이 되도록 허용할 필요는 없다. 휴가가 망쳐질 수 있다. 당신이 소유하고 있는 것, 그들 때문이 아니다. 당신이 그들에게 빚진 것은 아무것도 없다. 사실 당신은 그들에게 큰 호의를 베풀고 있는 것이다. 백 가지 사례도 더 들 수 있다.

> [You] needn't let that slightly funny feeling you have from time to time about exploitation, oppression, domination develop into full-fledged unease, discomfort; you could ruin your holiday. They are not responsible for what you have; you owe them nothing; in fact, you did them a big favour, and you can provide one hundred examples. (10)

현대의 관광객들은 카리브해 관광산업과 관광객 자신들이 다른 산업이나 산물이 거의 없는 그 지역에 큰 도움이 되고 있다고 믿는다. 과거의 백인 식민주의자들은 눈부시게 이루어 낸 서양의 부와 경제적 진보가 전적으로 서양인 자신들의 창조성과 재능 때문이라고 확신했다. 이들 모두 과거 유럽 제국들의 부유함과 물질적 진보가 안티과 같은 지역에서의 잔혹한 흑인 노동력 착취에 의존한 것이며 그러한 식민주의적 착취 구조가 현재의 초국가적 관광산업 속에서도 여전히 작동하고 있다는 사실을 자신들의 의식에서 지우고 싶어한다. 하지만 킨케이드는 백인 독자에게 과거 백인 영국인들이 저지른 범죄와 상실이 (그리고 그 연장선에서 현재 백인 관광객들이 참여하는 관광산업의 억압과 착취가) 결코 어떤 식으로도 보상될 수 없는 끔찍한 범죄라고 분명하게 말해 준다. 백인 식민주의자들은 "수많은 사람들을 고국도, 모국도, 신도, 성스러운 흙더미도 없는, 고아"(31)로, 그리고 무엇보다도 가장 고통스러운, "언어도 없는"(31) 존재로 만들어 피해자인 흑인들로 하여금 백인들이 그들에게 저지른 범죄를 "그 범죄를 저지른 범죄자들의 언어"(31)로 말해야 하는 모순된 상황에 놓이게 만든 범죄자들이다. 범죄자들이 자신들의 행위를 정당화하기 위해 사용하던 언어, 범죄자들의 가치 판단이 들어 있는 언어, 그리하여 그들 자신이 저지른 "그 행위의 공포, 그 행위의 부당함, '흑인 노예들의' 고통과 수치"(31-32)를 표현할 수단이 절대 될 수 없는 바로 그 언어로 그들과 소통할 수밖에 없는 상황으로 카리브해 흑인들을 내몰았던 식민주의 유산이 언어를 사용하는 작가 킨케이드에게 가장 뼈아픈 유산이다. 아프리카 작가 응구기 와 씨옹오Ngugi Wa Thing'o는 아프리카인들의 의식을 식민지화시키는 영어와 완전한 결별을 고할 때, 그가 돌아갈 수 있는 토착어, 기쿠유어와 키스와힐릴리어를 가지고 있었다(응구기, 1999 : 17). 하지만 아프리카 고향에서 강제로 이주되어 언어와 문화와 전통을 완전하게 박탈당한 노예들의 후손인 킨케이드에게는 식민 지배자의 언어, 영어만이 유일하게 그녀가 소유하고 있는 언어이다.

언어와 의식의 식민화가 문제되는 것은 (탈)식민지의 경제적 · 정치적 식민지화를 영속시키는 것이 바로 의식의 식민지성이기 때문이다. 현재 안티과 정부는 정치적으로 독립했음에도 영국 식민주의자들이 하던 방식 그대로, 영국인들이 구축한 착취 구조 그대로, 같은 안티과인들을 착취한다. 독립국가 안티과의 쇠락을 뼈아프게 상징하는 부서진 공공도서관, 영국 식민지 시절보다 더 열악한 교육환경과 쇠락한 학교들, 이 모든 것이 현재 흑인 독립정부의 무능과 식민지 의식의 결과라고 화자는 지적한다. 킨케이드에게 책을 통해 세계를 발견하게 해 준 곳, 식민지 안티과의 억압적 환경에서 정신적으로 도피할 수 있었던 유일한 곳, 적의 언어이지만 적의 범죄를 고발할 수 있는 언어를 배운 곳 즉 도서관과 학교의 쇠락은 안티과 시민들로 하여금 '모국'이었던 영국이 그들에게 강요한 억압적인 전통들을 여전히 영속시키게 하는 요소라고 화자는 지적한다.

자신들의 현재 삶을 과거 식민주의 역사의 맥락 속에 제대로 위치시키지 못하는 편협하고 제한된 사고 때문에 안티과인들은 자신들이 놓여 있는 현재의 신식민적인 상황도 제대로 이해하지 못한다. 관광산업은 과거 식민주의적 대농장 체제가 그러했듯이 외부에서 경제적으로 개입한 결과 발생한 상황이고, 19세기 제국주의가 그러했듯이 현지인들을 착취하며 경제적 이득을 창출하는 구조로 이루어져 있다. 하지만 일반 시민들은 그러한 사실들을 분명하게 의식하지 못한다. 섬에서 가장 환영받는 교육기관이 안티과인들을 '좋은 하인'이 되게 가르치는 호텔 교육 학교라는 사실에 킨케이드는 절망한다. 역사 의식의 부재가 "자신의 나라를 타락한 외국인들에게 주어 버리는"(55) 부패한 정부 요인들을 지속적으로 다시 선출하는 무책임한 태도로 나타난다. 정부의 타락과 부패를, 자신들의 일상 삶의 수치와 전락을, 단지 이야깃거리, 관광거리로 만드는 흑인 주민들이 "아이인지, 순진한 것인지, 정신병자인지"(68) 알 수 없다고 킨케이드는 신랄하게 비판한다. 그래서 킨케이드에게 섬나라 안티과 현지인들의 가장 큰 문제는 시각의 편협함과 역사 의식의 부재이다. 안티과가 너무 '작은 곳'이라는 사실이 그곳에 사는 사람들을 마치 '감옥'(79)에 갇혀 있는 것처럼 만든다. 하지만 안티과 사람들의 시각을 그토록 좁게 만드는 것은 지역적인 협소함보다 그 지역의 삶이 놓여 있는 시간적 · 공간적 맥락을 알지 못하는 역사 의식의 부재이다.

유럽과 미국의 관점에서 구축되어 온 식민주의적 역사에 대안적인 탈식민적 역사를 제시하고, 백인 관광객과 흑인 현지인의 우월/열등 관계가 인위적이며 유동적임을 보여 줌으로써 안티과 흑인들과 제1세계 백인들 모두가 탈식민적 역사 의식을 가지도록 변화시키는 것, 그것이 킨케이드가 이 텍스트를 통해 달성하고자 하는 목적의 하나이다. 개개인들의 의식의 변화가 안티과를 관광 안내 책자의 틀에서 벗어나게 하는 중요한 첫 걸음이기 때문이다. 탈식민적 시각으로 역사를 볼 수 있게 되면, 영국 해군의 유명한 역사적 영웅들은 "영국 해양 범죄자들"(24)에 불과해진다. 원주민들과 접촉하면서 도덕적으로 오염될까 걱정했던 백인들이 실제로는 도덕적 오염의 근원지였음이 밝혀지고, 흑인 정부의 타락은 흑인들이 무능해서가 아니라 식민주의가 흑인들을 그렇게 훈련시킨 결과로 판명된다. 안티과를 '문명과 진보를 옹호하는 유럽인들이 발견하고 개척한 곳'이 아니라 "유럽의 쓰레기들이 정착한 곳, 아프리카의 고귀한 인간을 노예로 만들어…… 덜 외롭고 덜 공허하기 위해, 유럽의 병에서 벗어나기 위해…… 자신의 부와 권력에 대한 욕망을 충족시킨 곳"(80)으로 파악하는 것, 그것이 킨케이드가 제시하는 탈식민적 역사 의식의 출발점이다.

5. 나오는 말

『작은 곳』에서 제3세계 출신 흑인 이민 작가 킨케이드는 카리브해 관광산업을 매개로 제1세계 백인들이 가지고 있는 제국주의적 의식들과 가정들을 지속적으로 드러내고 폭로하며 다시 해석해 준다. 백인들의 가정들에 대한 재해석을 통해 작가가 목적하는 바는 1960년대 흑인 시민운동 이후의 소수민족 문학/연구자들처럼 소수자들을 주류사회에 편입하지 못하게 하는 미국 내부의 계층적 · 인종적 · 젠더적 불평등한 권력 관계 비판에 주력하거나, 1970~80년대 아시아계 미국 문학/연구자들처럼 자신들의 민족적 문화의 우월성과 독특성을 강조함으로써 다문화적 미국 사회 안에서 자신들의 입지를 강화시키려는 방식의 문화정치학이 아니다. 『작은 곳』은 제1세계 시민으로서 특권적인 삶을 살면서도 자신들의 삶이 갖는 제국주의적 차원을 모르는 혹은 모르는 척하는 제1세계 독자 개개인의 의식을 변화시키는 것, 그들의 의식을 변화시킬 만한 대항 언어와 대항 담론, 세계와 그들의 행동에 대한 설득력 있는 재해석을 제3세계의 시선으로 제공하는 것을 중요한 문학적 · 정치적 목적으로 삼고 있다.

킨케이드가 제시하는 해석의 정당성과 객관성은 그녀가 메트로폴리스에 거주하면서 (탈)식민지 고향에서의 경험을 다룸으로써 내부자/외부자의 이중적 입지를 확보하고 있다는 사실, 제3세계 사람들을 위해 글을 쓰고 있으면서도 세계의 불평등한 식민주의적 권력 구조에 참여하고 있는 제1세계 독자/개인들과 그에 공모하는 제3세계 소위 탈식민 국가의 정부와 시민 양쪽 모두에 신랄한 비판을 가하고 있다는 사실에서 담보된다. 그녀가 촉구하는 것은 가해자 백인/제1세계에 저항하는 피해자 흑인/제3세계에 대한 무조건적인 옹호가 아니다. 그녀는 과거와 현재의 식민주의적 경제, 정치, 문화 체제의 가해자와 피해자, 흑인과 백인, 제1세계인과 제3세계인 모두에게 그들의 의식과 행위의 정확한 의미를 알게 해 주는 폭넓은 역사 의식을 가질 것을 요구한다. 이러한 역사 의식의 촉구는 모든 (또 다른) 위계적 이항 대립, 모든 (또 다른) 종류의 인종주의에 대한 거부와 연결되어 있다. 그래서 킨케이드는 제1세계 백인들의 식민주의를 비판하는 만큼이나, 독립국가 흑인들이 자신들을 부정적인 백인 이미지와 대립시키면서 "고귀하고 고양된 사람들, 노예들"(80-81)의 후손으로 규정하는 안이한 이분법도 허용하지 않는다. 백인의 우월성과 흑인의 열등성이라는 전통적인 식민주의 담론을 뒤집으면서 백인의 열등성과 흑인의 우월성을 상정하는 또 다른 이항 대립을 만들어 내는 흑인 민족주의 담론의 발현에도 경고를 보낸다. 흑인 민족주의에 대한 무조건적인 찬양은 자칫 흑인들로 하여금 흑인 정부를 무조건 옹호하도록, 그들의 타락과 착취까지도 참아내도록 강요하기 때문이다. 텍스트 맨 마지막에서 킨케이드는 백인과 흑인 모두에게 주인도 노예도 아닌 '단지 인간'(81)이기를 요구한다.

> 물론, 중요한 것은, 일단 당신이 주인이기를 멈추면, 일단 당신이 주인의 멍에를 던져 버리면, 당신은 더 이상 인간 쓰레기가 아니다. 당신은 단지 인

간이고 그에 부가된 모든 것이다. 노예들도 마찬가지이다. 일단 그들이 더 이상 노예들이 아니면, 일단 그들이 해방이 되면, 그들은 더 이상 고귀하거나 고양된 존재가 아니다. 그들은 단지 인간들이다.

> Of course, the whole thing is, once you cease to be a master, once you throw off your master's yoke, you are no longer human rubbish, you are just a human being, and all the things that adds up to. So, too, with the slaves. Once they are no longer slaves, once they are free, they are no longer noble and exalted; they are just human beings. (81)

관광산업을 비판할 때, 관광객이나 토착민이나 똑같이 자신의 고향에서는 토착민이고, 관광객은 누구나 일상의 단조로움에서 벗어나기 위해 고향을 떠난 사람임을 부각시켰던 것과 같은 방식으로, 킨케이드는 백인 식민주의자와 흑인 노예의 후손들이 똑같이 '단지 인간들'이라고 주장함으로써 흑인과 백인을 위계로 놓는 모든 인종주의를 뒤집는다. 전 지구적 권력망을 지탱하는 자아와 타자의 구성과 관계에 관심을 가지기보다 자아와 타자의 구별을 무화시키는 평범함을 주장한다는 점에서 거쉬Suzanne Gauch는 화자가 '탈식민주의적 주체postcolonial subject'가 아니라고 주장한다(Gauch, 2002 : 910). 하지만 킨케이드는 식민주의자와 피식민지인, 관광객과 토착민의 공통점을 주장하기 전에, 안티과 같은 '작은 곳'이 자신들의 보편성을 주장하는 '큰 곳'들과 어떤 불평등한 관계로 맺어져 있으며 큰 곳들에 의해 구성된 자아와 타자 사이의 관계가 어떻게 착취적인 전 지구적 권력망을 지탱하는지 분명하게 비판하고 있다. 제국주의적 권력망을 해체하는 방법으로 권력망 안의 가해자와 피해자가 단지 같은 인간들에 불과하다고 말하는 것은 안이한 대처로 보일 수 있다. 하지만, 관광객과 토착민, 식민주의자와 피식민 주체 둘 다를 '단지 인간'이라는 준거 틀에 다시 수용하는 작가의 방식은 "이항 대립들을 넘어서는 가능성을 시사함으로써 분명한 특권들이 없는 새로운 공간을 시사"(MacDonald-Smythe, 2001 : 155)한다.

킨케이드의 탈식민적 역사 의식은 새로운 역사, 새로운 공간의 가능성을 열어 놓는다는 점에서 인간을 우월과 열등으로 서열화시키고 분리시키는 세력들에 대항할 수 있는 적극적이고 실천적인 시각이 될 수 있다. 탈식민적 작가 킨케이드는 백인 독자들에게 자신들이 미국 내외의 제3세계인/소수자들에게 특권적 권력을 행사하고 있음을 인정하고 자신들이 카리브해 지역을 식민주의적 경제 구조에 편입시키는 관광산업과 백인성, 서구에 특권을 부여하는 제국주의적 담론들의 교차점에 서 있다는 사실을 자각하도록 요구한다. 중심과 주변의 불평등한 권력 관계가 해체된, 아니 조금이라도 개선된, 새로운 공간의 가능성을 열기 위해 개개인의 의식을 변화시키고 개개인에게 실천적 힘을 줄 수 있는 대항 해석을 제공하는 것, 이것이 킨케이드의 탈식민적 (재)해석의 정치학이다.

참고 문헌

응구기 와 씨옹오, 『탈식민주의와 아프리카 문학』, 이석호 옮김, 서울 : 인간사랑, 1999.

Bouson, J. Brooks, *Jamaica Kincaid: Writing Memory, Writing Back to the Mother*, Albany: State University of New York Press, 2005.

Cudjoe, Selwyn R., " Jamaica Kincaid and the Modernist Project: An

Interview," *Callaloo* 39, 1989.

Dolby, Nadine, "*A Small Place:* Jamaica Kincaid and a Methodology of Connection," *Qualitative Inquiry* 9.1, 2003.

Edmondson, Belinda, *Making Men: Gender, Literary Authority, and Women's Writing in Caribbean Narrative*, Durham: Duke University Press, 1999.

Frederick, Rhonda D., "What If You're an 'Incredibly Unattractive, Fat, Pastrylike-Fleshed Man'?: Teaching Jamaica Kincaid's *A Small Place,*" *College Literature*, 2003.

Gauch, Suzanne, "*A Small Place:* Some Perspectives on the Ordinary," *Callaloo* 25.3, 2002.

Knight, Franklin W. & Colin A. Palmer, " The Caribbean: A Regional Overview," *The Modern Caribbean*, Ed. Franklin W. Knight & Colin A. Palmer. Chapel Hill: The University of North Carolina Press, 1989.

MacDonald-Smythe, Antonia, *Making Homes in the West Indies*, New York: Garland Publishing Inc., 2001.

Perry, Donna, " An Interview with Jamaica Kincaid," *Reading Black, Reading Feminist: A Critical Anthology*. Ed. Henry Louis Gates Jr. New York: Meridian, 1990.

Radhakrishnan, R., *Diasporic Mediations: Between Home and Location*, Minneapolis: University of Minnesota Press, 1996.

Sharpe, Jenny, "Postcolonial Studies in the House of US Multiculturalism," *A Companions to Postcolonial Studies*, Ed. Hebry Schwarz & Sangeeta Ray, Blackwell Publishing, 2005.

Spivak, Chakravorty Gayatri, *A Critique of Postcolonial Reason*, Cambridge,

Mass.: Harvard University Press, 1999.

Young, Liz, "An Angry Voice from Paradise: Jamaica Kincaid's *A Small Place* as a Teaching Resource," *Journals Oxford Ltd.*, 1995.

제2부

대중문화 속의 젠더(무)의식의 지형

근대 대중잡지에 투영된 '여성'과 '여성다움'*

강소영

1. 들어가는 말

1920년대 많은 독자들에게서 사랑을 받았던 잡지 『신여성』은 텍스트 내에 여성 인물의 이야기를 초점화했다. 그러나 여성에 관한 이야기라고 해서 이것이 곧 당시 여성의 정체성을 드러내는 진정한 여성의 발화인지는 살펴볼 필요가 있다. 대부분은 남성 집필진이 쓴 글이었고, 여성의 글은 실려 있다고 해도 이의 게재 여부를 결정한 남성 집필진의 시선을 벗어나기가 어려웠을 것이기 때문이다.

이 글에서는 『신여성』이 근대화가 본격화되었던 1920년대에 출간된 잡지라고 해도 여성의 의식 개조와 이의 충실한 반영으로 당시 여성들에게 비전을 제시하는 역할은 수행하지 못했으리라는 가정을 실제 자료를

* 이 글은 『한국고전연구학회』 제17집(2008년 6월)에 게재된 논문을 수정 · 보완한 것이다.

토대로 고찰해 보려고 한다.

먼저 『신여성』과 계보를 같이하는 『소년』, 『청춘』, 『개벽』의 지식인론을 기사 글을 통해 살펴보려고 한다. 이는 각 잡지에서 중요한 의미를 갖는 책들을 입력, 구축한 말뭉치 자료에서 고빈도 어휘들을 선정, 잡지의 성격을 규정하는 과정을 병행한다. 동일한 자료를 두고서도 연구자의 해석은 다양하게 나뉠 수 있다. 그러나 이러한 관점의 차이는 숫자로 표시된 도표를 보충함으로써 최소화할 수 있다. 이러한 전제 아래 구축한 자료들을 계량화하여 1906~1926년 사이에 지식인들 사이에서 가장 많이 사용되었던 어휘를 선별하려 한다. 지식인들이 자주 사용하는 어휘일수록 그들의 관심 안에 지속적으로 놓여 있었음을 고려하면 자료를 계량화하고 빈도 수를 조사하는 것은 기본 요소가 된다.

그리고 『신여성』에서 '여자' 용례를 검색, 여자를 수식하는 형용사들을 정리하고, 그들의 의미를 살펴 당시 이상적인 여성상으로 가정했던 여자의 덕목을 살펴본다. 이는 당시 잡지 내에서 여성이 해결해야 할 사항으로 부각된 것들과의 상호 비교를 통해 의미를 부여받을 것이다. 마지막으로 '여자' 은유 양상을 뽑아 통계 처리한 후 남성 지식인의 여성관을 드러내 보이려고 한다. 이는 근대적인 여성 담론 속의 '여성'은 남성 지식인에 의해 추상화된 여성이며, 따라서 현실과 이상의 차이를 보여 줄 것이라는 전제를 뒷받침하는 길이 될 것이다.

2. 성적인 존재로 국한된 여성: '여자' 용례 검토

조선이라는 중세 봉건 질서가 무너진 이후 근대라는 새로운 시기가 본격화되었던 1920년대에는 국제 정세에 어떻게 대응하느냐를 두고 가치

관의 차이를 보인 다양한 지식인 집단이 있었다. 이른바 유교적인 봉건 질서와 전통적 지식을 고수하려는 국수주의자들이 있었는가 하면 일본에 대응하여 우리 민족을 이끌어 갈 지도자를 열망했던 계몽담론가들도 있었다. 후자와 같이 애국적인 민족 담론을 펼쳤던 지식인들은 『소년』과 『청춘』으로 이어지는 근대 잡지의 주요 필진인 최남선, 이광수 등과 연결되고 중첩되면서 근대 지식의 계보를 형성한다. 그리고 이들의 계몽 담론은 천도교의 강력한 후원으로 발간된 『개벽』을 통해 민중들에게 전파되어 갔다. 『신여성』은 바로 개벽의 집필진들이 자주적이고 부강한 국가 건설을 위한 지식인 집단 속에 '여성'을 포함시켜 그들의 문제와 처지를 공개적으로 토론하도록 한 담론의 장이었다. 따라서 『신여성』의 집필진들의 의식 구조를 살피는 일은 한국 최초의 종합 월간지 『소년』(1908~1911)부터 『청춘』(1914~1918), 『개벽』(1920~1926), 『신여성』(1923~1926)으로 이어지는 지식인의 지적 흐름을 읽어 내는 과정부터 시작해야 할 것으로 보인다.

한국 최초의 종합잡지 『소년』은 최남선이 미래의 지도자를 꿈꾸는 조선의 소년들에게 서구 문명을 흡수하여 강력한 조선을 만들기를 염원하여 발간한 잡지이다. 그의 목소리를 통해 이를 확인해 보면 다음과 같다.

> 1. 눈에 보이는 바와 귀에 들리는 바가 남다르게 비상히 신경을 충격하여 아무리 하여도 구경꾼의 마음으로 모든 사상을 접할 수가 과연 없으며 이렇게 신경의 감수가 점점 이상하여지는 동시에 "나라로 돌아가라! 나라로 돌아가라" 하는 소리가 무상시로 귀의 고막을 때리는지라('발행의 기원' 중에서).
>
> 2. 『소년』의 목적을 간단히 말하자면 신대한의 소년으로 깨달은 사람 되고 생각하는 사람 되고 아는 사람 되어 하는 사람이 되어서 혼자 어깨에 진 무거운 짐을 감당케 하도록 교도하자 함이라('소년의 포부' 중에서).

최남선이 일본으로 유학 갔을 때 눈과 귀를 자극하는 신문명에 충격을 받고 이를 전파하기 위해 돌아와(1) 소년에게 지도자로서의 책무를 깨닫게 하고자 『소년』을 창간했음(2)을 보여 주는 예문이다. 이를 뒷받침하듯 『소년』의 통계 결과 고빈도 어휘의 목록에 오른 것은 '소년(청년)', '나라', '우리', '세계', '학교(교육)', '국민' 등이다. 이러한 어휘들은 대체로 조선('나라')의 부흥, 즉 신대한을 건설하기 위해 소년이 해야 할 구체적인 방향을 지시해 주고 있다. 이들과 호응하듯 동사의 고빈도 어휘 목록 역시 '배호다(배우다)'로 대표되는 '보다/듣다/쓰다/얻다/가지다' 등의 분포가 단연 돋보였다. 그러나 이 잡지에서 교육 대상은 '소년'이었지 '소녀'는 아니었다. 여성은 애초에 배제된 채 기획되었음은 배움의 대상으로 피터 대제나 워싱턴, 나폴레옹과 같은 남성 위주의 위인을 선택하여 기재한 것으로도 확인할 수 있다.

이는 여성 관련 어휘의 사용례에서도 발견된다. '여자', '여성', '계집', '마누라', '아내', '부인' 등 여성 관련 명사들의 사용이 드물다는 점만으로도 집필진의 편향된 시각을 드러내지만, 이들 용례를 토대로 검토한 내용 중 사회 · 문화적 함의를 담고 있는 단 한 개의 예가 굳이 여성 비하적인 시각을 드러내는 글이었다는 점에서 더욱 강력한 메시지를 전달하고 있는 느낌을 준다. 아래는 그 예시로, 여성을 성적 웃음거리로 삼아 '여성=성적 유희의 대상'으로 여겼던 당시 사회 분위기를 보여 준다.

> 3. 그런지 저런지 모르는 마누라는 그 갓옷을 입고 천연하게 집으로 가노라니까 길가의 사람들이 마누라의 등을 보고는 씩씩씩 웃고 가오. 자기는 암만 생각하여도 알 수 없소. 그리 하다가 친절한 사람이 일부러 와서 등에 붙인 쪽지를 떼어 주는 것을 본즉 소경에게도 보일 만한 대자로 자기의 이름을 쓰고 그 밑에 '헐고 닳은 놈'이라고 주를 내었소(소천소지, '헐고 닳은 사

람' 중에서).

『청춘』은 『소년』의 연장선상에서 출판된 잡지로 단지 구독의 대상 연령에서 차이가 날 뿐, 만리장성 등 명승지 소개, 동물, 식물, 광물, 유명한 인물이나 서양의 놀이 소개 등 내용의 편성 과정이 『소년』과 비슷하다. 따라서 고빈도 어휘 목록 중 '사람, 일, 노력, 사랑, 세계, 학교' 등의 명사와 '하다, 되다, 보다, 알다' 등 동사의 분포는 『소년』과 동일했다. 더구나 상태나 현상을 그리는 형용사 부분의 고빈도 어휘 목록에 등재된 '넓다, 높다, 작다, 많다, 크다, 있다, 없다, 다르다' 등은 현재의 우리와 다른 세상, 우리가 지향할 서구 문명을 묘사하거나 우리의 것과 비교하는 데 사용되고 있었다. 따라서 서구 문물의 선택 기준이나 서구 문물을 완전한 우리 것으로 만들기 위한 집필진들의 노력이 개입되어 있음을 보이는 바이다.

그러나 『청춘』 역시 여성은 지도자의 무리에서 배제되었다. 이는 사회를 이끌어 갈 지도자인 청년들에게 당부의 말을 할 때에도 남성 독자를 상정하고 기술한 데서 읽을 수 있다. 아래는 남성 호칭어(신사, 어른, 학생 제군), 남성용 기호식품(권련, 양주) 남성 비하어(오입쟁이)를 사용한 예문이다.

4. 내가 먼저 옳은 바를 행함으로 장차 만인을 교화하리니 성 있는 이 어찌 힘쓰지 않을까. 하물며 교육가나 신사 어른네며 학생 제군은 사회의 의표를 솔선하여 사회의 구제에 학수하여야 할지니 구제 방법은 다름이 아니라 몸소 행하여 모범을 보임이니 의복, 음식, 거처를 검소하게 하고 권련과 양주를 취하지 말고 아무쪼록 자국 물품을 써 직접 간접으로 동포의 생도를 돕도록 한다. 적극적으로는 식이사업을 진흥하며, 아울러 사회에 근검상을 고

취하여 자작자급의 인을 조성하기를 힘써야 한다. (중략) 네가 그리 몸을 곧게 가져 오입쟁이를 배우려 함이 아니거든 고귀한 비누와 향수와 비단 수건이 왜 있느냐. 너는 어이하여 귀한 서책을 읽을 줄을 모르고 호대와 놀이터에 금전과 사진을 낭비하느냐('군자의 길' 중에서).

4는 사회의 구제를 위해 필요한 일을 나열하면서 금해야 할 일도 함께 말하고 있는 예문으로, 유혹에 빠지기 쉬운 물건으로 술과 담배를 들었다. 술은 자주 여자와 함께 남자의 유희 대상으로 놓였던 것(아래 예문 5 참조)으로 집필자가 사회에 모범을 보여야 할 대상으로 남자를 상정하고 있음을 알려 준다. 또한 사치, 낭비하지 말고 근검해야 함을 강조할 때도 여자와 뒹굴기만 하는 오입쟁이란 단어를 사용하여 독자를 남자로 상정함을 뚜렷하게 내보이고 있다.

무엇보다 여성에 대한 집필진의 시각을 더욱 뚜렷하게 보여 주는 것은 여성을 자신보다 더 못한 존재로 기술하는 아래와 같은 예문이다. 아래는 계집과 아내의 용례에서 뽑은 예이다.

5. 고기도 며칠이 못 하여 맛이 없어지고 술과 계집도 날마다 놀면 싫증이 나지만

6. 값이 싸니 놀부 내외가 치과의에게 와서 "충치를 때자면 얼마나 듭니까" "20전으로부터 5원까지오" "빼자면은?" "한 개에 25전이오" 놀부가 계집더러 "그러니 빼고가는 편이 돈이 덜 들겠네."

7. 천하사를 가르치리라는 뜻을 품은 자는 먼저 그 아내를 가르쳐야 할지니

5는 여자를 술과 동일하게 놓고 '놀다'를 서술어로 사용하여 유희의 대

상으로 여기고 있음을 보여 주는 예이며, 6은 아내를 비하하여 '계집'으로 지칭하고 있는 예이다. 7은 아내를 학생처럼 취급하여 남편이 아내를 가르치는 것을 당위로 생각하는 서술어(가르쳐야 하다)의 사용이 눈에 띄는 예로, 이들 모두는 여성을 동일한 인격체로 대하지 않는 집필자의 시선을 보여 준다.

후속 잡지 『별건곤』에서 청년을 지도하고 당국을 탄핵하고 시사 비평에 앞장선 조선 유일의 대표적 사상 잡지였다고 자평했던 『개벽』. 『개벽』은 현실 문제를 분석하고 나름대로의 타개책을 제시하는 등 독자들의 의식 수준을 개조하고 향상시키는 데 도움을 주었다. 이는 '문제(6위), 사회(8위), 문화(11위), 계급(12위), 이상(14위), 운동(19위)' 등 고빈도 어휘 목록에서 이전의 잡지들과 뚜렷한 차이를 보이는 데서 여실히 보이며, 이들 고빈도 어휘 목록의 특징은 창간호 권두언 「논설 세계를 알라: 시급히 해결할 조선의 2대 문제」에 잘 나타나 있다.

> 8. 우리의 할 일은 만코 만하 매거하야 논할 수는 업습니다만은 위선 우리의 시급 문제는 오즉 두 가지뿐이니 일왈 교육문제 일왈 농촌 문제이라 함니다.(중략) 교육의 보급을 위하야 군면리에 곳 교육회를 조직하라 함니다. 그리하야 군면리에 각히 학교 하나씩은 곳 설립하라 함니다. 그리하야 재산이 잇스면 잇는 대로 교육사업에 제공하고 자제가 잇스면 잇는 대로 교육장으로 인도하라 함니다. 여차하고야 우리도 남과 가티 문명의 영광을 어들 것입니다. 행복된 생활이 머지 안이할 줄 자기함니다. (중략) 이에 나는 농촌 문제 해결은 이러케 하고자 함니다. 즉 빈부 문제부터 해결하자 함니다. 다시 말하면 지주와 소작인 문제 해결이외다. (중략)

8에 쓰인 것처럼 당시 지식인들은 교육 문제('문제')는 국가에서 학교를 1개씩 더 설립하고 조선인들이 교육회를 설립하여 신문화('문화')의 수입에 열성을 다하면 해결될 것으로 보고 있다. 그리고 농촌의 소작인 문제를 해결('계급')하기 위해 지주에게는 소작료를 인하해 줄 것을 요구하고 농민에게는 농회를 조직('운동')하여 행복한 생활을 누리라고 주장한다. 현재 우리가 처한 현실을 진단하고 해결책('이상')까지 깔끔하게 제시한 글이 인상적이다.

이러한 시대 인식은 여성 문제에도 이어졌는데, 다음과 같은 글을 들 수 있다.

> 9. 오조선인에 재하야는 기백년래 인습에 잠든 꿈을 일조에 돌파하고 소하야도 신생활이라 하는 참신한 이름이나마 듯게 되엿다. 그래도 제법 인도 정의 소리도 들어 보앗고 평등 자유의 부르지짐도 응하야 보앗고 사회 문제도 나서 보앗고 부인 문제도 토의하야 보앗다('경신년을 보내면서' 중에서).
>
> 10. 노동 문제 부인 문제라 함도 필경컨대 차 문제에 연결한 내면적 의의가 유할 것이로다. (중략) 인인이 차 인격을 구유한 이상에는 하인이던지 동일한 평등의 상에 립할 것이 아니냐. 연한데 왕왕히 경험상 차별상에 구속하며 혹은 형이상적 이상체를 립하야 시등 인격의 존재를 인용치 아니하는 고로 과거에 재한 제폐풍이 생하엿던 것이로다('문화주의와 인격상 평등' 중에서).

이는 부인 문제를 토의했다는 지식인의 움직임을 보고(9)하거나 여성이 평등한 인격체임을 분명하게 공표(10)하여 여성을 대하는 지식인의 시선에 변화가 있음을 보인 예이다. 그러나 아래 「조선인이 본 조선의 자랑」에서는 여성에게 정조의 문제가 있음을 분명하게 제시하여 여성을 성性의 영역으로 유표화하고 있다.

> 11. 자기의 정조라 하면 재산보다도 생명보다도 더 귀중하게 녁이엿습니다. 지금에도 어느 지방을 가던지 렬녀의 정문이나 비각이 잇는 것을 보면 그 얼마나 우리의 사회와 국가에서 여자의 정조를 소중히 녁이엿스며 또 여자 자신도 그 얼마나 관념이 깁펏겟습니까. 나는 중국이나 미주에 잇슬 때에 그 나라 사람들에게 항상 조선 여자의 정조를 자랑하엿고 또 그 사람들도 항상 층찬하엿습니다. 그런데 근래 여자의 풍기가 해이해지는 것을 보면 참으로 가슴이 압푸고 뼈가 제림니다. 엇지하던지 우리는 이 자랑거리를 영구히 보존하야 남에게 수치가 되지 안토록 하여야 되겟습니다('녀자의 정조는 세계에 기비가 업습니다' 중에서).

11은 「조선인이 본 조선의 자랑」을 제목으로 하여 조선의 자랑거리 여러 가지를 묶어 제시한 글이다. 소제목 '여자의 정조는 세계에 비교할 바가 없다'는 데서 알 수 있듯이, 유독 여자에게만 정조를 강조했던 시대의 흐름을 보여 준다.

이처럼 집필진들이 여성과 남성의 경계선을 긋고 여성을 육체의 문제로 집중시키는 남성 지식인의 한계를 보이고 있다 해도 『개벽』은 여성의 문제를 본격적으로 다룬 첫 번째 대중잡지였음은 확실하다. 그리고 이러한 『개벽』 집필진들의 여성에 대한 관심은 새로운 지면의 창출로 이어져 『부인』, 『신여성』과 같이 여자를 대상으로 한 잡지를 출판하기에 이르렀다. 이는 여성을 대상으로 한 신지식을 상정했다는 의미를 담고 있기도 하며, 지식인의 범주에 여성을 포함시켰다는 선언적 의미를 담고 있는 명칭이기도 하다. 그러나 '여자, 여성, 여학생, 남자, 사랑, 번민, 결혼' 등의 고빈도 어휘 목록을 보아도 자유연애와 결혼으로 이어지는, 결국은 가정 내로 향하는 여성들의 모습이 강조되었음을 알 수 있다.

여성이 남성 지식인과는 구별된 영역 안에서 다루어졌음은 아래와 같은 글에서 분명하게 나타난다.

> 12. 부부생활을 하는 데는 물론 ① 남편이나 아내나 둘 다 노동자勞動者가 되어야 합니다. 내 말은 곧 각기 제 직업을 가져야 한단 말입니다. 그래서 서로 남의 직업에 대해서는 불간섭주의不干涉主義를 써야 하리라고 생각합니다. 남편은 아내의 일을 또 아내는 남편의 일을 간섭할 생각을 말고 다만 서로 돕고 위로해 주기를 도모하여야 할 것입니다. ② 그러나 아내 되는 이는 특별히 가정 밖에 나가서 사회적 직업을 갖지 아니해도 상관이 없습니다. 그것은 아내는 집에서 집안일을 잘 다스려 나아가는 것 아이들을 기르는 것 그것도 또한 남자가 취하는 사회적 직업보다 못하지 않은 아니 그보다 훨씬 더 귀하고 값나가는 노동이기 때문입니다. 아내는 집안일을 돌보고 남편이 밖에 나가서 벌어온 돈으로 같이 생활을 하는 것은 곧 아내는 남편의 집일을 보아주고 월급을 받아 사는 것과 똑같이 됩니다. 그러니 조금도 ③ 가정경제로나 사회 생산으로나 손실되는 것이 없습니다('결혼 생활은 이렇게 할 것' 중에서).

12-①은 여성도 직업을 가지고 가정을 책임져 나갈 수 있다는 전향적인 의식이 보이는 기사이지만 이는 얼마든지 뒤집을 수 있는 전제였다. 결국은 ②처럼 현모양처를 여성의 이상적 본보기로 용인하게 되고 더 나아가 배운 여성이 집안에 머무르는 것을 사회경제적으로 손실이 아님을 주장(③)함으로써 여성의 배움의 가치를 무화해 버린다. 이는 '여성 지식인'에서 '지식인'을 뺀 채 '여성'으로만 근대를 살아갈 수 있다고 생각하는 남성들의 의식을 반영하고 있다.

지금까지 미래의 지식인, 나라를 이끌어 갈 지도자들을 육성하기 위해 창간된 잡지들의 특징을 고빈도 어휘 목록과 유의미한 예문들을 토대로 검토하고, 여성은 지식인 집단에 상정되지 않거나, 상정된다고 해도 지식인은 곁다리일 뿐, 여전히 '여성'에만 방점을 놓고 있음을 보았다. 이러한 태도는 잡지의 독자를 여성으로 상정했다고 해도 잡지 집필진의 대부분이 남성이었기 때문에, 그것도 남성과 여성이 동등한 존재임을 절실하게 깨닫지 못한 남성이었기 때문에 야기된 것으로 보인다. 다음 절에서는 이러한 생각을 '여성다움'과 관련한 일군의 형용사 목록에서 찾아보려 한다.

3. 남성 지식인들이 생각한 '여성다움'의 실체: '여성다움' 관련 어휘들의 의미 검토

어떤 언어를 접했을 때 떠오르는 이미지는 개인적인 경험과 상관없이 생각의 테두리를 지정한다. 그것이 자신과 유의미한 관계를 맺고 있는 사회 구성원들과의 공통된 경험에서 기인한다고 믿기 때문이다. 여기에서는 『신여성』에 내재한 여성만의 특성이나 성질('-다움')을 추출하여 이를 '여성다움'으로 뽑아내어 분석함으로써, 당시 사회의 여성을 대하는 남성 지식인들의 시선을 엿보려 한다.

'여자' 용례를 검토한 결과, 여자를 수식하는 형용사군(참하다, 우아하다, 아름답다 등), 여성의 대표성을 부여받고 있는 명사군(현모양처, 비너스, 미인), 여성의 특징적 성격을 나타내는 관형사군(내성적, 소극적, 희생적) 등 여러 항목이 있었지만, 여기에서는 여성이 가진 다양한 이미지를 살펴볼 수 있는 형용사군에 주목하려고 한다. 사물이나 현상이 가지고 있는 고유한 특성의 문법 용어 '형용사'가 여성성을 연구하는 데에 더 적합하다고 생각했기 때문이다.

『신여성』에 실린 '여자' 용례들을 모아 그녀들을 수식하는 형용사들을 모아 보았다.

13. 내가 바라는 아내는 용모가 아름다운 것보다 마음성 좋고 취미가 고상한 여자이니 취미가 같아야 하고 항상 경건한 마음을 갖고 자애가 많아서

14. 저 상냥하고도 슬퍼 뵈는 듯한 두려움에 떨고 있는 저 눈을…….

15. 그처럼 다소곳하고 얌전하고 또 잘생기고 정답게 생긴 여자는 이 기숙사 안 이 학교에는 다시 없을 만치 좋은 사람이었습니다.

16. 얼굴만 고아서 화려한 것만 즐기고 남편에게 천박스런 아양 부리는 여자는 물론 보기도 싫거니와

'아름답다, 고상하다, 상냥하다, 얌전하다, 곱다' 등 여자의 용모나 태도에서 느껴지는 미감을 묘사하는 어휘들이 주를 이룬다. 즉 '미감美感'이라는 어휘장 아래에 몇 개의 어휘들이 계열 관계를 형성한 구조이다. 어휘장lexical field은 구조적 관점에서 어휘의 계열 관계이다. 이 계열 관계는 어휘적 내용 연속체가 언어 가운데 낱말의 단위로 분할됨으로써 형성된다. 이때 낱말로서 존재하고 있는 단위는 내용적으로 어휘소이며 어휘장 내용 전체에 대응하는 단위는 원어휘소라 하는데, 사전의 기술에서 원어휘소는 어휘소의 의미를 정의할 때 되풀이되어 나타난다. 따라서 각 어휘의 의미를 기준으로 몇 개로 분류하는 것이 가능하다. 우선은 각 어휘의 의미를 당시 사용례를 토대로 펴낸 『조선어사전』(1920, 조선총독부), 『보통학교 조선어사전』(1926년, 심의린)에 실린 대로 정리하면 다음과 같다.

상냥하다	성질이 싹싹하고 부드럽다.
부드럽다	억세지 않아서 곱고도 순하다.

얌전하다	행동이 곱다.
어여쁘다	보기 좋다.
곱다	정하다, 보기 좋다, 미려하다.
아름답다	어여쁘다, 곱다.
고상하다	점잖은 것(속되지 않고 훌륭)
훌륭하다	썩 좋다.
순결하다	마음에 다른 것이 섞이지 않음.
맑다	깨끗하다.

첫 번째는 '순하다'를 기본 의미로 잡을 수 있는 것들이다. 우선 '상냥하다'는 '부드럽다'의 의미를 기본으로 하고 있어 이 셋은 '얌전하다'와 '부드럽다'의 의미망에서 공통적인 [곱다]를 기본 의미로 추출할 수 있으며, '곱다'의 '보기 좋다'에 초점을 맞추면 '보는 대상' 즉 행동이 단정하고 순한 것을 강조하는 단어라 할 수 있겠다. 그런데 행동의 단정함은 당시 사회에서 요구한 덕목들을 따르는 것['順]이므로 첫 번째 부류는 '순하다'를 기본 의미로 추출할 수 있었다.

두 번째로 분류한 것은 '좋다'를 기본 의미로 잡을 수 있겠다. '어여쁘다, 곱다, 아름답다'의 의미를 살피면, 먼저 '아름답다'는 '어여쁘다'와 '곱다'의 의미를 모두 가진 것으로, 따라서 '아름답다'는 이들 두 어휘의 상위어가 된다. 그런데 '어여쁘다'와 '곱다'는 '좋다'를 공통으로 하고 있어 결국 '아름답다' 역시 '좋다'를 기본으로 하고 있다고 해석할 수 있어, 두 번째 어휘들을 아우를 수 있는 의미는 [좋다]로 분석했다.

세 번째로는 '고상하다'와 '훌륭하다'를 살펴볼 차례인데, '고상하다'의 '속되지 않고 훌륭하다'를 고려하여 둘을 '훌륭하다'로 묶는다. 그리고 '훌륭하다'의 의미 즉 '썩 좋다'에 기초하면, 이들은 두 번째 부류의 단어들과 동일한 '좋다'에 '썩'[高]의 의미를 더한 것으로 분석하여 두 번째 어휘들의 범주 즉 [좋다] 아래로 분류할 수 있었다.

마지막으로 제시된 '순결하다, 맑다'는 마음의 여부가 차별적일 뿐 모두 [깨끗하다]를 기본 의미로 하고 있다.

결국 여성을 수식하는 형용사의 종류는 다양하더라도 이들을 몇 부류로 묶는다면 당시 남성들이 그리고 있던 여성은 '순하다', '좋다', '깨끗하다'로 그 속성을 나열할 수 있다. 문제는 여기에는 그들이 여성에게 진취적인 길로 제시했던 자유와 평등 사상의 실천자로서의 모습을 담고 있지 않다는 것이다. 이는 남성에 대한 묘사와 비교해 보아도 알 수 있다. 아래는 『소년』, 『개벽』, 『신여성』에서 추출한 '남자' 용례에서 뽑은 예이다. 이들 잡지는 미래의 지도자상을 구체적으로 표현했기 때문에 당시 지식인들이 원했던 지도자상을 구현하기에 적절한 매체라고 판단하는데, 이들 용례에서는 용감, 활발, 쾌활, 튼튼과 같이 여성의 예에서 발견할 수 없었던 덕목들이 수식어로 나타나 있다.

17. <u>용감한</u> 이 소년의 가슴은 삼같이 어지러워 암만하여도 풀리지 아니한다(소년).

18. 그저 우리 소년만이라도 좀 <u>활발하고 좀 쾌활하여</u> 능히 남아 사방의 지를 드릴 만한 사람되기를 권하고자 함이라(소년).

19. 이 홍모와 가튼 <u>활력있는</u> 청년들이 얼마나 끓는 피를, 울어슬까?(개벽)

20. <u>튼튼하고 쾌활한</u> 사나이다운 남자(신여성)

이러한 집필자의 시선은 신여성의 문제점으로 지적한 내용에 구체적으로 그려져 있다. 『신여성』 말뭉치 자료에서 '여자' 용례만을 모아 신식 여자의 문제점으로 지적한 사례를 검토한 결과, 소비가 심하고 사치스러워 물질숭배 사상에 빠진 듯한 여인의 모습(38회)이 가장 빈도 수가 높았다.

> 21. 우산이나 다른 물품을 사는데도 실질보다도 외식을 많이 좋아하는 것 같습니다. 다시 말하면 물품의 견고한 것을 취하지 않고 화려한 것을 취합니다.
>
> 22. 미혼 남자들 중에는 결혼 생활을 진중히 생각하는 경향이 늘어가고 진중히 생각하는 사람들은 정신적 향락을 얻으려 하는데 여자들은 그렇지 않고 대개 열에 아홉은 물질적 향락을 얻으려고만 쏠리는 모양이다. 잘 먹여 주고 잘 입혀 주고 잘 다리고 다녀 주면 그것만으로 족한 모양이요 더러 인격을 찾는다 해야 될 수만 있으면 세상에 이름 있는 인물이라는 데만 쏠리는 모양이다.
>
> 23. 세상에는 마음 맞는 아내를 맞이하여 훌륭한 살림을 한다고 즐거워하는 사람들도 많습니다. 그러나 그들은 부잣집 자식들일 뿐입니다. 돈으로 살고 돈으로 기쁘고 돈 있는 동안만 돈의 덕택으로 살아가는 사람입니다. (중략) 며칠 못 가서 물거품처럼 될 헛 이상이요, 헛 행복입니다. 그런데 조선 여자들은 부잣집 딸은 그만두고라도 빈한한 집 여자들까지도 그만한 생각을 갖는 것이 한없이 밉게 생각됩니다.

21, 22는 젊은 여성들이 결혼 상대자로 물질적 향락을 보장해 줄 수 있는 사람을 찾는 신풍속도를 비판하는 대목으로, 마음도 행동도 전혀 '좋지 않은' 여인네의 모습을 그리고 있다. 이러한 여성들은 결국 현대 여성

의 문제로 자주 이야기하는 신데렐라 콤플렉스에 빠지게 되어, 마음 씀씀이가 전혀 좋지 않은 여성들이 자주 사회면에 오르내렸음을 짐작하게 한다(23). 따라서 '자기가 가진 신분이나 처지 또는 실력의 여하는 돌보지 않고 어떤 우연한 덕분에 그저 잘 되려 하는 그 마음성인 허영심'만을 가진, 즉 마음이 '훌륭하지 않음'을 두 번째로 많이 지적했음(26회)은 당연한 것이기도 하다. 이 밖에 당시 여성의 문제점으로 만혼이나 정조를 대수롭지 않게 여기는 풍조를 비판하는 대목이 많이 나타나는데(13회), 이는 육체의 '깨끗함'을 중요하게 여기지 않음을 비판한 것이다. 그리고 좀 배웠다는 여성들의 건방짐(4회)에 대해 비판의 목소리가 높은데 이는 행동이 '순하지 않음'에 해당한다.

결국 신여성에게 부여됐던 '신新여성다움'이란 덕목을 여성들의 구체적인 행위들 속에서 살펴보면, 여성은 당시 시대를 이끌어 갈 지식인들 속에 포함되지 않았음을 알 수 있다. 위에서 살펴본 여성다움의 현실적 조건 하에서는 조선을 변화, 발전시키는 데 생산적인 기여를 일정 부분 담당할 수 있는 지식인을 꿈꾸기가 쉽지 않기 때문이다.

지금까지 '여성다움'의 어휘군과 신여성이 해결해야 할 현안을 중심으로 남성 지식인이 세웠던 여성상을 검토했다. 그 결과, 여성은 물질적 욕망과 세속적인 욕망으로 가득 찬 사람으로 재현되었고 이들에게 씌워진 여성성은 역사적 · 사회적인 차별성을 전혀 가지지 못하는 전형적인 여성상이었음을 알 수 있었다.

이러한 결과는 남성 지식인들이 여성 지식인에게 새로운 사회를 이끌어 갈 지도자로서의 책임을 강조한다고 해도 결국은 가부장적 질서와 남성 위주의 도덕적 질서를 보증하는 한에서의 여성의 활동을 설정하고 있었음을 드러내는 것이다. 남성들이 자신과 그녀들 간의 차이만을 강조함으로써 오히려 그들을 위한 여성 즉 전통적인 가부장적 질서 속에 순응하며 살아갔던 여성들로 되돌아가는 길을 독자들에게 제시하지 않았는가 하는 평가를 내리게 한다.

4. 남성 지식인들의 '여자' 인식 양상: '여자' 은유의 유형과 빈도 검토

우리가 생각하고 행동하는 관점이 되는 일상적 개념 체계의 본성은 근본적으로 은유적이다(레이코프, 1980 : 7). 그러나 은유는 대부분 시적 상상력과 수사적 풍부함을 살려 주는 도구로 여기기 쉽기 때문에 대부분의 사람들은 일상생활 속에서 은유를 생각하기 쉽지 않다. 그러나 은유는 일상적인 삶에 매우 깊이 관련되어 있다. 예를 들어 '내 약점만 공격해대니', '강경한 태도를 고수했다', '말싸움에서 져 놓고는 무슨' 등의 문장에서는 '논쟁은 전쟁이다' 은유를 뽑을 수 있다. 논쟁 상대자는 나를 공격하는 적이며, 따라서 나는 내 입장을 방어하게 되고 결과적으로는 상대자에게 지기도 한다. 우리의 논쟁은 많은 부분이 부분적으로는 전쟁이라는 개념에 의해 구조화되었음을 보이고 있다.

전쟁 은유는 단지 토론에만 머무르지 않고 영역을 확장한다. 일상인들의 삶이 바쁘게 돌아가면서 우리의 삶 자체가 전쟁으로 은유되기도 한다. 'OOO후보 수도권에서 선전', '정부, 한 · 미 정상회담 하루 전 '쇠고기 협상' 완전 백기', '행자부 아파트 거품빼기 대작전 수행' 등 정치, 경제, 사회면 헤드라인 기사에서 일상생활의 개념(유세 활동, 정부 간 협상, 공무원 활동)이 전쟁의 개념(선전, 백기, 대작전)으로 치환되어 정치인이나 공무원들은 전쟁을 수행하는 군인으로 의미 전이가 되는 풍경을 자주 목격한다. 평범한 사람들의 직장은 살벌함이 감도는 전쟁터로 배경을 바꾸게 된 것이다.

이러한 배경 속에, 이 글은 근대의 대중매체 속에 투영된 '여자' 은유 양상을 살피려 한다. 신문이나 잡지 등에서 자주 사용되어 이미 우리에게 관습화된 은유적 표현들을 접했을 때 우리들이 보인 기계적인 반응들을 생각해 본다면, 근대 일상인들을 지배했던 여성의 가치 평가는 어떠했는지를 '여자' 은유를 통해 살피려 함이 여자에 대한 집필진들의 이상과 현실의 괴리를 드러내는 한 방법이 될 수 있을 것으로 생각했기 때문이다.

먼저 잡지 『신여성』에 드러난 '여자' 은유 양상의 예를 제시하면 다음과 같다.

> 24. 자기의 아내라는 그 여자를 아주 사버리고 마는 셈이다.
>
> 25. 놀고먹는 아내는 곧 두말 할 것도 없이 그 남편에게 다만 생식기生殖器를 팔고 얻어먹는 것에 지나지 않을 것입니다.
>
> 26. 왜 그러냐 하면 사내는 여자를 다섯이나 여섯을 얻어도 상관없고 여자는 그래서는 못 쓴다는 것이 남존여비라는 생각에서 우러나온 것이오,
>
> 27. 소위 학교 다녔다는 신여자들은 하나도 쓸 것이 있느니 없느니 하고 시어머니가 반백이나 된 흰머리를 슬슬 흔들면서 걱정이 벼락같이 내렸습니다.

'여자'와 호응을 이루는 서술어 '사다, 팔다, 얻다, 쓰다'는 모두 물건을 선행 명사구로 취하는 것이 특징이다. 이에 우선 이들 서술어의 의미를 기준으로 몇 개의 항목으로 묶어 정리해 보았다.

동사	사전적 의미	대표 의미 (빈도 수)	은유
버리다	쓰지 못할 것을 내던지다	처리하다(5)	여자는 물건이다
두다	일정한 곳에 머물러 있게 하다		
팔다	물건이나 노력 권리 따위의 값으로 돈을 받고 남의 것으로 만들다	거래하다(14)	
사다	물건이나 노력 권리 따위의 값으로 돈을 주고 제 것으로 만들다		
얻다	남이 그저 주는 것을 받아 가지다		
주다	내 것을 남에게로 넘기다		
차지하다	무엇을 점유하여 가지다	가지다(6)	여자는 소유물이다
가지다	손이나 몸이나 마음이나 소유권의 안에 들어오게 하다		
얽어매다	여러 가지 일에 걸리어서 몸을 빼지 못하다	부리다(9)	여자는 미천한 존재이다
데리다	아랫사람을 몸 가까이 있게 하거나 따라다니게 하다.		
부려먹다	다른 사람을 시켜 일을 하게 하다		

용례 검색을 통해 나온 자료들을 검토한 결과 가장 많은 은유는 '여자는 물건'이었다. '버리다, 두다, 팔다, 얻다, 사다, 주다'와 같은 서술어가 나온 예들이 모두 19회로 가장 많은 수를 차지했다. 그 중에서도 사고팔 수 있는 거래 대상으로 표현된 여자 용례가 가장 많아 당시 여성을 재산의 일종으로 취급했던 가부장적 질서를 은유 양상 속에서 찾을 수 있었다.

서로 주고받는 물건처럼 여자를 취급하는 것은 자연스럽게 자기의 것, 타인의 것과 같은 소유의 개념을 파생적으로 낳게 되어, '여자는 소유물' 은유가 두 번째로 나타나게 된다(6회).

28. 사람을 차지한 남자 그들은, 또 다른 한 '여자를' 차지하기 위하여, 언제든지 눈을 두리번두리번 하고 있다.

29. 그는 그 이튿날부터 아주 그 '여자를' 차지所有해 버리고 만다.

30. 아내를 가지고 자녀를 낳고 한 집의 살림을 꾸리고 사회에 입신할 사람이 술로 하여 낭패보고

그리고 마지막으로 여성을 비하하는 어휘의 사용이나 기사를 자연스럽게 노출시켰던 이전 잡지들의 모습을 재현하듯 '여자는 미천한 존재' 은유가 나타났다(9회).

31. 그 전제 방법은 좀 나은 수단 방법으로 그럴 듯하게 이론을 부쳐 가지고 더 약게 전제의 그물에 여자를 얽어맨다.

32. 당신이 행실 좋지 못한 아내를 데리고 사는 까닭인가 보외다.

33. 무엇에나 자기는 꼼짝 아니하면서 여자만 부려먹기를 꺼리지 않는다.

이러한 여자의 형상화와 달리 남자는 아래와 같이 주로 선택의 대상으로 표현되었다(9회).

34. 직접 자기 남편을 선택할 때에 재산과 가문과는 물론이고 일가 친척의 번다한 여부까지 살펴보면서

35. 자기의 이 세상 마지막 일이 그것뿐인 것처럼 전심전력을 다하여 적당한 혼처를 고르고 있었다.

그리고 이 밖에 '얻다'와 '구하다'와 호응을 이루는 '남자' 용례가 두 번째로 분포했다(5회).

36. 생사고락을 함께할 남편을 구할 때에 술 먹는 남자를 취하겠습니까?

37. 삼월 초순에 어머니는 순자를 서울 영성문 앞에 있는 홍모라는 기생집에 팔아 보내고 자기는 재령 어디로 남편을 얻어 가버렸습니다.

'구하다'는 [찾아 얻다]의 의미를 가지고 있어 '얻다'와 '구하다'는 모두 '얻다'로 묶을 수 있다. '얻다'의 의미 즉 [남이 그저 주는 것을 받아 가지다]에 기초하면 남자 역시 '남자는 물건'과 같이 비유하고 있다고 할 수 있다.

이런 점에서 남자와 여자는 동일하게 물건처럼 취급되었다 할 수 있겠으나, 아래 예와 같이 남자는 여자처럼 일정 장소에 머물러야 한다거나('두다'의 의미) 쓸모없다고 버려지는('버리다'의 의미) 대상으로 취급되지 않는다. 여자와 남자는 서로 다른 가치 체계 내에서 다루어지고 있는 대상임이 확실해진다.

38. 가정 맛을 몰라 아내는 평생 친정에 두고 저 혼자 기숙사 한 방에 있어 왔다.

39. 남자 편으로 본다면 언제든지 자유로 그의 처를 버릴 수 있었고 얼마든지 첩을 둘 수 있는

『신여성』은 여성을 대상으로 선진 교육을 하려는 목적으로 창간한 잡지였고, 따라서 남성 지식인들이 보여 주려 했던 것은 여자의 자유, 해방과 같은 신사상이었다. '여자' 용례를 중심으로 살펴본 수치상에서도 평등(42회), 자유 결혼(38회), 자유 연애(7회)는 고빈도로 분포하여 여성이 나아가야 할 바를 적극 피력한 것처럼 보인다. 그러나 여자를 둘러싼 은유 체계를 짚어보면, 여성은 보통의 사람보다도 못한 물건, 동물 등으로 취급했던 당시의 사회 분위기를 읽을 수 있다. 즉 매매혼의 대상으로

가축이나 기계와 같이 자본으로 취급되는 존재였으며, 따라서 여자의 성性은 가부장 중심의 가족 구조를 유지시켜 나가는 데 주요한 자산이었음을 읽을 수 있다. 결국, 입으로는 여성을 하나의 인격체로 다루어 달라는 사상을 유포시키고 있지만, 아직 그들의 해방을 위해 절실하게 필요한 것의 정체를 알아챌 수도 없었던 남성 지식인의 한계를 여자 은유 용례에서도 알 수 있게 되는 것이다.

5. 나오는 말

1876년 개항 이후 조선은 근대 문명과의 병존 가능성을 타진하는 시기를 거쳐 근대성의 특징이 명시적으로 드러나기 시작하는 1920년대에 이르기까지 근대화의 지향과 추구라는 프로젝트를 수행해 왔다. 이와 같은 근대화 기획에서 핵심적인 과제는 바로 근대적 지식의 대중화이며, 당시 지식은 담론의 생산자인 근대적 인쇄 매체들의 역할 안에서 더욱 힘을 발휘하게 되었다.

그러나 이들 잡지를 기획하고 집필했던 지식인 집단에 여성의 자리는 없었다. 따라서 잡지 속에 이야기되고 있는 지식들은 여성을 향한 지식으로 분류되기에는 한계가 있었을 것이며, '여성을 위한 근대적 지식'을 기술했다고 해도 남성 지식인에 의해 집필되어 그들의 시선으로 편집될 수 있다는 점에서 일정 부분 한계를 가지고 있었을 것으로 생각된다.

이 글은 이러한 생각을 여성다움과 여자 은유 양상을 통해 예증해 보았다. 모든 텍스트는 은유를 포함한 다양한 비유들에 의존하여 글에 활력과 생동감을 부여하며, 그 과정에서 자신의 주변과 그 속에 담긴 진리를 전달하려고 한다. 따라서 진리는 이데올로기의 한 축으로 작용하게 되고 때

때로 이데올로기는 우리 자신도 모르게 무의식의 세계에 가라앉아 우리를 조정하기도 한다. 근대의 대중매체 역시 마찬가지였다고 생각한다. 집필진의 주관적 신념으로 기획, 편집된 책이라 해도 그것은 그들을 지배했던 사회 규범과 전면 배치되지는 못할 것이다. 따라서 신지식, 신문명의 영향으로 개조된 지식인이라고 해도 그들을 지배했던 가치관은 은유로 표현된 언어의 사용 양상 속에 밑그림자로 드리워져 있었을 것이다. 그리고 이는 시간을 지나 고정관념으로 남게 되어 후속 세대들에게까지 영향을 미치게 될 것이다. 이런 점에서 볼 때 근대의 출범에서부터 여성의 배제가 이루어져 온 역사의 흔적을 되돌아보는 일은 현재의 여성의 위치를 점검하는 데 의미가 있는 일이라고 생각한다.

참고 문헌

강범모, 『빈도와 언어기술, 언어정보의 탐구 1』, 연세대학교 언어정보개발연구원, 1999.

강소영, 「문화지형어 사전의 편찬 가능성 검토」, 『텍스트언어학』 21, 2006.

——, 『구어와 문어 자료의 실제적 연구방법론』, 한국문화사, 2007.

강신항, 「근대화 이후의 외래어 유입 양상」, 『국어생활』 2, 1985.

국립국어연구원, 『국어의 시대별 변천 연구 4』, 1999.

김형철, 「개화기 신문의 어휘 연구 : 제국신문을 중심으로」, 『어문논집』 5, 1994.

——, 『개화기 국어 연구』, 경남대학교출판부, 1997.

레이코프, 조지 · 존슨, M., 『삶으로서의 은유』, 나익주 · 노양진 옮김, 서광사, 1995.

문옥표 외, 『신여성』, 청년사, 2003.

민현식, 「개화기 국어 문체에 대한 종합적 연구(1)」, 『국어교육』 83, 1994.

——, 「개화기 국어 문체에 대한 종합적 연구(2)」, 『국어교육』 84, 1994.

——, 「개화기 국어 어휘 연구 방법의 재검토」, 『동양학』 32, 2002.

——, 「개화기 국어 변화의 계량적 이해」, 『한국어문학연구』 39, 2002.

박영섭, 『개화기 국어 어휘 자료집 1-5』, 서광학술자료사, 1997.

——, 「개화기 국어 어휘 연구」, 『한국어의미학』 11, 2002.

송 민, 「개화기 어휘 개신에 대하여」, 『어문학논총』 11, 1992.

——, 「개화기의 신생 한자어 연구 2」, 『어문학논총』 21, 2002.

——, 「개화기의 신생 한자어 연구 3」, 『어문학논총』 22, 2003.

수유근대매체연구팀, 『(매체로 본 근대여성 풍속사) 신여성』, 한겨레신문사, 2005.

신중진, 「개화기에 신생한 電 관련 어휘에 대하여」, 『한국어학』 29, 2005.

신지연, 「『청춘』의 독자문예란 연구」, 『한국언어문학』 53, 2004.

심광현, 「유물론적 문화지형학 구성의 전망」, 『문화과학』 1, 1992.

이기문, 「개화기의 국문 사용에 관한 연구」, 『한국문화』 5, 1984.

이보경, 『근대어의 탄생』, 연세대학교출판부, 2003.

이상억, 『계량언어학 연구』, 서울대학교출판부, 1991.

이화여대 한국문화연구원, 『근대 계몽기 지식 개념의 수용과 그 변용』, 소명, 2004.

——, 『근대 계몽기 지식의 발견과 사유지평의 확대』, 소명, 2006.

임경석, 「우리는 왜 『개벽』을 읽는가」, 『역사와 현실』 57, 2005, 13-19.

전혜영, 「연어 구성에 나타난 남여 은유의 양상」, 『여성학논집』 22-1, 2005.

정 광, 「일본어투 문장 표현」, 『새국어생활』 5-2, 1995.

조혜자, 「성 고정관념 : 왜 끈질긴가?」, 『한국심리학회지』 6-3, 2001.

차혜영, 「1920년대 잡지의 재편과 타자 표상의 상관관계」, 『역사와 현실』 57, 2005.
최수일, 「『개벽』의 근대적 성격」, 『상허학보』 7, 2001.
——, 「『개벽』에 대한 서지적 고찰」, 『민족문학사연구』 27, 2005.
한기형, 「근대어의 형성과 매체의 언어전략」, 『역사비평』 71, 2005.
—— 외, 『근대어 근대매체 근대문학 : 근대 매체와 근대 언어질서의 상관성』, 대동문화총서 24, 2006.
허발, 『낱말밭의 이론』, 고려대학교출판부, 1991.
홍인숙, 「근대 계몽기 여성담론 연구」, 이화여대 박사학위 논문.
홍종선, 「개화기시대 문장의 문체 연구」, 『국어국문학』 117, 1996.
—— 편, 『현대국어의 형성과 변천』 3, 박이정, 2000.

1930년대 대중가요의 센티멘털리즘과 여성성: 김억 작사(作詞)곡을 중심으로*

김진희

1. 근대 시문학사에서 유행가 가사의 위상

시문학사에서 유행가 가사에 대한 시 장르로서의 인식은 시인이자 1930년대 유행가 가사 작사가였던 이하윤에게서 처음 시작되었다.[1] 그는 당대 유행가의 노랫말에 '가요시'라는 명칭을 붙였는데, 이는 작사가로 활동했던 많은 시인들이 가사歌詞를 시로 창작했음과 연관된다. 즉 작사가들의 창작은 단순한 노랫말이 아닌 '시'라는 문학적 인식에서 이루어졌는데,[2] 그들은 작사作詞가 아닌 작시作詩 혹은 시詩라는 표기를 사용했다.

* 이 글은 『한국언어문학』 제65집(2008년)에 게재된 논문을 수정 · 보완한 것이다.

1 이동순, 『민족시의 정신사』, 창비, 1996, 343쪽.

2 1930년대 작사가로 활동하여 가장 많은 대중가요 창작에 참여했던 시인 조명암의 경우 노랫말들을 가요시歌謠詩라는 시의 한 장르로 묶고 있고, 이하윤은 노랫말을 시집에 포함시켰으며, 김억은 시집에 '가歌'라는 표기를 하고 있다.

시문학사에서 유행가 가사를 의미 있게 논의해 보아야 할 이유는 무엇보다 1930년대 많은 시인들이 작사가로 참여하여 대중가요를 적극적으로 창작하고 있었기 때문인데[3] 이런 현상이 당대 시단의 변화를 설명하는 하나의 틀이 될 수 있을 뿐만 아니라 나아가 대중문화를 수용함으로써 근대시의 지평이 새롭게 확장, 변화하는 양상을 논의할 수 있기 때문이다. 이런 맥락에서 일찍이 조지훈은 시문학사에서 가요시의 중요성과 체계적인 정리 작업의 필요성을 역설했다.[4]

1930년대의 대중가요계는 시인들의 참여를 적극 권장하고 있었다. 그들은 유행가 가사의 품격을 높이기 위해 각종 문예 잡지와 신문을 통해 유행가 가사를 공모하기도 했다. 특히 전통 시학의 중심에 있던 시인들의 참여가 주목할 만한데, 이런 현상은 1930년대 들어서면서 현대적 시학을 강조하는 모더니즘의 확장으로 민요나 전통적 형식, 동양적 정서, 애상과 감상, 현실 반영 등을 중시하던 1920년대 시인들이 문단의 주변으로 격하되는 과정과 맞닿아 있다.

유행가 가사가 '가요시'로 시문학사의 전통 안에서 평가받지 못한 것은 이런 사정과 무관하지 않다. 고급, 본격, 순수, 엘리트 문학을 중심으로 기록되는 문학사에서 대중가요의 노랫말은 실증적인 자료의 확보가 어려울 뿐만 아니라, 문학작품으로서 논의의 가치가 없는 것으로 폄하될 수밖에 없었을 것이다. 그러나 유행가 가사에 당대 대중들이 열광했다는 사실은 가사가 일종의 시작품으로서 대중문화의 한 국면이나 정서를 적극적으로 드러내는 데 기여했음을 시사한다. 이는 어떤 의미에서 근대의 변두리 문화가 가장 역동적이면서도 섬세하게 근대화, 도시화, 식민지화에 가려진 대중의 심리를 드러낸 것으로 평가할 수도 있다. 즉 시인들의 대중

3 김광해 · 윤여탁 · 김만수 공저, 『일제강점기 대중가요 연구』, 박이정, 1999, 26쪽.
4 조지훈, 「한국문화사 서설」, 『조지훈전집』 6권, 일지사, 1973, 366-387쪽.

적 노랫말이 식민지 근대를 겪는 대중들의 정서를 드러내는 데 적극적인 역할을 하고 있었던 것은 아닌가 생각해 볼 수 있을 것이다.

이런 지점에서 가요시는 문학의 대중성 문제와 만난다. 즉 작사자인 시인은 시라고 표현을 하면서도 정통적인 시와는 다른, 즉 대중을 염두에 두고 있어야 한다는 점이다. 시작품이 독자를 고려한다고 해도 그것은 일방적인 발화이지만, 유행가의 가사는 대중을 전제로 그들의 정서를 반영하면서 그들의 향유를 향해 열려 있는 작품이기 때문이다. 따라서 가요시가 그 사회를 살아가는 다수의 미의식과 욕망을 표현하고 있음을 전제하고,[5] 본격시나 순수시의 타자로서만 그것을 인식할 것이 아니라 그 자체 의미 있는 시 장르로 이해해야 할 것이다.

이런 맥락에서 당대에 유행가 작사자로 활발하게 활동한 김억을 통해 가요시의 대중성 문제와 함께 근대 시문학사에서의 평가 문제를 함께 논의해 보고자 한다. 김억은 1930년대 초부터 '조선심'과 '격조시형'을 내세우면서 유행가 작사가로 활동하기 시작한다. 김포몽, 김안서, 김억 등으로 활동하면서 1945년 이전 80곡의 유행가 가사를 작사한 것으로 알려져 있다.[6] 작사가로서 김억의 활동에 대한 주목할 만한 연구는 최근 장유정과 구인모에 의해 이루어졌다. 장유정은 문학사에 가려진 김억의 활동과 실제 작품을 발굴하는 데 주력했으며,[7] 구인모는 김억의 '격조시형'이 가창歌唱과 가영歌詠을 염두에 두고 만들어진 형식임을 논의하고, 나아가 유행가 가사 작품이 새로운 근대시의 이념과 형식을 보여 주는 시도임을 역설하고 있다.[8]

5 허버트 갠스는 대중문화가 다수의 미감과 다양한 욕구를 반영하고 표현한다고 설명한다(허버트 J. 갠스, 『고급문화와 대중문화』, 이은호 옮김, 현대미학사, 1996, 7-9쪽).

6 장유정, 「안서 김억의 대중가요 가사에 나타나는 민요적 특성 고찰」, 『겨레어문학』, 제35집, 2005.

7 장유정, 『오빠는 풍각쟁이야: 대중가요로 본 근대의 풍경』, 황금가지, 2006.
장유정, 「민요 전통 계승한 김억의 대중가요 가사」, 『문학사상』, 2006. 1.

두 연구자들에 의하면 김억의 작품에 드러난 대중적 정서, 즉 조선적인 정서와 느낌, 애상성의 기원이 서도 민요로부터 비롯된 것으로 논의되기도 하는데 이런 평가는 일견 맞지만 한편으론 노랫말이 갖고 있는 근대적 성격을 간과하게 될 우려도 있다. 1930년대에는 노래의 전통이 남아 있었기 때문에 시적 정서의 근간을 민요로 잡는 것도 의미 있는 일이지만, 김억이 유행가 가사를 작사하기 이전 이미 근대 시인으로서 가사에서 드러나는 것과 동질적인 시적 정서를 형상화해 내고 있었음을 감안한다면 유행가 가사의 정서를 굳이 민요시에서 가져오는 것은 김억의 시세계 전체를 설명하는 데 효과적이지 않은 접근이다. 대중가요가 전통가요와 맞닿아 있는 지점이 있는 것은 사실이지만, 대중가요는 전통과는 다른, 근대의 사회, 문화를 반영하는 문화 양식이라는 점에서 차이를 인식할 필요가 있다.

그렇다면 김억은 유행가 가사에서 대중적 정서를 어떻게 실현할 수 있었을까. 김억은 1920년대 초부터 번역시는 물론 창작시까지 감상적이고 애상적인 정서를 표현하는 시인으로 평가되어 왔다. 특히 그가 드러내는 정서적 특질은 임을 잃은 슬픔이라는 주제와 맞물려 여성적 감성의 세계로 표출되어 왔다. 이런 그의 특성은 1930년대 시단의 특성과는 다른 것이었다. 1930년대 초반 '시문학파'와 '모더니즘'으로 문단의 중심이 옮겨가고, 시적 언어의 운용과 시적 기법의 현대화가 본격화되면서 주관적인 감정의 표출과 감상적 태도, 전통적 정서가 문단의 중심에서 소외되기 시작한다. 따라서 김소월은 물론 김억의 '애상성'과 '감상주의' 역시 김기림에 의해 센티멘털리즘으로 치부되며 배격되었다. 사회 · 문화적으로도 감상, 감정, 애상과 애수 등의 정서와 여성적 정조 등이 광범위하게 통속적

8 구인모, 「詩歌의 理想, 노래로 부른 근대: 김억의 유성기 음반 가사와 격조시형」, 『한국근대문학연구』, 제16호, 2007.

이고 대중적인 특성으로 격하되면서 이런 정서를 시화詩化하는 시인들 역시 문단의 변두리로 밀려난다.

1930년대 모더니즘 문단에서 배제되던 애상과 애수 등 여성적 정조는 대중 가요시에서 적극적으로 구현되고 있다. 김억은 애상성과 여성성을 대중적 정서와 밀착시켜 자신의 시세계를 점진적으로 변화, 발전시킬 수 있었으며 비주류로 밀려난 여성성, 감상, 애정의 담론은 대중들의 광범위한 지지 속에서 근대 문화에서 소외되고, 공허하며 암울한 식민지 현실의 대중의 정서를 드러낼 수 있었다. 이것은 동시대 본격 문단의 시가 적극적으로 표출할 수 없었던 당대적 정서라 생각한다. 이는 식민지 대중의 의식과 정서를 반영하는 대중문학으로서 근대 문학의 내용과 영역을 확장시키는 논의가 될 것이다.

이런 논의를 통해 대중가요 가사를 창작함으로써 근대시를 완성하고자 하는 김억 개인의 문학사적 위상을 찾을 수 있을 것이다. 대중가요 가사는 김억이 1920년대 추구했던 시세계를 계승함과 동시에 새로운 근대 문화에 대한 감수를 드러내는데, 이것이 바로 대중적 감수성의 표현이다. 김억의 대중가요 가사는 1920년대 시에서 표현했던 임을 잃은 슬픔과 비애의 여성적 정조가 감상과 애상이라는 대중적 정서와 만나 대중가요의 중요한 분위기를 만들어 내고 있다. 이런 의미에서 이 글은 김억의 1930년대 대중가요 가사가 시인이 초기 시부터 추구했던 정서와 형식에 기반하고 있음을 논의하면서 유행가 가사에서 이런 정서적 특성이 어떻게 발전적으로 계승되고 있는가를 살피려 한다. 또 이런 정서가 환기시키는 센티멘털리즘과 여성성이 대중문화 안에서 어떤 기능을 하며, 젠더적 관점에서는 어떤 의미를 갖는지를 통해 근대 시문학사에서 김억의 유행가 가사가 갖는 의의를 살피고자 한다.

2. 유행가 가사의 언어 형식과 대중성

격조시형과 가창의 형식

한국 시문학사에서 김억에 관한 평가는 주로 1910년대에서 1920년대, 상징주의 시 이론의 도입과 번역 작업, 그리고 근대시론의 기초 정립에 기여한 업적들을 중심으로 논의되어 왔다. 이런 평가의 공통적인 특징은 김억의 초기 활동이 한국 자유시론의 형성과 인식에 뚜렷한 이정표를 세웠다는 것이다. 그런데 김억에 대한 이런 평가가 1930년대 활동에 대한 문학사적 평가에 걸림돌이 되기도 했다. 1930년대 김억이 제시하는 정형율격인 '격조시형'을 자유시론의 관점에서 평가하면, 근대시로부터의 퇴보로 평가할 수 있기 때문이다. 이런 의미에서 현대시사에서 김억이 차지하는 위상은 그다지 높지 않다. 더구나 김억 시의 한계로 지적되는 정형성이 유행가 가사에서 더욱 강화되기 때문에 가사의 소개가 오히려 현대시사에서 차지하는 그의 위치를 실추시킬 수도 있기 때문이다.

그러나 최근에는 그가 제시한 격조시형에 대한 새로운 논의들이 이루어지고 있다.[9] 즉 1910년대부터 지속적으로 민족 언어와 형식을 계발하려는 노력 속에서 민족의 형식과 음악성에 대한 통찰로 '격조시형'이 제안된 것이라는 평가이다. 격조시형은 시가에서 중요한 것이 운율이라는 인식을 바탕으로, 산문과 혼용되기 쉬운 자유시보다는 일정한 규정과 제한을 주어야 한다는 원리에 맞게 만들어진 형식이다. 이는 규칙적인 리듬에 의해 자연스럽게 민족의 공통적 호흡과 노래를 찾으려는 김억 노력의

9 주근옥, 「김억의 격조시형론 소고」, 문덕수 · 김용직 · 박명용 · 정순진, 『한국현대시인연구(상)』, 푸른사상, 2001; 김진희, 「근대문학의 場과 김억의 상징주의 수용」, 『한국문학이론과 비평』, 제22집, 2004; 한수영, 「1920년대 시의 노래화 현상 연구」, 『비평문학』, 24호, 2006; 구인모(2007).

귀결점이기도 하다.[10]

그런데 이런 관점에서 보면 정형 율격이 가장 잘 적용된 작품이 바로 대중가요 가사이다. 원래 김억이 추구한 정형률의 대표적 형식인 7.5조는 노래와 정서적으로 밀접한 연관성을 가진 형식이다. 즉 민족이 향유할 수 있는 '조선적 형식'을 통해 '조선적인 정서', '조선심'을 표현하고자 했던 김억의 노력이 '격조시'로 구체화되면서 대중가요 가사 작사에서 가장 효과적으로 활용된 것이다. 이런 의미에서 격조시는 실제적으로 김억이 염두에 두고 있는 시의 개념이 노래의 세계로 통하고 있음을 보여 주는 개념이다. 즉 격조시형은 가영歌詠과 가창歌唱을 염두에 둔 형식이며, 이런 의미에서 김억이 추구하고자 하는 노래로서의 시의 이상이 가장 잘 구현된 것이 대중가요 가사이다.[11] 김억은 당시에 시詩보다 가사歌詞를 지을 때 정형성을 더욱 강조했으며, 순수 국어를 사용함으로써 언어의 미감을 살리려 했는데, 이는 그가 강조하는 음조미音調美와 관련이 있는 것으로 보인다.

> 유행가는 시작적 태도로 보아서 第二義的이외다. 나는 그것을 第一義的 시작이라고 볼 수 없습니다. 진정한 의미로의 作詞者(作詩者가 아니요)가 생긴다면 모르려니와 그렇지 아니하는 한에서는 언제든지 第二義的 의의밖에 아니 가지게 될 것을 확신합니다. 그렇다고 이 유행 가사에서 시적 요소를 제외하자는 것은 아니외다. 이 가사가 노래와 한 부분이 되는 이상 어떻게 이 시적 요소를 제외시켜 버릴 수 있겠습니까. 시적 요소가 있는지라 우리는 歌詞와 산문과를 구별하고 또한 의미만으로는 만족할 수가 없는지라 가사에

10 김억, 「권두소언」, 『안서시집』, 1927; 「시작법 II」, 『조선문단』, 1925. 8 참조.

11 현재 발굴된 유성기 음반 가사 중 40편에 작시作詩라고 표기되어 있으며, 시작품 중에서는 가歌 또는 유행가라고 표기한 작품이 29편이다.

서 音調美를 어디까지든지 요구하는 것이외다.[12] (밑줄 필자)

님그리는 이눈물 구슬이라면
실마리는 이생각 알알이꿰여
나를닛고 떠도는 님의목에다
휘휘친친 감아서 노아보련만

님그리는 이꿈이 꽃잎이라면
봄바람은 이한숨 닙닙히날녀
나를닛고 잠자는 님의맘에다
송이송이 뒤뿜여 깨와보련만

이도저도 못하는 이내심사야
속절없이 봄창을 홀로기대고
얼을없는 상사에 예윈 이얼굴
한갓되이 지낸날 그려울을뿐[13]

첫 번째 인용문에서 김억은 유행가 가사가 노래의 한 부분이니 시작詩作으로 볼 수 있다고 한다. 다만 그것이 제일의적 시작이 될 수 없음은 시적 요소를 구비한 가사 만들기가 어렵기 때문이다. 그러나 음조미, 즉 운율과 언어의 미감을 고려하여 만든 가사라면 그것은 제일의적인 시라고 할 수 있다고 한다. 김억은 자신의 격조시형이야말로 유행가 가사를 제일의

12 김억, 「流行歌詞管見」, 『매일신보』, 1933. 10. 15.
13 김안서 작사, 〈녹수〉, 유행가, 작곡자 : 유일, 가수: 이정원, 음반회사 : 리갈, 1936. 10.

적인 시작으로 만들 수 있는 방법으로 생각했는데, 이는 유행가 가사를 새로운 시작詩作의 한 형태로 의식하고 있었음을 보여 준다.

두 번째 인용 작품은 유행가로 불린 〈녹수〉라는 노래의 가사이다. 이 노래의 형식을 보면 우선 7.5조의 음수율을 사용하고 있으며, 'ㅁ'과 'ㄴ'을 중심으로 유성자음의 사용과 '면', '만', 또 'ㄴ' 받침을 각운으로 사용하면서 음절의 소리를 맞추고 있다. 부드러운 자, 모음은 슬픔의 정서에 울림을 주고, 그 애상감을 더욱 깊게 만든다. 한편 7.5조로 이루어진 4행은 4마디를 기본 단위로 하는 가요 형식의 한 악구와 대응되면서, 악곡의 8마디, 즉 한 도막 형식의 박절 구조와 맞물린다.[14] 이는 김억이 취한 시 형식이 실제로 노래를 염두에 두고 있는 것임을 드러내는데, 김억은 이런 작시법을 유행가 가사뿐만 아니라 당시 시작詩作의 기본 방식으로도 사용했다.[15] 이런 의미에서 유행가 가사는 '노래'를 의식하면서 탐구했던 새로운 근대시 형식, 또는 시 장르로 이해할 수 있을 것이다.

대중 '가요시'로서 유행가 가사

김억은 격조시형이 우리 민족의 정서, 즉 조선 정서를 드러내는 데 가장 적합한 형식이라 생각했으며, 이를 통해 민족 모두가 향유할 수 있는 근대시가 제작되기를 희망했다.

> 시인이 노래를 짓는다는 것은 시인 혼자서 만족하자는 것이 아니외다. 여러 사람의 맘에 얼마만한 감동이라도 주자는 데 있는 것이외다. 그곳에서뿐

14 한수영, 「1920년대 시의 노래화 현상 연구」, 『비평문학』, 24호, 2006.

15 김억은 30년대 창작집 『안서시초』(1941), 『민요시집』(1948)과 한시 번역시집 『망우초』(1934), 『동심초』(1948), 『지나명시선』(1944) 등에서도 같은 시형을 사용한다.

시인은 좀 더 기쁨을 가질 수가 있으니 이러한 노래다운 노래가 일반으로 보급되는 것이야 이에서 더 좋은 일이 어디 있겠습니까. 그러나 세상에는 이러한 노래가 유행되지 못하고 대개는 보잘것없는 노래가 유행이니 세상일이란 참말 모르겠습니다. 그런지라 민중화를 기뻐하는 동시에 또한 민중화를 무서워하지 아니할 수가 없습니다. 시인으로서 유행가에 대하여 가장 관심치 아니할 수 없는 것이 있다 하면 그것은 노래다운 노래가 유행되어진다 하는 것이외다.[16] (밑줄 필자)

나는 유행가를 민요의 일종이라 생각합니다. 재래의 민요가 원 ○○이요, 전원적임에 대하여 이 유행가는 현대적이고 도시적임이(그렇다고 전원을 노래치 않는 것은 아니니다) 그 특색인 줄 압니다.[17] (밑줄 필자)

유행가는 그 근본 의의로 보아 어디까지든지 대중의 가장 친한 동무가 되지 않아서는 아니 될 것이외다. 그러기에 작자야말로 대중의 심정을 이해하여 그것을 여실하게 포착지 않아서는 아니 될 것이외다. 그리고 대중의 심금을 울려 주기 위하여는 결코 어려운 말과 깊은 의미의 노래를 지어서는 아니 될 것이외다. 이 가사야말로 어디까지든지 알기 쉽고 아름답게 하지 않아서는 아니 될 것이외다. 그러기 때문에 대단히 쉬워 보이는 이 가사에서처럼 표현으로 기교와 언어 구사의 세련이 요구되는 것은 없습니다.[18] (밑줄 필자)

김억이 유행가를 민요의 일종이라고 생각하는 것은, 노래의 향유층이 광범위한 민중, 즉 대중이기 때문이다. 전통적으로 민중들의 노래가 민요

16 김억, 「유행가와 각계 관심: 시인으로서의 관심」, 『신가정』, 1933. 2.
17 김억, 「流行歌詞管見」, 『매일신보』, 1933. 10. 19.
18 김억, 「流行歌詞管見」, 『매일신보』, 1933. 10. 15.

였다면 당대 사회에서는 특히 현대적 · 도시적 문화의 주체인 대중들이 유행가의 향유 주체였기 때문이다. 세 번째 인용문에서 김억은 알기 쉽고 아름다운 가사를 통해 대중에게 호소할 작사를 해야 함을 강조하는데, 이는 기본적으로 대중문화의 성격을 포착한 발언이라 할 수 있다. 그는 유행가가 대중과 친숙한 장르로 대중의 정서를 반영해야 하며, 아름답고 쉬운 가사를 통해 대중의 심금을 울려야 하는 노래로 정의하고 있다. 고급예술이 전문적인 표현으로 제한적인 향유층을 확보하는 것에 비해 대중예술은 알기 쉬운 표현과 대중에게 친근한 정서를 통해 대중들의 폭넓은 지지를 받아야 한다.

이런 의미에서 시인이 작사에 참여하는 이유는, 쉬워 보이지만 세련된 기교와 언어 구사가 필요하기 때문이다. 실제로 김억은 「유행가와 각계 관심 : 시인으로서의 관심」에서 '노래다운 노래'의 일종으로, 잘 알려진 동요 〈푸른 하늘 은하수〉의 가사를 소개하면서 이를 〈강남달〉이라는 노랫말과 비교하며 〈강남달〉의 가사를 저급한 것으로 평가한다. 그뿐만 아니라 일본 노래의 번역 역시 비판한다. 이런 의미에서 그는 좋은 가사를 쓰는 것이 당대적인 '문화사업'의 일환임을 강조한다.

이런 사실은 당대 점점 확장되는 대중가요 시장이 시인들의 참여를 필요로 했음을 의미한다.[19] 대중가요계가 시인들의 참여를 필요로 한 이유는 대중가요 가사의 품격을 높이기 위해서인데, '완전하고 완성된 시'의 노랫말만이 대중들에게 진정한 즐거움을 줄 수 있으리라는 판단 때문이었다. 이는 노랫말을 감상하는 대중의 수준이 높다는 사실을 의미한다.

19 1930년대는 유성기가 대중들에게 확산, 보급되어 유성기를 보유한 가정들이 늘어났다. 그뿐만 아니라 다방과 거리, 또 라디오를 통해 유성기 음반의 소리는 대중들을 매료시켰다. 이런 추세로 인해 당대는 '레코드의 황금 시대'로 불렸는데, 40~50만의 대중을 상대로 하는 유성기 음반은 음악의 대중화를 선도해 나갔다(「인기가수 좌담회」, 『삼천리』, 1936. 1).

실제로 대중가요를 들었던 대중들은 일정한 지식이 있으며, 사회적으로 직업을 갖고 있는 수준 높은 엘리트들이었다. 그들의 삶은 근대화되어 가는 도시와 문명 속에서 일상화되어 갔다.[20] 따라서 이런 대중들의 감성을 제대로 표현하기 위해서는 수준 높은 의식과 표현이 필요했던 것이다.[21]

이런 취지로 각종 문예잡지와 신문, 또 크고 작은 단체들에서는 유행가 가사를 공모했다. 한 예로 1938년 조선일보사에서 주최한 유행가 현상 공모에는 4,000편이 넘는 작품이 응모했다. 이렇듯 유행가가 노랫말에 의존하고 있는 현상은 대중들이 유행가 가사에 그만큼 민감하게 반응하고 있음을 의미한다. 그 때문에 레코드 회사에서는 출시한 음반의 노랫말이 실린 가사지를 미리 선전하고 배포하는 작업을 해야 했다. 그런데 이때 주목할 만한 사실은 가사지에 적힌 노랫말이 가사가 아니라 시詩로 표기된 예가 많았다는 것이다. 작사가들은 작사作詞라고 표기하지 않고 작시作詩라고 표기하기도 했다. 이처럼 대중들이 가사지를 먼저 기다렸다는 것, 또 시인 역시 이를 '시詩'로 창작했다는 사실은 유행가의 가사로 기능하고 있지만, 그 전에 문자화된 노랫말이 한 편의 '시'로 대중에게나 시인에게 의식되고 있었다는 것이며, 이런 사실이 노래와 결합된 '가사'이면서도 독자적인 '시'로 존재할 수 있게 만들었다는, 단순하지 않은 현상을 환기시킨다. 이런 점에 주목하여 조지훈은 시문학사에서 체계적인 정리가 필요함을 강조한 것이다.

그렇다면 시문학사에서 어떻게 체계화할 수 있을 것인가. 본고에서는 유행가 가사, 즉 가요시가 대중문학의 한 갈래가 될 수 있다고 생각한다. 1930년대 중·후반 소설 문단에서는, '통속소설'이라는 개념으로 대중소설에 대한 사회·문화적 그리고 미학적 평가에 대한 활발한 논의가 있었

20 김진송, 『현대성의 형성 : 서울에 딴스홀을 許하라』, 현실문화연구, 1999, 165-168쪽.

21 김능인, 「민요와 리얼리틱한 유행가」, 『삼천리』, 1933. 3.

다. 그럼에도 대중시에 대한 논의가 함께 이루어지지 못한 이유는 소설 장르에 비해 시의 순수성이 연구자들에게 더욱 견고하게 느껴졌기 때문이다. 일상의 삶과 일정한 거리를 유지하면서 언어를 만들어야 한다는 순수시의 관념은 시에서 대중성의 문제를 의미있는 연구방법론으로 채택하지 못하도록 만들어 온 것이다. 이런 이유로 시의 대중성에 대한 관심은 1990년대에 이르러서야 본격적으로 이루어지기 시작했다. 그러나 대중소설 장르가 1930년대 대중문화를 바탕으로 논의되고 있는 점을 고려한다면, 시 장르 역시 동일한 문화적 조건 속에서 유행가 가사 향유층을 생각해 볼 수 있을 것이며, 그때 노랫말의 기능이 대중시의 역할을 했으리라 짐작할 수 있다.

> 무엇보다도 유행가 가사歌詞가 먼저 시詩가 되지 않으면 안 된다. 다분히 즉흥적이면서도 평이하게 만들어야겠지만 그럴수록 상○가 곱게 세련된 한 개의 아름다운 시가 아니어서는 안 된다. 그러므로 이야말로 숙련된 기교가 절실히 필요하다. 따라서 부르는 사람 자신이 이 시를 참으로 이해하여 그 말의 억양과 고저 강약이 분명하게 대중의 귀와 가슴에 울리도록 힘써야 할지니 실로 유행가는 그 우열의 구별이 여기서 생기기도 하는 것이다.[22] (밑줄 필자)

위의 인용문 역시 당대 시인이자 작사가, 번역가로 활동한 이하윤이 유행가 가사에 대한 자신의 소견을 밝힌 글이다. 현재적 관점에서 생각해 보면 대중가요 가사에 시적인 아름다움과 완성도를 요구하는 것이 다소 특이한 문화 현상으로 보인다. 그러나 이런 인식의 근저에는 유행가 가사

22 이하윤, 「유행가곡의 제작문제」, 『동아일보』, 1934. 4. 2.

를 단순히 노랫말에 국한하는 것이 아니라 '시'로 개념화하려는 의도가 있다. 때문에 유행가 가사 작사 시인들은 자신의 시 전집에 유행가 가사를 수록할 수 있었을 것이다. 이런 의미에서 1930년대 유행가 가사는 대중시 장르의 기원을 보여 줌으로써 근대 시문학의 영역을 확장시키는 것으로 평가할 수 있을 것이다.

3. 여성적 정서와 식민지 대중의 소외 의식

김억은 유행가 가사가 언어적 섬세함과 세련을 통해 대중의 정서에 호소해야 한다고 생각했다. 그렇다면 격조시형과 음조미 등의 형식을 토대로 그가 구현하려 했던 대중적 정서 혹은 조선적인 정서는 무엇이었는가. 김억은 우선 대중가요의 정서는 기쁨과 슬픔, 설움을 모두 포괄하는 것이어야 한다고 말하고 있다. 이는 다양한 대중의 감정이 일괄적인 하나의 감정으로 표현될 수 없기 때문이다.

> 사람에게 감정이 있어서 어떠한 것에서든지 감동받을 수 있는 것이외다. 갑에게는 기쁨이 되고 병에게는 미움이 요구케 되니 무엇을 표준삼아 가사의 내용은 반드시 이러한 것이 아니어서는 안 된다고 할 수가 있겠습니까. 설움이나 기쁨이나 미움이나 모든 것을 노래하되 사람의 심경을 울려놓을 수 있도록 하면 그만이요 결코 기쁨만을 노래해도 아니 될 것이요 그렇다고 설움만을 읊을 것도 아니 될 것이외다.[23]

23 김억, 「流行歌詞管見」, 『매일신보』, 1933. 10. 19.

그런데 눈여겨 볼 것은 김억이 기쁨보다는 슬픔의 정서에 주목하고 있으며, 특히 애상적인 미감을 부여하고 있는데, 이런 감성이 여성성을 환기시키고 있다는 사실이다. 그리고 이런 감성성과 여성성은 대중가요의 기본적인 정서와 잘 부합함으로써 대중들의 지지를 받을 수 있었다. 이런 사실은 1930년대 근대문학의 장場에서 배제된 감상, 감성, 여성성의 정서가 대중예술의 코드로 적극적으로 활용됨으로써 고급문학, 본격문학에 의해 폄하되던 가치들을 부상시키고 있음을 의미한다. 즉 통속성과 저급한 감정으로 치부되던 감상성과 그 성별로써 여성성을 1930년대 식민지 대중들의 정서를 반영하는 주요한 정서적 특질로 주목하도록 한 것이다. 물론 이런 문화적 현상은 당대 대중문화의 젠더적 무의식을 전제하고 가능했으리라 생각한다. 여성성을 눈물과 감상으로 연결시키는 것은 여성성에 관한 편견과 단순화를 대중적으로 재생산하는 데 기여하기 때문이다. 본고는 이런 젠더적 관점에서 문제 의식을 전제하면서 한편으로는 당대 대중문화에서 여성성이 가진 또 다른 국면을 강조하고자 한다.

당대 대중가요의 기본적인 정서는 '센티멘털리즘 - 감상주의'로 사랑 노래가 대부분이며, 여성 화자가 등장하여, 떠난 님을 그리워하는 주제가 주로 나타났다.[24] 김억이 쓴 가사에서도 이런 특성이 나타나는데, 특히 그가 추구해 왔던 시적 취향과 특성이 반영됨으로써 대중가요의 정서를 효과적으로 구현할 수 있었다.

> 순실(純實)한 심플리시티가 떠도는 고운 시라고 하고 싶습니다. 단순성의 그윽한 속에, 또는 문자를 음조 고르게 여기저기 배열한 속에 한없는 다사롭고도 아릿아릿한 무드가 숨어 있는 것이 민요시입니다.[25]

24 1930년대 대중가요 가사 245편을 분석한 결과 이런 경향이 도출되었다(김광해 외, 1999: 46-51).

김억은 초기의 시 창작과 상징시의 번역부터 곱고 부드러운 정서를 추구해 왔다. 특히 그가 제시하는 한없이 다사롭고도 아릿아릿한 무드는 '스위트 소로sweet sorrow'를 가리킨다.[26] 그는 스위트 소로에 대해 괴롭고도 설운 즐거움이라 한다. 이는 슬픔과 고통 속에서 (또는 슬픔과 고통을 통해) 아름다움을 느끼는 복합적인 정서로 사랑과 고통의 아름다움이 공존하는 섬세한 심리를 일컫는다. 자신을 설움에 떠도는, 가이없는 존재로 인식하면서 서럽고도 고운 노래를 지향하는 시인 의식[27]은 어슴푸레하게 형언할 수 없는 내면의 고독을 신비롭게 미화시킨다.

> 南유롭을 중심으로 삼고 근대 대표적 시인의 대표적 시를 역자 일류의 보드랍고도 고운 약하게도 捕○하기 어료운 채필彩筆로 역출譯出한 이 한 권이야말로 우리 시단의 앞길을 밝혀 줌이며 같은 때에 새 시가에 대하여 무한한 암시를 준 것이다. 뛰노는 가슴에 고운 사랑에 어린 번민의 맘에 향훈 높은 예술의 꽃에 동경하던 이에게 얼마나 깊은 느낌과 하소연한 생각을 주랴. 이 한 권으로써 모든 비애 온갖 위안의 벗을 삼으려는 이야말로 행복이다.[28]

이처럼 깊은 느낌과 하소연한 비애감에 대해 '소녀 취향 감상'에 불과하다는 비판도 있었지만[29] 이는 역시 고급한 감정을 중심으로 내릴 수 있는 평가이다. 한편으론 김억에게서 발견되는 특징이 바로 여성 편향성임에 주목하면서 그가 베를렌Paul Verlaine의 비애의 미학을 특유의 섬세한 가락으로 수용함으로써 한국시의 여성성의 원류를 형성했다는 평가에 주

25 김억, 「시형의 음률과 호흡」, 『태서문예신보』, 제14호, 1919. 1. 13.
26 심선옥, 「1920년대 민요시의 근원과 성격」, 『상허학보』, 제10집, 2003.
27 김억, 『해파리의 노래』〈서문〉, 조선도서, 1923.
28 김억, 『오뇌의 무도』〈서문〉, 조선도서, 1921.
29 김용직, 『한국현대시인연구(하)』, 서울대학교출판부, 2000, 414쪽.

목할 필요가 있다.[30] 이런 논의는 김억 작품의 여성성이 문체와 정서를 통해 지속되고 있음을 강조한다.

> 어느 늦은 봄날이외다. 꽃잎은 하염없이 떨어지고 한갓되이 푸른 봄만이 뜨거운 여름을 기다릴 때외다. 지나간 옛일을 생각하면 사람으로 여러 가지 생각이 없지 않을 수 없을 것이외다. 사람도 저와 같이 서러운 생각만 가슴에 남기고 스러질 것이외다. 생각하면 모두 다 뜬 구름에 뜬 바람이건만은 어디 사람의 일이야 그렇습니까? 봄바람이 불 때는 모두 다 잊어버리고 말지 않습니까? 이리하여 지나간 옛일을 돌아볼 때의 서러운 심정은 누구라서 가엾다 하지 않을 수 있습니까? 그러한 생각을 가졌는지라 노래 같은 것을 하나 지어보고 싶었습니다. 말하자면 봄바람이 휘돌아서 지나간 옛일을 돌아보면 역시 잊을 수가 없어 한갓되이 슬픈 생각에 운다는 것이외다. (중략) 선우일선의 노래는 보통 유행가로만 볼 것이 아니라 조선 정조를 발휘하는 우리 조선 민요를 노래할 품가 높은 목청이외다. 누구누구 하여도 조선 민요로서 선우일선의 목청이 아니고는 도저히 완전하게 표현할 수 없는 것이외다.[31]

> 하늘하늘 바람이
> 꽃이피면
> 다시못잊을 지낸 그옛날
>
> 지낸 세월 구름이라
> 잊자건만

30 김영철, 「근대시의 형성기」, 오세영 외 지음, 『한국현대詩사』, 민음사, 2008.
31 김억, 「거리의 꾀꼬리인 십대 가수를 내보낸 작곡, 작사 고심기」, 『삼천리』, 1935. 11.

잇을길 없는 설은이내 맘

꽃을 따며 놀든 것이
어제련만
그님은가고 나맘외로이

생각사록 맘이 설어
아니우랴
안을수없어 꽃만따노라[32]

위에 인용된 글 중 처음 것은 유행가 〈꽃을 잡고〉의 가사에 얽힌 이야기이고 아래는 〈꽃을 잡고〉의 가사이다. 위의 이야기는 김억이 〈꽃을 잡고〉를 어떤 마음으로 작사하게 되었는가를 설명하고 있는데, 이 글에서도 센티멘털한 애상성이 드러난다. '하염없이', '한갓되이', '서러운', '스러질', '슬픈' 등의 수식어를 통해 그는 '조선 정조' 즉 서러움의 애상성을 표현해 내고 있다. 김억이 작사한 〈꽃을 잡고〉는 당대에 음반 5만 장이 팔릴 정도로 대단한 인기를 얻은 대중가요이다. 그 노래를 부른 선우일선은 슬픔의 가수라고 일컬어졌다. 노래를 부른 선우일선의 창법이 기교를 배제한 상태에서 높은 음을 가성으로 처리함으로써 슬픔에 대한 절제의 미감을 보였다고 한다. 님의 부재에 대한 화자의 슬픔과 임과의 추억으로 인한 비애감은 그 노래를 부른 여성 가수에 고스란히 투사되어 대중들은 가사 내용이 갖는 여성적 정조에 깊이 반응하게 된다.

32 김안서 작사, 〈꽃을 잡고〉, 신민요, 작곡자: 이면상, 가수 : 선우일선, 음반회사 : 포리돌, 1934. 6. 음반에 취입한 가사는 노래의 길이에 제약을 받아 3연까지 가창했다. 이후 김억은 이 가사를 '시'로 『조선문단』에 발표했다. 시작품으로서 완결성을 추구하려 했던 것이다(구인모, 2007).

〈꽃을 잡고〉 가사에도 드러나듯 님의 부재와 슬픔, 화자의 수동적 태도는 여성적 정서의 범주로 김소월, 한용운 등 1920년대 시의 주제이자 민족 보편의 정서이기도 하다. 이런 의미에서 김억 역시 전통 가요인 서도잡가에서 이별, 실연, 유적의 삶, 고독, 상실, 가이 없는 생각, 하소연한 생각이나 느낌을 수용했는데, 이것이 낭만적 기질과 만나 허무 의식으로 수용됨으로써 비애나 애상 자체를 향유하려는 태도로 드러난다고 할 수 있다. 이처럼 삶에 주어진 비극적 조건과 싸우거나 대면하는 것이 아니라 그로 인한 슬픔과 고통을 수용하고 비애를 받아들이는 태도는 대중적 감수성의 핵심을 보여 준다.

〈꽃을 잡고〉는 님과 헤어진 여성 화자가 그 슬픔에서 헤어나올 수 없음을 노래하고 있다. 슬픔을 극복하려는 태도보다는 잊을 수 없기에, 울 수밖에 없는, 어쩔 수 없는 자신의 마음을 드러내고 있다. 그 마음의 정서가 '서러움'으로 드러난다. 더군다나 이 노래의 화자가 여성이고, 또 가창자 역시 여성임은 내용이 갖는 비애감을 더욱 강조한다. 대중들은 이런 상실의 비애감 속에서 자신들의 처한 현실을 떠올릴 수 있었을 것이다.

김억의 유행가 가사의 소재로는 주로 꽃, 술, 눈물 등이 쓰이며, 이를 통해 이별, 외로움, 서러움, 떠돎 등의 주제를 드러내고 있다.

물결은 찰삭찰삭 밤도 깊었고
뚜렷한 보름달은 하늘에 찼네
포구로 포구도는 이내신세야
어제밤 놀든님도 모다 잊노라

어엿차 한소리에 돛달고 나니
물길은 천리만리 정처없는 몸

고향이 어듸메냐 하늘엔구름
눈앞에 보이는건 시펄한물뿐[33]

밤낮을 두고 무심한 꿈만
님찾아 오락가락
이몸은 지향없이 도는 기럭이
간 곳마다 이심사 풀길은 없거니
운다고 이 한숨이 끊일 것이냐[34]

위에서 언급했듯 일제 강점기 유행가는 사랑과 이별, 그리움 등의 정서를 주로 표현했으며, 극단적 허무 의식이나 눈물로 일관된 작품들이 많다. 가장 많은 양을 차지하는 것이 님과의 이별인데, 님의 부재는 님과 함께하던 시절을 회상하는 과거 지향성으로 나타나며 님의 상실은 고향 상실과 이산의 아픔을 동반하고 있다.[35] 위에 인용한 〈수부의 노래〉나 〈설은 신세〉 역시 화자가 처한 현실이 님과의 이별, 정처없고 지향없는 신세, 고향 상실로 등장하고 있다. 이런 비극적 현실에 대해 화자는 울음과 한숨으로 대응할 수밖에 없는 나약한 존재이다. 자신이 놓인 현실에 대해 아무것도 할 수 없다는 인식은 삶에 대한 허무 의식을 동반한다. 이 역시 당대 대중이 놓인 처절한 현실의 반영으로 이해할 수 있을 것이다.

대중가요는 온전히 작자의 의식을 드러내기보다 대중의 정서를 반영하고 있다. 작사자와 노래를 향유하는 대중의 관계는 상호 소통하는 관계이므로 가사를 통해 당대 대중의 정서를 살필 수 있을 것이다. 이는 1930년

33 김안서 작사, 〈수부의 노래〉, 유행가, 작곡자 : 김교성, 가수: 강홍식, 음반회사 : 빅타, 1933. 6.
34 김안서 작사, 〈설은 신세〉, 유행가, 작곡자 : 좌목준일, 가수 : 강석연, 음반회사 : 빅타, 1933. 12.
35 서영희, 「일제강점기 박영호의 대중가요 가사 작품 연구」, 『민족문화논총』, 제33집, 2006.

대 일제강점기라는 식민지 현실 속에서의 이별 노래를 단순히 '신파'로만 치부할 수 없는 이유이기도 하다. 이때 대중들이 향유한 노래는 전통 민요에서의 슬픔을 넘어 집단적 정서가 아니라 개인의 감정이 토로되는 근대적 징후가 뚜렷이 나타난 것으로 이해할 수 있다.[36] 이는 1920년대 김소월이나 한용운이 표출했던 이별의 정서와도 다른 지점인데, 민족이 처한 현실에 대한 '보편적' 상징보다는 이런 현실을 사는 '개인적인' 상실 의식과 비애감의 표출에 중점이 놓인다. 이런 의미에서 1920년대 시의 여성성에서 민족 주권 부재의 현실을 읽어냈다면, 1930년대 대중가요 가사에서 드러나는 여성성은 소외된 대중의 허무 의식과 비애감을 표현하는 근본 정조로 기능한다.

> 이몸은 뜨내기의 외로운 신세
> 곳마다 설은 이별 이별이 자자
> 아리랑 열두고개 잔들어 넘고
> 은하의 검은 연기 내시름이라[37]
>
> 님을 예고 외로이 우는이내맘
> 들고나는 이물결 왜못되든가
> 님을 따라 맘대로 따라돌것을
> 이별 설어 포구엔 나못살겠네[38]
>
> 가랑가랑 눈물에 어리운두눈

36 엄성원, 「1920년대 민요시의 사적 전개 과정과 근대적 특징 연구」, 『한국언어문화』 28집, 2005.
37 김안서 작사, 〈눈물에 지친 꽃〉, 유행가. 작곡자 : 김교성, 가수 : 강석연, 음반회사 : 빅타, 1933. 12.
38 김안서 작사, 〈이별 설어〉, 유행가. 작곡자 : 김준영, 가수 : 조금자, 음반회사 : 콜럼비아, 1934. 5.

몸은 비록 남북에 갈렸을망정
잊을길이 있는가 아아그러나
이날엔 그대의맘 돌아선것을[39]

1930년대 식민지 현실은 기본적으로 우울하고 감상적인 시대였다. 억압적인 현실 아래서 대중들은 일종의 박탈감과 상실감에 시달려야 했다. 전통적인 행동 규범이 소멸되고, 지향해야 할 미래의 비전이 보이지 않을 때 문화적으로 눈물이 유행한다고 한다.[40] 당대의 중심 문단 역시 1930년대 중반을 지나면서 카프KAPF: Korea Artista Proieta Federation의 해산에 따른 이념의 부재와 만주 침략 이후에 더 열악해진 식민 조선의 현실, 그리고 니체Friedrich W. Nietzsche의 허무주의와 셰스토프Lev Shestov의 불안철학의 유입에 따른 허무와 불안 의식의 만연 등이 시에 반영되어 애수와 불안, 퇴영적 정조 등을 양산하게 된다.[41] 문단에서는 이런 현실을 지속적으로 비판하면서 시작품에 사상이 빠져 있음을 경계하는데, 이는 시를 읽는 독자들의 현실과는 유리된 평가였다. 독자 대중은 노래를 듣고 울며 슬픔을 공유하면서 감정적인 연대감을 느끼고자 했다.[42] 서럽고, 외롭고, 슬픈 정서는 강력한 현실에 압도된 식민지 대중의 정서를 투영하고 있다. 이때 여성적 정조는 현실의 폭력적 힘을 강조하면서 그런 현실에 놓인 자신을 위로한다. 즉 남성적으로 환기되는 강력한 현실과 이에 대응하는 수동적이고 눈물이 많은 애상적 주체는 애초부터 그런 현실을 극복할 수 있는 힘을 갖추지 못하고 있다.

39 김안서 작사, 〈야속타 기억은〉, 유행가. 작곡자 : 이면상 가수 : 조금자, 음반회사 : 콜럼비아, 1935. 2.
40 안 뱅상 뷔포, 『눈물의 역사: 18-19세기』, 이자경 옮김, 동문선, 2000, 111-133쪽.
41 백철, 『조선 신문학사조사』, 백양당, 1947, 194쪽.
42 장유정, 앞의 책, 2006, 169-170쪽.

그러나 센티멘털리즘, 즉 감상주의의 상위 개념에는 도덕성이 존재한다.[43] 즉 이른바 여성적이라고 불리는 눈물, 나약함, 부드러움 등에는 현실에 대한 윤리적 감각이 내재함으로써 부조리한 현실을 일깨우는 동력으로 작용하는 것이다.

센티멘털리즘이 쇠퇴하게 된 것은 예술이나 문화가 좀 더 진지하고 고상한 감정을 불러일으켜야 한다고 믿는 도덕주의와 세계와 현실에 대한 참된 인식에 기초한 정서적 반응만이 옹호될 수 있는 올바른 감정이라고 보는 인식론적 입장 때문이다.[44] 식민지 조선에서도 역시 '근대화'라는 가치가 유입되고 개인의 감정을 통제하고 관리하려는 담론들이 생기면서 올바른 감정과 그렇지 못한 감정을 나누어 생각하고, 주로 남성들이 긍정적 감정의 소유자로, 여성이 문제적인 감정의 소유자로 성별화되었다.[45] 이에 따라 감상, 애상, 비애, 눈물 등은 소녀 취향으로 여성화되었으며, 그 반대편에 남성성이 놓이게 되었다. 자연스럽게 남성과 남성성은 문화의 중심에, 여성과 여성성은 문화의 주변인 하위문화, 대중문화에 위치하게 되었다.

이런 의미에서 대중문화에서 센티멘털리즘의 화두는 늘 감성과 여성이었다. 1930년대 식민지 근대 문화 역시 이런 사유 체계 안에 있었다. 1920년대 이후 문화적으로 감정과 감상에 여성성이 부여되면서 고급문화의 변두리에 감상주의를 밀어내는 작업들이 이루어졌다. 시문단에서는 모더니즘이 문단의 중심이 되면서 센티멘털리즘은 근대문학이 극복해야 할 과제로 인식되었다. 이런 의미에서 대중문학으로서의 유행가 가사는 당대 중심 문단에서 추구했던 근대문학의 기획에 가려진 식민지 근대 문화의

43 김혜련, 『아름다운 가짜, 대중문화와 센티멘털리즘』, 책세상, 2005, 13쪽.
44 김혜련, 앞의 책, 2005, 19쪽.
45 박숙자, 「근대문학의 형성과 감정론」, 『어문연구』 제3호, 2006.

균열과 갈등의 한 양상과 또 다른 국면으로서[46] 대중 정서의 부상을 보여준다는 점에서 의의를 갖는다.

그러나 한편으로 김억의 이런 문학적 시도가 성공할 수 있었던 것은 이미 언급했듯이 여성성을 대중성의 기본 정서로 인식하는 사회 · 문화적 젠더 무의식이 전제되었기 때문이라는 사실 역시 간과할 수 없다. 여성성을 통해 식민지 대중의 정서를 효과적으로 대변했다는 측면에서는 의의가 주목되지만, 한편으로 식민지 문화와 여성성에 대한 젠더화된 접근이란 결국 여성성이 갖는 다양한 문화적 함의의 단순화와 도식화를 재생산해내기 때문이다.

4. '대중시'의 기원으로서 유행가 가사

1930년대 대중문화는 문학인들에게 미적 영감과 상상력의 원천으로 작용했다. 당대 문화 속에서 카페와 다방을 전전하며 룸펜으로 살아가던 지식인들의 대다수는 바로 문학인들이었으며 그들 대화의 주요 소재는 당대 일상 문화였다.[47] 이런 의미에서 당대 대중문화의 감수성을 형성하는 가장 큰 원동력이 되었던 대중가요가 시인들의 감성을 자극하고 시적 주제의 원천이 되었음을 상상하는 것은 자연스러운 일이다. 더군다나 각종 신문 · 잡지 등의 매체를 통해 시인들에게 작사자로서의 참여가 독려되는 상황에서 김억의 선택은 유행가 가사를 작시作詩함으로써 근대 문화에 참여하는 적극적인 방식이었다.

그러나 시문학사는 김억이 남긴 유행가 가사를 본격문학 혹은 순수문

46 리타 펠스키, 『근대성과 페미니즘』, 김영찬 · 심진경 옮김, 1998, 8쪽.
47 김진송, 앞의 책, 1999, 112-133쪽.

학으로 볼 수 없다는 이유로 정당한 평가를 내리지 않아 왔다. 김억을 포함하여 1930년대 시인들의 유행가 작사가로서의 활동에 대한 평가가 최근까지 이루어지지 못한 것도 이런 사정과 무관하지 않다. 그러나 중심 문단에서 밀려난 '센티멘털리즘'과 '여성성'은 김억의 시에서 당대 대중의 정서를 반영하는 주요한 특성으로 재탄생했다. 이는 여성성에 대한 사회 · 문화적 젠더 무의식을 전제함으로써, 여성성에 대한 단순하고 편협한 이해에 기여한다는 측면에서 비판받을 소지가 있다. 그러나 그럼에도 김억 시세계 전체를 일관했던 여성적 정서가 1930년대에 이르러 유행가 가사를 통해 확장 발전되고, 이런 시도를 통해 당대 중심 문단이 대변하지 못했던 주변부의 목소리, 즉 대중의 정서와 의식이 적극적으로 표출될 수 있었다는 점에서 새로운 장르로서 대중 '가요시'의 의의는 충분히 있으리라 생각한다.

참고 문헌

1. 자료

김억, 『안서 김억 전집』 1~9권, 박경수 편, 한국문화사, 1987.

——, 「시형의 음률과 호흡」, 『태서문예신보』 제14호, 1919. 1. 13.

——, 『오뇌의 무도』 〈서문〉, 조선도서, 1921.

——, 『해파리의 노래』 〈서문〉, 조선도서, 1923.

——, 「유행가와 각계 관심 : 시인으로서의 관심」, 『신가정』, 1933. 2.

——, 「流行歌詞管見」, 『매일신보』, 1933.10.15~19.

——, 「거리의 꾀꼬리인 십대 가수를 내보낸 작곡, 작사 고심기」, 『삼천리』, 1935. 11.

최동현 · 임명진 편, 『유성기 음반 가사집』, 5.6, 민속원, 2003.
한국정신문화연구원 편, 『한국 유성기 음반 총목록』, 민속원, 1998.
「인기가수 좌담회」, 『삼천리』, 1936. 1.

2. 논저

갠스, 허버트 J., 『고급문화와 대중문화』, 이은호 옮김, 현대미학사, 1996.
구인모, 「詩歌의 理想, 노래로 부른 근대 : 김억의 유성기 음반 가사와 격조시형」, 『한국근대문학연구』 제16호, 2007.
김광해 · 윤여탁 · 김만수, 『일제강점기 대중가요 연구』, 박이정, 1999.
김능인, 「민요와 리얼리틱한 유행가」, 『삼천리』, 1933. 3.
김영철, 「근대시의 형성기」, 오세영 외 지음, 『한국현대詩사』, 민음사, 2008.
김용직, 『한국현대시인연구(하)』, 서울대학교출판부, 2000.
김진송, 『현대성의 형성 : 서울에 딴스홀을 許하라』, 현실문화연구, 1999.
김진희, 「근대문학의 場과 김억의 상징주의 수용」, 『한국문학이론과 비평』 제 22집, 2004.
김혜련, 『아름다운 가짜, 대중문화와 센티멘털리즘』, 책세상, 2005.
박숙자, 「근대문학의 형성과 감정론」, 『어문연구』 제3호, 2006.
뷔포, 안 뱅상, 『눈물의 역사』, 이자경 옮김, 동문선, 2000.
서영희, 「일제강점기 박영호의 대중가요 가사 작품 연구」, 『민족문화논총』 제33집, 2006.
심선옥, 「1920년대 민요시의 근원과 성격」, 『상허학보』 제10집, 2003.
엄성원, 「1920년대 민요시의 사적 전개 과정과 근대적 특징 연구」, 『한국언어문화』 제28집, 2005.
이동순, 『민족시의 정신사』, 창작과비평사, 1996.
이하윤, 「유행가곡의 제작 문제」, 『동아일보』, 1934. 4. 2.

장유정, 「안서 김억의 대중가요 가사에 나타나는 민요적 특성 고찰」, 『겨레어문학』 제35집, 2005.
——, 「민요 전통 계승한 김억의 대중가요 가사」, 『문학사상』, 2006. 1.
——, 『오빠는 풍각쟁이야 : 대중가요로 본 근대의 풍경』, 황금가지, 2006.
조지훈, 「한국문화사 서설」, 『조지훈전집』 6권, 일지사, 1973.
주근옥, 「김억의 격조시형론 소고」, 문덕수 · 김용직 · 박명용 · 정순진, 『한국현대시인연구(상)』, 푸른사상, 2001,
최은숙, 「20세기 전반기 대중가요 담론의 쟁점과 의의」, 『한국민요학』 21권, 2007.
펠스키, 리타, 『근대성과 페미니즘』, 김영찬, 심진경 옮김, 1998.
한수영, 「1920년대 시의 노래화 현상 연구」, 『비평문학』 24호, 2006.

비보이 현상과 재현으로서의 남성성*

이수안

1. 들어가는 말

후기 근대의 문화적 재현이 보여 주는 특징의 핵심에는 여러 가지 문화 양식을 통해 이루어지는 개인의 다양한 정체성의 재현이 자리 잡고 있다. 오랜 시간 동안 진행되어 온 인간의 정신과 육체의 비중에 대한 논쟁의 연장선 위에서 젠더문화론을 중심으로 하여, 정체성 형성에 육체가 정신에 못지않게 중요한 비중을 차지한다는 의미에서의 육체유물론이 부상하면서 몸에 관한 관심은 급증해 왔다. 1990년대 이후 인문학에서뿐 아니라 사회과학 분야에서도 몸에 대한 관심은 다양한 연구방법론을 통해 연구 주제로 등장하고 있다. 몸과 성에 대한 학문적 관심은 그 동안 특히 여성의 몸과 성, 여성의 성정체성 등 여성성을 중심으로 심화되어 왔던 학

* 이 글은 『사회과학연구』 16권 2호(2008년)에 실린 논문을 수정 · 보완한 것이다.

문적 영역이 점차 남성성, 남성의 성정체성, 그리고 젠더라는 개념의 개발 등으로 확장되어 가면서 논의의 심도를 더해 가고 있다. 여기에는 대중문화에서의 문화적 재현에 대한 논의가 학문적인 담론의 수준을 넘어서서 일상의 영역으로 확산되어 가는 것도 포함된다.

전 지구적 문화 변동의 기류 중에서 우리가 체감할 수 있는 가장 뚜렷한 징후는 대중문화의 급부상과 인터넷 등 멀티미디어를 통한 문화의 전 지구적 확산, 그리고 문화산업의 다변화와 인터넷을 통한 개인의 미디어화 등이다. 이는 다시 다양한 정체성 형성의 가능성을 의미하고 여성성과 남성성이 고정된 스테레오타입stereotype으로부터 점차 풀려나는 것처럼 보이나 한편으로는 또 다른 차원의, 여전히 새롭게 여성성과 남성성이 대응되는 스테레오타입을 다중적으로 만들어 내고 있음을 의미한다. 넓은 의미에서 매체의 다변화는 몸과 성 개념의 다양한 변화 가능성을 예고하고 있다. 이러한 문화 변동의 기류를 감안할 때 여성성이나 남성성은 기본적으로 시대적 사고와 기대, 그리고 젠더에 대해 사회적으로 부여된 이미지가 반영되어 형성된다는 점이 좀 더 명확해진다. 더욱이 다양한 개인의 정체성이 극대화되는 문화적 변동이 이루어지고 있는 상황에서 여성성 또는 남성성은 지극히 가변적volatile이다.

그렇다면 한국에서 문화 변동과 남성성은 어떠한 연관성을 갖는가? 특히 1997년 경제 위기 이후 10년 간의 문화 변동 속에서 남성성은 어떤 방식으로 변화하고 또한 재현되었는가? 그 문화 변동의 징후를 문화산업을 통해 살펴볼 때 과연 남성성은 대중문화에서 어떤 구체적인 이미지를 통해 재현되어 왔고 이는 경제 위기 이후의 문화 변동의 징후를 어떻게 반영하고 있는가? 특히 젊은 남성들의 시대적 전형은 구체적인 대중문화 장르에서 어떻게 재현되고 있는가? 최근 들어 주체에 관한 논의가 진행 중인 주체subject in process ; Kristeva, 유목적 주체nomadic subject ; Braidotti,

더 나아가 매체적 관점에서 보면 유동적 주체mobile subject(Nayak & Kehily, 2008 : 30)로 진화하고 있는 상황에서 과연 어떠한 남성성 전형이 발견되는가? 이 글에서 이러한 질문들은 서로 횡단하면서 논제를 구체화할 것이다. 남성성이 시대적 변화를 응축하여 보여 준다고 한다면 문화 변동의 여러 층위는 결국 남성성을 구성하는 시대적 요청이나 욕망으로 구체화된다고 할 수 있다.

이 연구에서는 역사적으로, 그리고 문화적으로 구축되어 온 남성성이 후기 근대의 대중문화 속에서 어떻게 재현되고 있으며 또한 이를 통해 어떻게 새로운 방식으로 남성성을 문화적 표지標識로 표상하고 있는가를 최근 몇 년 간 가장 특징적인 문화산업의 형태로 발전해 온 비보이 현상을 중심으로 분석하고자 한다. 물론 비보이 현상이 남성성 이미지를 가장 대표적으로 재현하는 문화산업이라고 할 수는 없으나 세계경연대회battle나 월드투어 형식의 공연을 통해 비교적 전 지구적 궤적을 가지고 있어서 민속지적인 분석이 가능하면서 한편으로는 당대 한국의 하위문화와 대중문화의 교량적 역할을 함으로써 다양한 층위의 문화적 특징을 압축적으로 포괄하고 있기 때문에 이를 분석 대상으로 선택했다.

'비보이 현상'이라고 했을 때 이는 이미 이 글에서 단순히 비보이 춤과 공연만을 분석 대상으로 하지 않는다는 점을 명시적으로 보여 준다. 즉 이 용어를 사용함으로써 비보이 현상을 후기 근대의 정체성을 표현하는 다양한 문화 현상 중 하나로 설정함과 동시에 비보이 동작을 통해 재현되는 성정체성을 기호학적으로 해석하고자 한다. 즉 이 연구는 거시적으로는 비보이 현상을 문화 현상의 하나의 흐름cultural flow으로 파악하면서, 동시에 미시적으로는 동작과 춤이라는 구체적인 재현의 텍스트를 통해 구현된 남성성을 내용적으로 해석하려는 시도이다. 좀 더 구체적으로 설명하자면, '비보이 현상'으로 표현함으로써 생물학적 성으로서 '브레이크 댄스를 하는 남성B-boy'만을 대상으로 하는 것이 아니라 '브레이크 댄스를 하는 여성B-girl'도 포함시킨다는 것이다. 즉 여기서 남성성이란 젠더 수행성을 염두에 두고 청년문화에서 남성성으로 표상되는 격렬한 춤으로서의 비보잉B-boying의 정신을 표방하는 사람이라면 생물학적인 성을 떠나서 모두 이 현상에 동참하는 사람으로 포함된다는 뜻이다. 따라서 성정체성이 강조되기보다는 표방하는 이미지와 가치관으로서의 남성성, 그리고 'doing gender'(Butler)로서의 남성성을 들여다보려 한다.

이러한 배경을 전제로 하여 이 글에서는 비보이 현상을 통한 문화적 재현으로서 남성성을 시대적 상황의 맥락과 연결하여 해석한다. 즉 현재 청소년들 사이에서 가장 주목받는 비보이 현상이 '한류韓流'의 대표 상품으로 부상하는 상황에서 기원origin을 이루고 있는 '반항성', '공격성'으로 재현되는 남성성을 기존의 이론적 논의와 연결하여 분석하고, 비보이 공연에서 보여 주는 구체적인 몸짓에서 남성성이 어떻게 육체적으로 표현되는지 해석하고자 한다. 이러한 분석 과정을 거침으로써 추구하는 이 연구의 목적은 후기 근대의 문화 변동 속에서 남성성이 재현되는 방식을 추적함으로써 이와 연동된 젠더 정체성의 다양한 형성 과정을 문화사회학적으로 해석하고 이를 계기로 젠더 정체성의 문화적 재현에 대한, 좀 더 활발한 이론적 논의를 불러일으키는 데에 있다.

이 연구는 문헌연구를 중심으로 이루어졌으며 비보이 관련 논문, 신문기사, 인터넷 관련 자료 등을 참고 자료로 했다. 한편 보충적인 자료로서 2007년 5월과 10월에 연구자가 실시했던 비보이와 비보이 공연기획자의 인터뷰 자료를 사용했다. 인터넷을 통해 볼 수 있는 비보이 배틀을 참고했으며 비보이 공연 작품에 나타나는 다양한 현상과 동작을 분석하기 위해 2006년 11월부터 2007년 8월까지 〈굿모닝 비보이〉, 〈비보이를 사랑한 발레리나〉, 〈비보이 코리아〉, 〈점프〉, 〈마리오네트〉 등 총 5편의 공연을 관람했다. 또한 『대한민국 B-boy』의 부록으로 비보이 동작을 담은 CD를 분석 자료로 사용했다.

2. 남성성과 젠더문화이론

남성성에 대한 젠더문화론적 분석이 중요한 점은 이 분석 과정에서 남성성의 카운터타입countertype으로서의 여성성을 규정하는 작업이 필수적으로 뒤따른다는 점 때문이다. 즉 남성성이나 여성성은 서로 무관하게 정의되는 것이 아니라 상보적인 개념으로서 사회적인 가치 판단을 서로 반영하여 형성되기 때문에 남성성을 논의하는 것은 지속적으로 여성성이라는 카운터타입을 염두에 둔 상태에서 반영적으로 정의하는 것을 의미한다.

남성성의 문화적 재현은 바로 시대적 표상을 응축적으로 보여 주는 대중문화에서 집중적으로 남성 이미지와 연결하여 이루어진다. 문화산업, 특히 대중문화에 재현되는 남성성을 연구하는 것은 그 시대, 그 사회의 남성성을 알아보는 데 중요한 출발점이 된다. 이는 바로 이미지와 표상의, 재현의 정치학을 읽어내는 작업이 되기 때문이다. 더욱이 비보이를 통해 재현되는 남성성이 갖는 의미는 전 지구적 대중문화 유통의 한가운데서 배틀이라는 이름의 경연대회 형식을 통해 지역과 고유 문화를 뛰어넘는 하위문화의 양식으로 전유되기 때문이다.

이런 의미에서 나약Anoop Nayak의 '글로벌 민속지학global ethno-graphies' 이라는 방법론상의 개념 사용은 일면 적절해 보인다(Nayak, 2003 : 34). 전통적인 민속지학과는 달리 '글로벌 민속지학'은 흔히 개인들이 사는 무대의 다양성에 대한 관찰과 성찰을 포함하는 다중적 분석 방법으로 다양한 공간들을 분석하는 경향을 보인다. 장소, 즉 지역은 더 이상 인간들이 행위자로서 역할을 수행하는, 중립적이고도 공간적인 범주로 보일 수 없다는 점을 강조하고 있는 것이다. 특히 젊은 사람들이 특정한 시간과 공간에서 동원 가능한 자원을 매개로 하여 자신들의 현실을 표현해 내는 청년문화의 공연적 기획—예를 들면 비보이 공연, 랩 공연 등—에 대한 분석에서 민속지학이 유용하며 이럴 때 이 기획에 동원되는 역사, 문화, 그리고 정체성은 모두 수행되는 것performance으로 간주된다(Dimitriadis, 2004 : 11). 한편 기호학적이고도 담론 분석적인 방식의 문화연구는 그것을 통해 젊은이들의 사회가 구성되는, 역동적 관계와 중심적 근원으로서 대중문화를 다루는 데 유효하다. 이를 위해 구체적으로는 텍스트 분석, 재현과 시각적 방법론을 사용한다.

쿨드리의 주장에 의하면 "문화연구는 지속적이고, 엄격하고 자기성찰적인 경험 연구를 현대 문화의 단단하고 힘이 실린 복잡성으로 확장하는 공간이다"(Nayak & Kehily, 2008 : 34). 스토리 또한 대중문화가 얼마나 이데올로기적 논쟁과 가변성의 개념인지, 채워지고 비워지는지, 절합articulate되고 분절되는지를 강조하고 있다(Storey, 1997 : 202). 따라서 대중문화를 중심으로 한 문화연구는 문화의 복잡한 지형을 비교적 구체적으로 들여다보는 데 적절하다. 남성성 분석에서 대중문화가 중요한 이유는 젠더 관념idea이 구체화되는 기반을 제공하기 때문이다. 영화, TV, 그리고 대중 미디어는 어떻게 젠더가 지속적으로 만들어지고 다시 만들어지는지를 보여 준다. 그것들은 후기 근대 젠더 관계의 지형도를 그리는 데 여전히 문화적으로 의미가 있다. 즉 대중문화는 판타지, 권력, 그리고 젠더 이데올로기가 공연되는 무대이면서 동시에 우리가 불완전한 방식으로 우리의 이미저리 자체를 생산하려 시도하는 공간이다(Nayak & Kehily, 2008 : 35). 이들의 표현에 의하면 이렇게 생산된 이미저리는 조형적 젠더 상상물gender imagining과 우리가 느끼는, 그것들에 수반되는 정체화와 오인/재인식의 형태들로 구체화되므로 최근의 젠더 질서와 전 지구적 정보, 그리고 미디어 초고속도로media superhighway에서 모두 개인적으로 중요하고 전 지구적으로 요긴하다.

남성성의 정의와 남성성 이미지의 재현에 관한 이론적 논의

필처Jane Pilcher와 웰러한Imelda Whelehan의 정의에 따르면 "남성성은 남성으로서의 존재와 연관된 사회적 현실들과 문화적 재현들의 세트"(Pilcher & Whelehan, 2004 : 82)이다. 그들에 따르면 복수로서의 '남성성들masculinities'이라는 개념도, 또한 남성으로서 존재하는 방식과 남성의 문화적 재현이 사회 간의, 그리고 남성들의 서로 다른 집단 사이에서, 역사적으로 그리고 문화적으로 서로 다르다는 인식 안에서 사용된다. 여성이 '타자'로 정의된 것에 반대하는 여성주의자들의 남성성 비판은 긴 역사를 가졌지만 정작 남성성에 관한 저술은 1980년대부터 급증해 왔다. 자연과학에서는 호르몬에 기초한 이론을 바탕으로 하여 '자연적natural'인 남성성을 본질론적 논의 속에서 전개해 왔다. 예를 들어 블라이Robert Bly 같은 이는 남성성을 현대 사회의 조건들에 의해 손상을 받은 것으로 보면서 이에 대한 남성들만의 치유retreat와 결속 의례 형태를 처방한다. 이와 대조적으로 사회과학의 좀 더 비판적이고 학문적인 관점에서 남성성은 남성들 간의, 그리고 남성과 여성 간의 권력 관계 형태로 이해된다. 본질주의의 관점에서 남성성은 남성들이 살고 있는 사회적 맥락으로부터, 예를 들어 사회의 다양한 제도들과 조직들 안에서의 그들의 위치로부터, 그리고 젠더에 대해 사회적으로 적용 가능한 담론의 맥락 안에서 생겨나는 것으로 주장되고 있다(Pilcher & Whelehan, 2004 : 83). 이러한 논의의 연장선 상에서 스톨턴버그(Stoltenberg, 2000a ; 2000b ; Holmes, 2007 : 56)는, 모든 남성들은 가부장제 안에서의 특권을 즐기며, 남성다움을 갖추는 것을 거부함으로써만 사회 질서에 변화를 가져올 수 있다고 주장한다.

코넬R. W. Connell이 1995년에 쓴 『남성성*Masculinities*』은 남성성이 수행되는 다양한 방식에 대한 사회학계의 뛰어난 연구 중 하나이다. 그는 젠더를 이해하는 것은 담론 그 자체뿐 아니라 생산과 소비, 제도, 그리고 사회적 투쟁을 바라보는 것을 요구하는 것이라고 주장한다. 남성성은 그것이 아닌 것과의 관계, 특히 여성성과의 관계 속에서 구성된다는 것이다. 이로써 남성성에 대해 논의하는 것은 그것의 대응점에 있는 '남성적이지 않은 것'을 염두에 두고 있음을 알 수 있다. 즉 '남성적인masculine'이 의미하는 것은 '남성적이지 않은not masculine'으로 생각하는 것에 대조시킴으로써 이해할 수 있다(Holmes, 2007 : 56).

젠더 이론의 한 부분으로 남성성에 관한 사회과학적 분석을 발전시켜 온 코넬에게, 젠더는 인간 육체의 재생산적이고 성적인 능력에 기초한 지속적인 해석과 정의의 최종 산물이다(Connell, 1995, 2000). 그러므로 남성성, 그리고 여성성은 육체에 관한, 인간성에 관한, 그리고 한 사회의 문화와 제도에 관한 이들 해석과 정의의 효과로 이해될 수 있다. 코넬의 논거에 의하면 남성성은 현대 서구 사회의 '젠더 위계gender hierarchy'에서 여성성보다 상대적으로 높은 위치를 차지한다. 그에 따르면 젠더 위계의 가장 꼭대기에 '헤게모니적 남성성hegemonic masculinity'이 있는데, 이는 권위, 육체적 단단함과 강함, 이성애와 임금 노동으로 둘러싸인 문화적으로 지배적인 남성성의 이상ideal이다. 이것은 아주 적은 남성들만이 살아내는, 그러나 그것으로부터 대부분의 이득을 취하는 남성성의 이상이다. 즉, 사실은 매우 적은 남성들만이 헤게모니적 남성적 패턴에 따라 행동하지만 이것은 모든 남성들이 견주어지는 기준이다. 이 기준, 그리고 그 결과로서 둘러싸고 있는 의미들이 사회 변동에 따라 변한다.

코넬은 20세기 후반에 새로운 기술직에 종사하는 중산층 계급의 남성들에게서 남성적인 것의 헤게모니적 판본version에 직면한 도전을 주시한다. 우선 그는 더 주변적인 특정 남성들 집단이 어떻게 남성성에 대한, 변화하는 담론들 때문에 특정한 압력에 놓여 있는가를 설명한다. 실업 상태의 노동자 남성들은 그들의 조상과 같은 방식으로 '남성이기'가 더 이상 가능하지 않다. 그들은 '생계 부양자'로서의 존재에 우선적으로 기초한, 어떻게 남성적이 될 것인가에 대한 그들의 관념을 재정비해야만 했다. 코넬은 비숙련된 노동력으로 정규직을 가질 수 없고 그래서 여성의 임금에 의존적인 상태의 남성 특징을 '대항적 남성성protest masculinity'으로 명명했다. 또한 그 다음 단계를 '공모적 남성성complicit masculinity'이라 부른다(Holmes, 2007 : 57). 그 아래는 '종속적 남성성subordinated masculinity'으로 여기서 가장 중요한 것은 동성애적 남성성이 여기에 속한다는 점이다. 이 분류에 따르면 젠더 위계의 가장 아래에 여성성이 있다. 코넬에 의하면 여성성도 '강조된 여성성emphasized femininity' 또는 '순종적 여성성compliant femininity', 그리고 '저항적 여성성resistant femininity'으로 분류되지만 페미니즘이 본격적으로 등장하여 여성성을 새로운 주체성으로 제시하기 전까지 여성성은 젠더 위계에서 항상 남성성보다 하위에 속하는 것으로 간주되어 왔다. 코넬의 분석에 의하면 20세기의 산업화된 서구의 사회적 변화는 젠더 위계와 헤게모니적 남성성의 위치를 약화시켜 온 것으로 평가된다(Pilcher & Whelehan, 2004 : 84).

한편 맥킨네스J. MacInnes 같은 경우 남성성은 개인 고유의 성질, 특성 또는 외관으로서 존재하는 것이 아니라 남성들이 어떠한 존재인지에 대한 이데올로기로서 이해되어야 한다(MacInnes, 1998)고 보고 있다

(Pilcher & Whelehan, 2004 : 84). 최근 들어 젠더 연구에서 포스트모더니즘적, 그리고 포스트구조주의적 관점에 의해 영향을 받은 남성성에 대한 담론적 접근은 점차 두드러진 위상을 보여왔다. 한 예로 스피어S. Speer는 그의 연구에서 스포츠와 레저에서 젊은 남성들이 남성성의 독특한 문화적 모델의 영역을 어떻게 표현하는지, 그리고 그 과정에서 변하기 쉽고 젠더화된 그들 자신의 판단을 어떻게 내리는지 보여 주고 있다(Speer, 2001). 한편 코넬은 최근 연구에서 남성성이 비단 생물학적 남성과 같은 것이 아님을 강조한다. 다시 말하자면, '남성적인' 몸과 행동 또는 태도는 한편으로는 '여성적'으로 정의되는 사람들의 사회적 현실이 될 수 있다. 따라서 코넬에게 남성성은 바로 사람들 집단이 아니고 젠더 현실의 형태를 명명하는 개념이다(Connell, 2000 : 17 ; Pilcher & Whelehan, 2004 : 85). 한편, 그에게 남성성은 단지 담론으로서만 이해될 수는 없는데, 왜냐하면 젠더 관계는 또한 노동, 폭력, 섹슈얼리티, 자녀 양육 등과 같은 비담론적non-discursive 현실 속에서 구성되기 때문이다(Connell, 2001 : 7).

남성성의 헤게모니적 판본은 합리성, 계산성, 그리고 이기주의 등의 자본주의적 가치와 밀접하게 연결되어 있다(Holmes, 2007 : 58). 그러나 코넬에게 분명한 것은 헤게모니적 남성성이 단순하게 자본주의에 위치지어진다고 생각하지 않는다는 것이다. 헤게모니적 남성성은 여성성에 대해 대척점으로서 정의되고, '다른other' 정체성은 엄밀하게 남성적으로 간주되지 않는다. 이것이 합리성과 권위가 중심이 된 남성적 정체성에 대해 코넬이 생각하는 방식이다. 코넬은 남성성의 헤게모니적 판본에 대해 비판적이며, 그것이 대개 신화라는 점을 지적한다. 그는 남성됨에 관한 지배적인 관념이 육체적 강함에 대한 강조로부터, 육체적인 그리고 정서적인 통제, 세계에의 과학적 접근, 그리고 권위의 실행에 대한 강조로 옮겨가는 것에 동의한다. 어쨌든 그는 이성reason이 헤게모니적 남성성의 적법화legitimation 기반으로서 한계를 갖는다는 점을 주장한다. 이것은 남성적 권위를 약화시키는 데 사용될 수 있다. 젠더 평등의 필요성에 대한 합리적 논쟁과, 경영을 위해 특정한 노동에 가장 적합한 사람을 지명하는 것이 어떻게 좋을 것인가와 같은 합리성은 광범위하게 수용되어 가고 있다. 특히 사고의 합리적 방식에 기초한 새로운 지식 기반, 또는 '기술적인' 직업에 의존되어 있는 남성들의 경우에 그들은 아직 헤게모니적 남성적 권위에 도전한다. 코넬의 논의에 따르면 몸 이슈와 섹슈얼리티, 그리고 감성을 다루어야 할 때면 언제나 이들 헤게모니적 남성성을 갖지 않고 있다고 판단되는 남성들을 위해 합리성이 도전받아 왔다고 주장한다.

바뀌는 담론들을 둘러싸고 젠더가 어떻게 구성되는가에 대한 관심 속에서 코넬은 포스트모더니즘에 접근하고는 있지만 그는 여전히 구조주의적 접근에 관여된 채로 남아 있다고 평가되고 있다(Beasley, 2005 : 226). 이러한 구조주의에의 관여는 어느 정도는 더욱 '포스트구조주의적' 사회학의 판본 안에 존재한다. 사회학의 역사가 보여 주듯이, 이러한 관여는 의미에 관한 관심을 배제하지는 않는다. 코넬은 실행적인practicing 남성성의, 전환적이고 일탈적인 방식 안에서 의미와 구조가 형성되는 부분에 대한 분석을 제공하고 있다. 남성들에게 희생자로서 재현되는 것을 허용할 수 있는 반면(Beasley, 2005 : 229) 일반적으로 질서잡힌 관계의 세트로서의 젠더에 관한 그의 강조는, 다른 남성성들이 항상 다른 젠더 범주, 특히 여성성 범주와의 관계 속에서 이해된다는 것을 의미한다. 홀름스Mary Holmes가 지적하듯이, 코넬의 작업이 갖는 문제점은 아마도 그가 이 복잡성의 개인적인 세부 사항 속에, 최소한도 그가 수집한 생애사의 세트에 관해 말할 때, 너무 깊게 몰입되어 간 점일 것이다(Holmes, 2007 : 59). 이것은 역설적이게도 다시 여성들을 주변에 배치하는 방식 속에서 남성들의 세계 경험을 강조하는 데 기여할 수 있다. 그러므로 이는 그의 접근이 남성적인 것을 해체하는 데 전적으로 성공적이지 않다는 점을 시사하는 것일 수도 있다. 이는 또한 젠더를, 사람들이 '수행하는doing gender' (Butler, 2004) 어떤 것으로 보는 것과 관련된 문제이기도 하다.

대중문화와 남성성 이미지의 재현 방식

남성성은 육체와 정신, 외모와 내면의 미덕이 하나의 조화로운 전체를 형성하고 있으며, 남성 육체의 본성에 기초한 총체성으로 인식되고 있다(모스, 2004 : 13)고 보는 모스George L. Mosse에 의하면, 현대 남성성의 구축은 18세기 말에 형성되기 시작한 새로운 부르주아 사회와 밀접하게 연관되어 있다. 서양에서 중세의 귀족적 관념과 연관된 기사도 같은 남성 이상형은 대체로 전사 계급에 기초했다. 오늘날 현대적 남성성은 중요한 도덕적 · 육체적 원칙과 결부되어 있다(모스, 2004 : 41). 용기와 냉철함, 자부심과 정의감 등 남성의 자질은 그대로 남아 있으며 현대에서 기사도와 남성의 명예는 도덕적인 강인함뿐 아니라 육체적인 강인함을 의미하게 되었다. 신체적 기술과 능숙함은 과거에도 늘 개인의 명예를 지키는 데 필수적인 것으로 칭송되어 왔다. 현대 사회에서도 여전히 남성의 몸 전체는 활력과 힘, 용기와 표본으로 간주되었고 적절한 자세와 외모가 기준이 되었다. 이는 바로 결투로 자신의 의지를 관철했던 기사도에서 유래한 것이다. 현대에 들어서면서 단순한 복장이나 태도만이 아니라 남자의 육체 자체가 관심의 초점이 되었다. 이렇게 남성성에 대한 현대적인 인식의 핵심 요소로 남성 스테레오타입이 등장하게 된다(모스, 2004 : 42). 이상적인 육체는 힘과 절제를 동시에 표출한다는 남성 스테레오타입은 산업혁명을 거치면서 역동성과 결합하게 되었다. 이로써 여성에게는 감각적인 아름다움이 요구되는 것에 반해 남성 아름다움의 기준에는 힘과 균형, 역동성 등이 부여되어 확연한 차이가 있음을 보여 준다. 육체적 단련을 통해 추구된 남성적 아름다움과 개성의 창조에는 체조와 스포츠가 큰 역할을 해 왔으나 20세기 중반 산업자본주의 체제 내 무제한적인 경쟁은 공격적인 본성을 자극하는 장이 되었다.

남성성 스테레오타입의 카운터타입으로 가장 주요한 것은 여성적인 특징이다. 남성이 고립된 채 혼자 존재할 수 없기 때문에 남성의 자기 이미지 속에는 항상 여성이 있는데 이로써 여성의 육체는 감각적이고 성적인 아름다움을 전달하는 반면, 남성의 이상적인 육체는 영웅적인 이미지를 가지게 된 것이다. 이 전형에서 벗어나는 사람들은, 남성의 경우 사회에서 버림받았고 여성의 경우 사회의 적이 되었다. 따라서 현대 남성성의 구성 요소들은 여성의 지위, 그리고 남성성을 파괴하는 경향이 있는 적대적 존재와의 대비를 통해 끊임없이 강화되었다(모스, 2004 : 96). 남성성을 외형적으로 구현하고 있는 남성 스테레오타입은 '직관적 이미지eidetic image'로 불리게 되는데, 직관적 이미지란 인간 마음 속에 있는 선명하고 상세한 '심상', 곧 변하지 않는 인간의 마음가짐으로 규정되었다. 이에 따르면 남성성은 시대적 가치의 변화를 반영해 왔지만 그렇다고 해서 획기적으로 카운터타입을 수용하지는 않았다.

관습과 도덕의 변화를 주도하는 청년문화는 제2차 세계대전 이후의 대중매체의 발달과 더불어 남성성 변화의 주축을 이루어 왔다. 1950년대 미국에서 변화를 주도한 '비트 제너레이션beat generation'은 1960년대에 이르러 유럽의 모든 청년에게 영향을 미쳤으며 펑크, 힙합 등의 비보이 문화의 원류로서 역할을 했다. 비트 제너레이션은 자신들의 남성다움 또는 여성다움을 중요하게 생각하지 않았고 자신들만의 정체성을 찾고 싶어했다(모스, 2004 : 319). 특히 대중음악은 육체적인 표현에서 느낄 수 있는 즐거움을 권장했고 이는 오랫동안 근엄함에 짓눌려 금기시되었던 인간 육체에 대한 재발견을 촉진했다. 대중음악은 그 장르가 무엇이든 간에 야성적이고 정열적이며, 부조화스러운 육체의 움직임을 장려했고, 청년들에게 '자신만의 것'을 하도록 부추겼다.

한편으로는 스킨헤드 같은 새로운 하위문화도 등장했으며, 이들은 청년문화의 저항적인 생활 방식을 공유하고 대중음악을 자기 정체성의 중심으로 삼기는 했으나 동시에 '공식화된 강고한 남성성'을 제시했다(모스, 2004 : 324). 모스에 따르면, 이들은 1960년대 후반 처음 출현할 당시에는 자신들만의 고유한 정치적 의제를 갖고 있지는 않았지만 거칠고 호전적이었으며 청년문화를 공유한 대다수의 젊은 층과는 달리 평화보다 대결을 선호했고 상상의 적을 폭력적으로 공격했다. 즉 이들은 전사로서 남성을 표방함으로써 남성성을 더욱 공고히 드러냈다.

페미니즘의 일상생활에의 반영과 동성애자들의 등장 등 20세기 말에 이루어진 문화적 변화는 남성성에 전례없는 위협을 제기하고 남성 스테레오타입의 부식을 예고하는 것처럼 보였지만 오랫동안 사회를 지배했던 남성 스테레오타입은 그리 쉽게 사라지지는 않고 있다. 다만 최근 들어 몸에 대한 관심과 건강 유지 등을 이유로 젊은 남성들을 몰입하게 만드는 보디빌딩 같은 경우도 강건한 육체를 남성 스테레오타입으로 제시했던 근대의 남성성과는 다른 차원에서 자기 정체성을 찾는 또 다른 방식으로 해석된다.

나약과 켈리Mary Jane Kehily에 의하면 청년문화를 주도하는 젊은 남성과 여성들 사이에서 젠더 관계는 '새로운 시대'에 들어선 것으로 정의되고 있다. 우선, 남성성은 경제적으로 그리고 문화적으로 추방된 것으로 보인다. 즉 '위기'에 처해 있다. 두 번째, 여성 주체들은 유동적인 수혜자들이고, 직장 일, 성적 관계 그리고 분별 있는 소비주의의 중심에 위치한,

'새로운 여성 질서'를 발전시킬 능력을 부여받은 신자유주의적 어젠다의 성취된 지도자들이다(Nayak & Kehily, 2008 : 37). 특히 서구에서 영화 등을 통해 젊은 남성들은 무엇보다도 폭력적 범죄, 단절된 학력, 가정 학대, 주거 침입, 인종적 폭력, 성적 학대, 알코올과 마약, 폭주, 반사회적 행동장애, 자살률, 해고, 감옥행 등의 주인공으로 집중적으로 재현되고 있다. 이렇게 재현된 남성성들은 다름아닌 '위기'에 처한 젊은 남성들의 자기 증명으로 여겨진다. 남성성 위기의 중심에는 정체성 위기가 존재하는 것이다. 이는 젠더 역할이 급속도로 재편되는 후기산업사회에서 자신의 성별 특징과 정체성이 무엇인지를 더 이상 알 수가 없다는 것을 의미한다.

'위기'에 처한 남성성에 대한 연구는 사회적이고 문화적인 영역에서 뿐 아니라 총체적인 심리 · 사회적 과정을 통해 이해될 수 있다. 워커딘Valerie Walkerdine은 대중문화, 특히 영화를 통해 남성성의 위기가 계급적 갈등과 어떻게 연관되어 있는지 연구함으로써 위기의 남성성이 여러 가지 형태와 의미의 전사fighter 이미지를 통해 어떻게 극단적인 형태로 표출되는가를 보여 준다(Walkerdine, 1990 ; Nayak & Kehily, 2008 : 42). 영화 〈로키Rocky〉를 통해 본 전사의 이미지를 분석한 워커딘에 의하면 "전사 정체성은 운동적인 남성성의 찬양이기보다는 〈파이트 클럽Fight Club〉에 영상화된 그들의 불가능한 정체화를 자포자기한 결단일 뿐이다. 싸움은 힘없음의 담론에서 핵심 개념인데 이는 가라앉지 않기 위한 지속적인 투쟁의, 권리를 쟁취하는, 밀려나지 않기 위한 것이다"(Walkerdine, 1990 : 187 ; Nayak & Kehily, 2008 : 43). 그러므로 전사의 판타지는, 육체노동으로 몸을 부자유스럽게 만들고 망가뜨리는 치욕적인 억압의 힘을 장악하는 노동자 계급 남성의, 전지전능함에 대한 판타지이다(Walkerdine, 1990 : 178).

전사 이미지로서의 남성성은 특히 미국에서는 십대 갱단, 히피, 갱스터 래퍼(마약, 섹스, 폭력 따위를 예찬하는 음악)의, 영국에서는 펑크, 고스 록커, 방탕아 등의 몸을 둘러싸고 구체화된다. 이 논리에 따르면 대중문화에서 재현되는 남성성 위기의 틀은 현재 젊은 남성들의 행동을 이해하는 데 우세한 패러다임이라고 할 수 있다. 그렇지만 분명한 것은 젊은 노동자 계급의 남성들은 자신들을, 실패하거나 상실하거나 또는 위기에 처한 존재로 보는 경우가 거의 없다는 것이다. 다시 말하자면 대중매체와 많은 학문적 연구에서 그들이 어떻게 묘사되는가와, 그들이 자신의 생생한 경험을 어떻게 해석하고 절합하는가 사이에는 문화적 불협화음이 있다. 이러한 하위문화 연구들은 1970년대에 영국 버밍엄 현대사회연구소를 중심으로 이론적 토대를 구축해 오다가 21세기로 들어 '후기 하위문화적post-subcultural' 성격을 띠면서 이른바 새로운 하위문화이론가neo-subculturalist들을 배출하기 시작했다. 버밍엄 현대사회연구소가 주창한 바에 의하면 하위문화의 정체성은 지배 질서에 대한 젊은 층의 결집력 있고 집단적인 문화적 저항으로 표현되는 것으로 이해되었다(Huq, 2006 : 10). 이러한 문화적 저항은 팝, 랩 등의 음악으로 표현되기도 했고 21세기로 들어서면서는 다양한 문화적 방식으로 표현되고 있다. 바로 이러한 하위문화의 한 장르가 대중문화와 결합한 대표적인 사례가 비보이 현상이다.

3. 비보이 현상에서 재현되는 남성성에 대한 젠더문화론적 분석

비보이 현상에서 재현되는 남성성은 우선 저항정신과 전투정신을 육체로써 표현하는 방식으로 나타나고, 다음으로는 극대화된 육체적 능력을 안무에 적극적으로 수용한다는 점, 그리고 세계적인 배틀을 집중적으로 석권함으로써 공격적인 문화 경영 방식을 통해 문화산업으로 발전시키는 방식 등에서 도전적인 남성성이 총체적으로 재현된다고 할 수 있다. 이를 요약하자면, 비보이 현상에서 재현되는 남성성은 크게 두 가지 범주로 나누어 살펴볼 수 있다. 첫째, 비보이가 그 기원으로부터 담지하고 있는 정신과 가치의 범주이다. 둘째, 비보이를 구현하는 육체의 범주이다.

힙합에서 출발한 본래의 저항성과 길거리 공연의 자유로움이 보여 주는 공간 지배(장악)적 성격, 비트가 강한 시끄러운 음악이 주는 위압감, 비보이 배틀과 공연에서 보여 주는 위악적이고도 과시적인 몸 동작은 그동안 헤게모니적 남성성이 외형적으로 표방해 온 남성성의 전형을 보여준다. 춤 공연에서, 심지어 비걸B-girls들이 무대에서 구사하는 섹시하면서도 움직임이 제한적이고 수동적인 몸짓과는 대조적이다.

후기산업 시대에 들어서서도 남성에게 이상적인 몸매는 여전히 균형잡힌 몸매가 우선시되지만 이것은 건강이나 좀 더 총체적으로는 웰빙에 대한 숭배에서 기인하는 것이다. 이에 덧붙여 다양한 직업의 등장—특히 연예인, 모델 등—으로 인해 몸을 통해 표출되는 성적 지향점으로서 메트로섹슈얼metrosexual[1] 또는 위버섹슈얼übersexual[2]이 새로운 가치와 성적 정

1 패션에 민감하고 외모에 관심이 많은 남성의 성향을 일컫는 말이다. 이러한 성향의 남성들은 외모 가꾸는 것을 자연스럽게 생각해 피부와 헤어 스타일에 시간과 돈을 투자하며 쇼핑을 즐긴다. 또 음식, 문화 등에 관심을 보인다. 20~30대 초반의 도시 남성들에게 이러한 경향이 많이 나타난다. 패션 감각이 뛰어난 이들은 유행을 이끌어 가며 패션산업의 새로운 소비층으로 떠오르고 있다. 영국의 작가이자 문화비평가인 심슨Mark Simpson이 1994년에 일간지 『인디펜던트*Independent*』에 기고한 글에서 처음 사용했다. 네이버백과사전. www.100.naver.com

2 남성성이 강조된 섹시함. http://www.krdic.naver.com. '마초macho'(남성적인 사람)와 '메트로섹슈얼metrosexual'(여성적인 취향의 남성)의 장점을 모은, 이른바 위버섹슈얼 캐릭터. 독일어로 '위버(über)'는 접두사로서 영어의 'over'에 해당된다. 요약하자면 거친 듯 부드러운 남자. http://kin.naver.com.

체성으로 등장하고 있다. 이런 경우 여성적인 특성과 가치가 남성의 근육질 몸에 덧씌워진 것으로 볼 수 있다. 여성적인 특징이 남성성의 가장 주요한 적으로 간주되던 19세기 "말끔한 영국 청년"(모스, 2004 : 87)의 이상과는 대조적으로, 코넬의 표현에 의하면 남성성의 '위기'이기도 하고, 후기 근대적 접근에 의하면 개인의 욕망의 표출이라는 점이 부각된 새로운 정체성의 등장이기도 하다.

비보이 기원[3]이 표방하는 정신과 가치로서의 남성성

저항과 도전으로서의 남성성

비보이는 원래 '브레이크 댄스를 추는 남자'를 일컫는데 브레이크 댄스는 서양, 정확하게 말하자면 미국에서 출발한 춤이다. 비보이 문화의 중심에 있는 정신은 저항성이다. 이 저항성은 1970, 80년대 미국의 백인 중산층 중심의 뉴웨이브 문화에 편입되지 못한 흑인 슬럼가의 청소년들이 인종과 계급적 차별에 대해 저항하고 반항하면서, 생존을 위해 때로는 위악적이기까지 한 몸짓으로 기존 백인 중심 사회에서 존재의 표지로서 격렬하게 자신들을 드러냈으며 이를 통해 일종의 강렬한 정체성 선언을 하고 있다. 이로써 비보잉은 흑인 슬램문화 형성과 맥을 같이하면서 앰싱MCing(래퍼들의 소리), 그래피티graffiti(스프레이로 거리에 낙서하는 퍼포먼스), DJ와 함께 힙합문화의 네 요소를 이루었다(이동연, 2006). 교육이나 기타 문화 자본을 바탕으로 상위 계층으로 이동하는 백인들과는 다른 경로를 거쳐 미국 사회에 접합되어 온 흑인 청소년들의 전형적인 하위문화로서, 비

3 비보이의 기원origin에 관해서는 참고할 논문이 희소한 관계(현재 파악된 바에 의하면 해외 논문 1편, 국내 논문 1편)로 필자의 논문에서 일부 발췌, 보완했다(이수안, "문화의 세계화와 '한류' 문화산업의 글로벌 경쟁력: 비언어non-verbal 공연을 중심으로," 『한 · 독사회과학논총』 제17권 제3호. 2007, 211-241).

보이는 이렇게 격렬하게, 온몸으로 저항성을 풀었던 것이다(이수안, 2007 : 223).

비보이의 기원에 대해서는 여러 가지 의견들이 있다. 몇몇 초창기 비보이들은 쿨 디제이 헤르크Kool DJ Herc의 파티에서 비보이 문화가 시작되었다고 하고, 또 다른 사람들은 가수 브라운James Brown의 1969년 'Get on the Good Foot' 댄스가 비보이의 기원이라 주장하기도 한다. 몇몇 비보이 선구자들은 이 춤의 기원을 업로킹uprocking으로 알려진 댄스를 구성한 뉴욕 시의 예전 거리 갱street gangs에서 연원을 찾을 수 있을 것이라고 말하기도 했다(Fricke, 2002 : 41).

비보이의 정확한 기원에 대해서는 여러 가지 상반된 의견들이 있지만, 분명한 사실은 비보이 문화가 미국의 사회 문제와 얽혀 있는, 대표적인 하위문화 양상을 띤다는 점이다. 1970년대 후반 미국의 뒷골목에서는 미국의 주류 사회에 편입되지 못하는 아프로아메리칸들과 히스패닉계 사이에 패권을 둘러싼 갈등이 증폭되기 시작했다. 남미 경제의 침체로 생존을 위해 미국으로 온 불법 이민자들이 주를 이룬 이들 히스패닉계는 흑인들과 처절한 생존권 다툼을 하게 되었는데 이들이 공유하던 문화가 바로 힙합hip-hop이었다. 이들은 서로 공유하고 있는 힙합문화를 근거로 독특한 대결 의례를 창출해 냈다. 즉 이들은 총이나 칼 등의 무기를 사용하지 않고 서로의 갈등이 심할 때 상대 구역으로 가서 춤으로 자신들의 위세를 보이면서 서로 패권을 둘러싼 경쟁을 벌이는 양식을 창출했다. 이를 통해 비보이 댄스의 특유 양식인 '배틀battle'이 등장했다(이수안, 2007 : 223).

'배틀'은 비보이 문화의 핵심이다. 미국의 뒷골목에서 처음 생겨날 때부터 배틀 형식을 취한 비보이 춤은 하나의 장르로 자리 잡은 지금까지도 경연대회를 '배틀'로 명명하여 그 정신을 계승하고 있다. 예를 들어 우리나라의 익스프레션Expression 팀이 2002년 우승했던 대회 이름도 '배틀 오브 더 이어Battle of the Year'였다. 이로 미루어 비보이들은 '배틀'이 비보이 댄스를 규정하는 핵심 요인이라는 점에 동의하는 것으로 보인다. 1981년 미국의 비보이 도즈Doze는 비보이를 "비보잉으로 알려진 브레이크 댄스는 상대편을 악한으로 보도록 만드는 경쟁적이고 전쟁 같은 댄스"(Nixon & Galbraith, 2006 : 102)라고 정의내리고 있다. 이 정의에서 비보이의 위악성과 배틀의 성격이 그대로 드러난다. 1950년대 말과 60년대에 걸쳐 뉴욕 시에서 생겨난 거리의 갱들은 70년대에 브롱크스와 브루클린 구역으로 확대되어 갔다. 거리 갱들의 문화 중 영역주의와 겨루기battling 등 몇몇 측면들이 비보이 문화의 부흥을 북돋웠다.

비보이 현상의 기원에서 바탕을 이루는 저항과 도전은 역사적으로 오랫동안 남성성의 상징으로 여겨온 전사 이미지에 바로 맞닿아 있다. 길거리에서 영역 다툼을 위해 상대방을 선동하고 자기 편 집단의 우세함을 과시하는 동작은 바로 이러한 저항과 도전을 외형적으로 드러내는, 전사 이미지의 재현이다. 즉 구역의 헤게모니를 장악하기 위한 전투 방식을 음악과 춤으로 변형시켜 드러냄으로써 그들이 처한 사회 상황을 향해 도전장을 내미는 것이다. 또한 길거리의 배틀을 구경하는 행인들이 관객이 되면서 이들은 자연스럽게 자신들의 저항성을 시위적으로 보여 주게 되며 여기서 주연과 관객으로서의 헤게모니적 남성성이 형성된다. 여기서 역설적인 점은 이들이 결코 헤게모니적 남성성의 대표적 주자일 수 없는 사회적 약자이면서 비록 일시적이나마, 그리고 대도시의 허름한 뒷골목이라는 제한적인 공간에서나마 이를 온몸으로 역행逆行하면서 헤게모니를 잡고자 퍼포먼스를 행한다는 점이다.

미국에서 시작한 비보이가 계급적이고 인종적인 문제로부터 기원한 저항과 반항에 기저를 두고 있는데 반해 비교적 인종적인 문제가 미국에서

처럼 다양한 사회 문제와 얽혀 있지 않은 한국에서 비보이 현상이 이토록 선풍적인 반향을 일으킨 요인은 무엇일까? 한국에서 비보이 현상이 급속하게 청년문화로 자리 잡게 된 배경에는 교육환경적 요인이 크다. 자살, 가출, 학업 중단 등 청소년층에게서 발생하는 심각한 사회 문제의 많은 부분은 한국의 대학 입시를 향한 교육열에서 비롯되며, 이는 또한 사회계층적 문제와 연결되는 경우가 많다는 점은 이미 공인된 사실이다. 그러므로 비록 미국에서 비보이 현상이 처음 출현할 때 비보이들이 처했던 사회적 환경과는 그 심도에서 차이가 있을 수는 있으나 당사자들인 청소년층에게, 이는 벗어나고 싶고, 그래서 반항할 수밖에 없는 상황인 것이 현실이다. 이렇게 숨막히는 교육환경에서 탈출하기 위해, 또는 잠시나마 이를 회피하기 위해 청소년들은 여러 가지 저항을 하게 마련인데 초창기에 비보이 춤을 추었던 청소년들은 바로 이러한 저항을 자신들 행위의 철학으로 삼고 있다.

기원에서뿐 아니라 남성다움의 추구는 비보이 공연 작품에서도 찾아볼 수 있다. 영웅주의적 남성성은 라스트 포원팀의 〈스핀 오디세이〉에서 공연 내용을 통해 표출되고 있다. 2007년 8월 12일에 영국 에든버러에서 열린 프린지 페스티벌을 취재한 뉴욕타임스가 집중 보도한 〈스핀 오디세이〉는, "신세대 영웅인 주인공이 힙합 세계를 모험하며 브레이크 댄스를 통해 '영웅주의'의 진정한 의미를 깨우쳐 간다"[4]는 줄거리로 구성되어 있다.

계층적 상승이 불가능한 현실과 열악한 사회적 지위 등 자신의 힘으로 극복하기 힘든 사회적 상황에 대해 미국의 흑인이나 히스패닉 청소년들의 저항하는 정신이 힙합과 브레이크 댄스로 발전했다면 한국에서도 이와 유사한 상황 인식이 청소년들로 하여금 길거리에서 동류 의식을 가진

4 http://article.joins.com/article (검색일: 2008. 3. 2)

집단으로 모이면서 브레이크 댄스를 시작했다. 그런데 시간이 지나면서 비보이들의 동기도 서서히 변화하고, 특히 세계 유수의 비보이 경연대회에서 우수한 성과를 보이는 팀들이 나오게 되고 급격히 경제적 부가가치를 추구하는 목적 추구형이 많아짐으로써 애초의 출발점에서 기폭제가 되었던 저항성은 서서히 약화되어 가고 그 정신만이 이제 공연의 내용과 형식으로 전화되고 있다.

새로운 정체성 추구로서의 남성성

비보이 춤이 길거리를 떠나 공연장으로 들어오면서 이들은 음악과 격렬한 몸짓을 기조로 한 춤의 조합을 통해 저항과 도전을 문화적 생산물로 만들어 냄으로써 세상에 대한 발언 방식을 바꾸고 이를 자신들의 독특한 정체성 추구의 방식으로 변화시켰다. 이들의 배틀이 지니는 의미 자체가 바로 자신들의 정체성에 대해 끊임없이 고뇌하고, 그런 가운데 자신을 정체화하는 방식이라고 한다면 비보이의 상업화는 비보이들로 하여금 문화상품 생산자로서의 정체성을 갖게 하는 계기가 되고 있다. 이로써 인종적 갈등과 헤게모니 다툼, 그리고 계급적 불만에 토대를 두었던 비보이 춤의 본질은 배틀 형식으로 남아 있지만 내용적으로는 문화 콘텐츠의 하나로 대중문화에 편입되기 시작하면서 후기 근대의 시대적 상황에서 남성성 '위기'를 표출하는 전사 이미지로부터 점차 대중문화 생산자로서의 정체성을 표방하게 되었다.

하위문화는 본래 특정한 지역적 맥락에서 특정한 계층/계급의 성원들만이 공유하는 한정적인 성격을 지닌다. 하지만 미디어 환경의 변화에 따라 한 지역의 하위문화는 전 지구적으로 퍼져 나갈 수 있는 가능성을 늘 담지하고 있다. 흑인의 하위문화로 출발했던 비보이 역시 미디어를 통해 전 지구적 대중문화로 확산되었고, 비보이는 전 세계적인 청년문화의 새로운 아이콘으로 등장하기에 이르렀다. 1990년대로 들어서면서 비보이는 흑인뿐 아니라 백인들도 함께하는 새로운 청년문화의 하나로 발전했고 미국뿐 아니라 유럽, 그리고 한국, 일본 등 아시아로 확산되어 갔다.

한국에서 비보이 문화는 1990년대 초에 시작되었다. 한국의 경우 비보이 문화는 대중음악계로부터 시작되었는데 서태지와 아이들, 듀스, 노이즈 등 힙합 댄스 그룹들이 브레이크 댄스를 접목하면서 당시 언더그라운드 나이트클럽에서 유흥거리로 인식했던 춤을 주류 음악의 중심으로 끌어왔다. 이 댄스 그룹들이 인기를 끌자 이들이 선보인 댄스는 청소년들을 사로잡았고, 일단의 청소년들은 백 댄서를 미래의 희망으로 삼기 시작했다. 힙합 음악은 일찍부터 한국 대중음악에서 주류 음악으로 성장했지만, 힙합 댄스는 백 댄서의 위치에서 벗어나지 못하고 있었다. 1997년 한국 최초의 비보이 그룹인 '익스프레션'이 등장하면서 비보이의 한국 상륙은 본격화되었다. 익스프레션은 결성된 지 5년 만인 2002년 비보이 배틀계의 월드컵이라 불리는 독일의 '배틀 오브 더 이어Battle of the Year'에서 우승했고, 그 후 불과 몇 년 사이에 한국의 비보이 팀이 세계 비보이 배틀에서 서양 팀들을 제치고 연이어 우승하면서 한국은 일약 비보이 춤의 메카 같은 지위를 얻게 되었으며 그 사이 이를 공연으로 만들어 해외 수출까지 하게 되었다.

강도 높은 훈련과 전문 기술의 뒷받침은 그 동안 비보이 팀들이 많아지면서 나타난 현상이다. 초창기에 길거리에서 각자 흥에 겨워 추던 춤과 달리 팀을 이루어 배틀에 나가기 위한 연습을 하는 단계에서 훈련의 질과 목표가 확실해지면서 비로소 대학 진학이라든가 공연 출연/기획자로서의 인생 목표와도 연결될 수 있는 길로서의 춤이 되었던 것이다. 물론 모든 비보이들이 그런 것은 아니지만 이러한 과정을 통해 이들은 나약과 켈리가 진단한 바, '실패한failing 존재'로서 자각하는 청소년들의 정체성처럼 주변으로 밀려난 낙오자로서의 정체성을 벗어나 새롭게 인생의 미래를 구상하고, 자신을 경영하는 존재로서의 정체성을 획득해 나가고 있다. 이는 양면적인 효과를 지닌다. 한편으로는 문화와 경제의 결합이 낳은 청소년층의 긍정적인 미래 전망이기도 하고, 다른 한편으로는 청소년층이 진정한 자기 내면의 얼굴을 들여다보고, 그 시절에만 가능한 반항과 저항의 퍼포먼스를 전제로 한 하위문화가 그 자체로서의 힘을 유지하지 못하고 문화산업의 거대한 조직 속으로 포섭되어 모든 것을 상품화하는 방식이 적용되는, 어두운 해결이기도 하다.

육체를 통해 재현되는 남성성

육체를 통해 재현되는 남성성은 결국 시대적 지표와 가치가 구체적인 외형appearance을 매개로 하여 표현되기 때문에 큰 테두리에서는 정신과 가치로서의 남성성과 뚜렷하게 구별되지 않고 중첩되기도 한다. 그러나 여기서는 비보잉B-boying이라는 구체적 몸짓을 상세히 분석함으로써, 더 정확히 말하자면 몸 이미지와 몸짓의 의미화, 그리고 끊임없이 한계를 시험하는 과정에서 남성적 특징으로 분류되어 온 몸 이미지의 구현을 통해 추구해 온 남성성을 분석해 보기로 한다.

육체적 한계를 시험하는 배틀과 전투의 재현

남성적 육체란 기본적으로 근육질 몸매를 상정해 왔다. 현대의 초기까지만 해도 남성의 이상적 몸매가 그리스 조각의 군살 없는 완벽한 몸매(모스, 2004 : 56)였다면, 비보이의 몸매는 최근의 문화 변동과 관련되어 남성의 몸과 남성의 매력에 대한 새로운 기준으로 등장한 위버섹슈얼의 몸매를 추구한다고 할 수 있다. 한국에서 특히 1997년 경제 위기 이후에 새롭게 등장한, 몸을 중심으로 한 가치관에 의하면 산업사회가 추구한 근육질의 몸, 노동 수행의 터전으로서의 몸은 급속히 사라지고 부드러운 남성, 유연한 남성으로서의 이미지와 남성다운 근육질이면서도 동시에 섹시하고도 부드러운 몸 이미지가 문화산업에서 경쟁력 있는 이미지로 부상한 것이다. 따라서 몸짓이 거칠면서도 비트가 강한 음악과 유연한 몸이 조화되는 비보이에서 청년문화의 담지자들인 청소년들은 새로운 남성성의 표상을 구축하고 또한 추구해 왔다.

비보이 춤은 기본적으로 힘, 특히 팔의 근력을 필요로 한다. 또한 날렵함과, 최대로 몸을 이용한 기술 습득은 비보이의 중요한 조건이다. 한국에서 비보이 공연의 성공은 춤의 노하우가 축적됨으로써 가능했다. 한국의 비보이들이 일정 수준 이상의 춤을 선보일 수 있는 이유는 체형적 요인, 교육환경적 요인, 그리고 혹독한 훈련과 이를 뒷받침하는 전문 기술의 뒷받침 등이 바탕이 되었다. 체형적인 요인에 대한 비보이 팀 구성원들의 증언에 의하면(서일호 · 최혜원 · 나해진, 2007) 무게 중심이 중요한 비보이 춤을 추기에 한국인의 체형이 적합하다는 점이 중요한 장점으로 보인다(이수안, 2007 : 228). '지구를 한 손으로 떠받친다'는 관념을 표현하는 동작으로 팔목과 다리 관절 등을 극단적으로 꺾고 한 손으로 바닥을 짚은 채 거꾸로 몸을 드는 동작이 있다. 사람 신체 구조의 한계에 도전하면서 체중을 싣는 이 동작은 서양인에 비하면 작고 가벼운 한국인의 체형이 훨씬 하기 좋은 동작으로 꼽힌다. 즉 작은 체형이 장점으로 부각될 수 있는 동작이라는 것이다. 비보이 춤은 무게 중심의 역할이 매우 큰 스포츠인데 무게 중심이 낮은 축을 중심으로 회전하고 재조합하기 때문에 한국인으로서는 매우 이롭다. 비보이들이 머리나 팔 힘으로 몸 전체를 지탱해야 하는 '파워 무브power move'에 강한 것도 남자의 무게 중심이 상체에 있기 때문이다. 대체로 중학교 때부터 춤을 추기 시작하여 20대 중반 정도까지 춤을 추게 되는데 단순한 여흥이 아니라 최근 들어 사회적 인정을 받게 되면서 장래의 진로와도 연관되기 시작하여 하루 평균 8시간 이상 연습을 하면서 끊임없이 고난이도의 동작을 개발한다.

위악적 몸짓과 과장으로 공간을 장악하는 남성성

갱 댄스는 폭력의 대안은 아니었으나 상대편을 싸움으로 이끄는 전주prelude로서 기능했고 그렇기 때문에 시작하는 동작은 상대방을 매우 약오르게 만들고 화를 돋우어 싸움으로 발전하게 만드는 선동적인 몸짓이다. 이때 사용하는 랩의 텍스트 또한 선동적인 야유와 욕설이 많은 부분을 차지했다.

비보이 공연과 배틀에서 실제로는 싸움이 목적이라기보다는 싸움을 표방한 춤이라는 점에서 표면적으로는 전투적 남성성을 보이면서, 내면적으로 지향하는 것은 헤게모니적 남성성이라고 할 수 있다. 그런데 홀름스가 지적한 바와 같이 헤게모니적 남성성이 포괄하고 있는 권위와 합리성이 모두 적용되지 않기 때문에 결과적으로 이들이 표방하는 남성성은 청년문화에서 공통적으로 보여 주는 '위기'의 남성성이라고 할 수 있다. 이러한 위기가 위악적 몸짓과 과장된 위협 등을 통해 은폐되면서 또한 암시적으로 드러난다. 그런데 여기서 흥미로운 점은 비보이 현상에 동참하는 젊은 여성들, 이른바 비걸들B-girls도 비록 여성이지만 공연에서 보여 주는 몸짓으로는 비보이들이 보여 주는 남성성을 표방한다는 점이다. 공연에서 비걸들의 '비보이 현상'은 매우 양가적인데, 왜냐하면 한편으로는 남성성을 표방하는 과장된 몸짓의 춤을 추지만 여전히 섹시한 몸매를 드러내는 옷차림 등으로 여성스러움도 함께 보여 주기 때문이다.

한편 그것이 길거리에서 두 개 집단 이상이 상대방을 위협하면서 펼치는 배틀이든, 세계적인 비보이 경연대회가 열리는 공연장의 배틀이든, 심지어 작품으로 구성되어 극장에서 공연되는 무대이든지 간에 비보이 춤을 추면서 비보이들이 구사하는 몸짓에서 여성다움과 대비되는 몸짓 중 특징적인 것은 공간을 장악하는 커다란 몸짓이다. 물론 현대 무용이나 발레 등의 춤 종류에서 몸짓을 되도록이면 크게 하여 공간을 최대한 사용하는 것은 무용에 기본적인 것이겠으나, 이러한 춤이 우아하면서도 몸의 아름다움을 극대화하는 방식으로 수행되는 것인데 반해 비보이들의 동작은 힘으로, 그리고 비트가 강한 음악과 랩을 동시에 구사하면서 공간을 장악하는 방식으로 표현되는 것이 기존의 무용과는 다른 것으로 해석된다. 대표적인 예로서 비보이 공연 작품으로 장기 공연을 하고 있는 〈비보이를 사랑한 발레리나〉의 경우 전통적인 발레와 비보이 춤으로 대조되면서 성별에 따라 춤사위가 다르게 구사됨으로써 여성성과 남성성의 대비를 극명하게 보여 준다. 〈굿모닝 비보이〉 공연에서는 남성 댄서들과 여성 댄서들이 골고루 등장하는데 남성 댄서들의 춤이 역동적인 측면을 집중적으로 강조한 반면 여성 댄서들은 비록 비보이 춤을 추고 있지만 한결같이 섹시하고 여성적인 동작을 보여 준다. 물론 가수로 등장한 한 여성의 경우에는 뚱뚱한 몸매 때문인지 코믹한 춤동작을 보여 줌으로써 섹시함을 보여 주는 다른 비걸들과는 대조되어 비교적 역동성을 보여 주기도 했지만 이는 극히 예외적인 경우이다.

춤이나 운동이 댄스홀이나 무대, 헬스클럽에서 규격화되는 것은 문화가 산업이 되는 전형적인 형태가 된다. 즉 춤이 더 이상 자신의 욕망을 자연스럽게 표출하는 행위가 되지 못하고 규격화한다는 것이다. 브레이크 댄스가 각종 규격에 맞추어져서 다양한 동작을 골고루 보여 줌으로써 현란한 상품이 될 때, 그리고 운동이 다이어트의 수단이 되어 각종 과학적 수치와 조합되면서 분절화될 때 몸을 통한 욕망 표현은 그만큼 그 본령으로부터 멀어지기 마련이다.

4. 나오는 말

이 연구를 통해 비보이 현상과 남성성 분석에 관련한 다음과 같은 상황적 지형 파악이 가능했다. 첫째, 비보이 현상은 산업화의 부산물로 등장하여 후기 근대의 포스트모더니즘 정신이 응축되어 나타난 구체적인 하위문화 현상이다. 둘째, 서구, 그 중에서도 특히 미국에서 시작한 비보이 현상이 전 지구적 문화 변동의 엄청난 속도를 따라 한국에서 짧은 시간 내에 가장 눈에 띄는 문화상품이 되었다. 셋째, 비보이 문화 현상에서 출현 가능한 특징들 가운데 비보이의 기원이 갖는 저항성, 분노, 공간적·육체적 자유로움의 추구, 길거리 문화, 힙합hip-hop, 배틀battle 등이 기존에 전통적인 규범으로 규정되었던 여성성의 대응점으로서의 남성성을 표방하고 있다. 넷째, 이로써 비보이 현상을 통해 최근 10여 년 간 한국의 문화 변동 과정에서 젠더 정체성 형성에 새로운 기류가 형성되고 있다.

경제 위기 이후 10년 동안 문화 변동의 내용은 한국적 상황에 의해서만 규정된 것이 아니며, 이는 IMF 사태를 통해 세계 경제 체계의 지배 하에 확실하게 들어가면서 신자유주의적 영향에 놓이고 전 지구적 문화 변동의 기류에 더욱 적나라하게 노출되었음을 의미한다. 특히 한국의 경우처럼 가장으로서 남성 역할이 강조되는 사회에서 경제와 연관된 문화 변동은 남성 스테레오타입의 내용에 변화를 가져오는 데 상당한 영향을 미칠 수 있다. 전 세계적으로 볼 때 산업화 과정에서, 두 차례의 세계대전을 겪으면서 남성성의 뚜렷한 변화가 있어 왔던 것을 감안하면 압축적으로 신자유주의적 자본의 시장 장악과 전 지구적 문화 변동이 있어 온 한국의 경우 서구에 못지않게 눈에 띄는 변화가 있었으리라는 가정은 충분히 가능하다.

대표적 청년문화로서 비보이의 위상은 포스트페미니즘 시대의 남성성을 규정할 때 젊은 세대의 새로운 정체성으로서의 남성성으로 주목할 만하다. 이들을 지난 10년 간의 문화 변동에서 뚜렷하게 남성성의 특징을 가지고 등장한 새로운 주체의 한 유형이라고 규정하는 데에는 좀 더 정밀한 분석이 필요할 것으로 보인다. 또한 현재의 젠더 정체성 자체가 끊임없이 변화하는 흐름 속에 있다는 점에서 그 동안 연구되어 온 남성성의 분류 중 어느 하나에 정확히 부합되는 남성성이 재현되고 있다고 하기에 충분치 않은 부분도 있다. 그럼에도 불구하고 비보이 현상에서 나타나는 기질적인 특징 가운데에는 끈질기게 존속되고 있는 강함, 힘, 공격성 등으로 표상되어 온 남성성과 더불어 부드러움과 유연함이 표피에 입혀진 위버섹슈얼의 이미지가 함께 나타난다.

남성성이 시대적 가치에 포섭되고 절합articulate된다는 코넬의 관점에서 보지 않더라도 비보이 현상은 어느 정도는 남성성의 '위기'로 해석할 수 있는 지점을 제공한다. 비보이 현상이 길거리 공연에서 공연장으로 옮겨가 문화산업으로 일정한 틀 속에 들어가면서 어떤 의미에서는 대중문화를 통해, 특히 한국에서 비보이의 문화상품화 과정을 통해 비보이의 기원에서 보여 주었던 저항성으로서의 '확고한 남성성'은 상품화의 그물망에 포획된 것처럼 보인다. 그렇다면 길거리, 뒷골목 등에서 '세상을 뒤집어 보는' 자세와 시각에 어울리는 공간적 자유로움이 브레이크 댄스의 기본적인 비틀기 철학의 조건이고 그를 통해 궁극적으로 도달하고자 한 지점이 몸의 한계 너머에 있는 자유로움이라면, 지금 무대로 한정되는 공간적 제약과 문화상품화 과정에서 요구되는 무수한 타협과 절충을 거치면서 과연 브레이크 댄스의 정수는 무엇으로 규정될 것인가? 이에 대한 대답을 찾는 과정이 바로 문화와 경제의 접합점에서 인간 존재의 근거를 찾아가는 출발점이 될 것이다.

이 연구를 기점으로 하여 최근에 각광받는 문화산업의 여러 장르에서 젠더 정체성의 재현에 대한 분석이 더욱 세밀하게 이루어진다면 하위문화를 젠더 관점에서 새롭게 통찰할 수 있는 기반이 마련될 것이다. 이러한 연구는 하위문화를 통해 상징적으로 재현되는 문화적 기류를 감지할 수 있다는 점에서 의의를 찾을 수 있을 것이며, 그 문화적 기류의 지표는 이 논문에서 젠더 정체성으로 표상될 수 있을 것이다.

참고 문헌

김효근, 『대한민국 B-boy』, 서울: 길벗, 2006.

모스, 조지 L., 『남자의 이미지』, 이광조 옮김, 서울: 문예출판사, 2004.

서일호 · 최혜원 · 나해진, 「우리가 날라리 춤꾼이라고요? 천만에요!」, 『주간조선』 1959호, 2007년 6월 18일, 조선일보사.

이동연, 『아시아 문화연구를 상상하기』, 서울: 그린비, 2006.

이수안, 「문화의 세계화와 '한류' 문화산업의 글로벌 경쟁력: 비언어(non-verbal) 공연을 중심으로」, 『한 · 독사회과학논총』 제17권 제3호, 211-241, 2007.

허라금, 「남성성에 관하여」, 『여/성이론』 통권 2호, 서울: 도서출판 여이연. 94-113, 2000.

"'비보이 방담' 온몸으로 무언가를 표현하다 보면 나 자신조차 잊어버려요."

"한국 비보이 'Best Boy'" http://article.joins.com, 중앙일보 2007년 8월 14일자. (검색일: 2008. 2. 27)

Beasley, C., *Gender and Sexuality: Critical Theories, Critical Thinkers*, London: Sage, 2005.

Beynon, J., *Masculinities and Culture*, Buckingham: Open University Press, 2002.

Bly, Robert, *Iron John: A Book About Men*, Dorset: Element Books, 1991.

Braidotti, Rosi, *Nomadic Subject: Embodiment and sexual difference in contemporary feminist theory*, New York: Columbia University Press, 1994.

Butler, Judith, *Undoing Gender*, London: Routledge, 2004.

Colebrook, Claire, *Gender*, Hampshire: Palgrave Macmillan, 2004.

Connell, R. W., *Masculinities*, Cambridge: Polity Press, 1995.

——, *The Men and the Boys*, Cambridge: Polity Press, 2000.

Desmond, Jane C. (ed.), *Meaning in Motion*, Durham & London: Duke University Press, 1997.

Dimitriadis, Greg, *Performing Identity/ Performing Culture— Hip Hop as Text, Pedagogy, and Lived Practice*, New York: Peter Lang, 2004.

Fricke, Jim, *Yes, Yes Y'all: Oral History of Hip-Hop's First Decade*, Cambridge: MA, Da Capo Press, 2002.

Glover, David & Cora Kaplan, *Genders*. London: Routledge, 2000.

Holmes, Mary, *What is Gender? Sociological Approaches*, London: Sage, 2007.

Huq, Rupa, *Beyond Subculture–Pop, Youth and Identity in a Postcolonial World*, London: Routledge, 2006.

Lewis, Jeff, *Cultural Studies*, London: Sage, 2002.

MacInnes, J., *The End of Masculinity*, Buckingham: Open University Press, 1998.

Nayak, Anoop, *Race, Place and Globalization, Youth Cultures in a*

Changing World, Oxford: Berg, 2003.

Nayak, Anoop & Mary Jane Kehily, *Gender, Youth and Culture–Young Masculinities and Femininities*, Hampshire: Palgrave Macmillan, 2008.

Nixon, W. S. T., M. Galbraith, & J. Bindon, "Rocking the Beat: B-boys' and B-girls' Reflections on Identity and the Cultural History of the Hip Hop Dance B-boying," *The University of Alabama McNair Journal*, Vol. 6 (2006 Spring), 99-124. Tuscaloosa: University of Alabama Press.

Pilcher, Jane & Imelda Whelehan, *50 Key Concepts in Gender Studies*, London: Sage, 2004.

Speer, S., "Reconsidering the Concept of Hegemonic Masculinity, Discursive Psychology, Conversation Analysis and Participants' Orientations," *Feminism and Psychology*, Vol. 11, No. 1, 107-135, 2001.

Stoltenberg, John, *Refusing to be a Man–Essays on Sex and Justice*. London: UCL Press, 2000a.

——, *The End of Manhood, Parables on Sex and Selfhood*, London: UCL Press, 2000b.

Storey, John, *An Introduction to Cultural Theory and Popular Culture*, Essex: Prentice Hall, 1997.

Thomas, Helen, *The Body, Dance and Cultural Theory*. Hampshire: Palgrave Macmillan, 2003.

Walkerdine, Valerie, *Schoolgirl Fictions*, London: Verso, 1990.

http://weekly.chosun.com/site/data/html_dir/2007/06/15/2007061500680.html (검색일: 2008. 3. 12). "'비보이 스타' 리버스 크루 · 갬블러 · 라스크 포원 세계 최강 스타군단"

http://weekly.chosun.com/site/data/html_dir/2007/06/15/2007061500695.html (검색일: 2008. 3. 12)

http://www.100.naver.com (검색일: 2008. 3. 2)

http://www.krdic.naver.com (검색일: 2008. 3. 2)

http://www.dmcdance.co.kr (검색일: 2008. 2. 19)

http://sjbboys.com (검색일: 2008. 2. 22)

http://www.i-pmc.co.kr/perfinfo/present_view.asp?id=34&page=1 (검색일: 2008. 2. 21)

https://www.hijump.co.kr/index.asp (검색일: 2008. 2. 21)

http://www.bboymaster.com (검색일: 2008. 2. 23)

제3부

젠더 이데올로기와 위반의 상상력

『여계』의 '여성의 도리' 담론과 유교 젠더 이데올로기 _ 김영숙

조선 후기 자매自賣 문서에 나타난 하층민 가족 질서 _ 박 경

젠더 위반에 대한 조선 사회의 새로운 상상: 『방한림전』을 중심으로 _ 김경미

『여계』의 '여성의 도리' 담론과 유교 젠더 이데올로기*

김영숙

1. 들어가는 말

『여계女誡』는 여성이 쓴 중국 최초의 여성 교육서이다. 이 책은 중국 한나라 시대 반소班昭(49~120년?)[1]가 유가 정통 사상의 입장에서 여성 윤리를 체계화한 것으로, 고대 동아시아 젠더 담론의 형성과 발전에 중요한 역할을 했으며, 오늘날의 젠더 담론에도 여전히 중요한 영향력을 행사하고 있다.

『여계』의 서언序言에서, 반소 자신이 만년에 결혼을 앞둔 딸들이 예의

* 이 글은 『중국학보』 57호(2008년)에 실린 논문을 수정 · 보완한 것이다.

1 반소는 동한東漢 장제章帝와 화제和帝 때의 여재女才로 알려져 있다. 자가 혜반惠班이고 일명 희姬라고도 한다. 14세에 조세숙曹世叔과 결혼했으나 남편이 일찍 죽었다. 박학다식하여 학술상 많은 업적을 남겼으며 『동정부東征賦』, 『대작부大雀賦』, 『유통부幽通賦』, 『열녀전주列女傳注』, 『여계女誡』 등의 작품이 있다. 더 자세한 내용은 범화范曄의 『후한서後漢書 · 열녀전列女傳』과 고회삼顧懷三이 보輔한 『후한서後漢書 · 예문지藝文志』 참조.

범절을 배우지 못해 집안에 누가 되는 행동을 할까봐 두려워 이 책을 쓰게 되었다고 밝히고 있듯이,[2] 『여계』는 원래 결혼을 앞둔 딸에게 어머니가 자신의 경험을 기초로 결혼 생활에 관해 충고한 사적인 교훈서였다. 그러나 저자의 집필 의도와 달리 『여계』는 여성 교육서 찬술의 전통을 여는 시발점이 되었고, 또한 후대 여성 교육서들의 사상적 근간과 찬술撰述 방식의 모델이 되었다. 『여논어女論語』, 『여효경女孝經』, 『내훈內訓』, 『여범女範』 등 후대의 여성 교육서들이 모두 이 책의 기본 틀을 차용하고 있는 것은 이러한 사실을 증명한다.[3] 그 밖에도 다양한 여계문女誡文에서 『여계』의 영향을 직·간접으로 언급하고 있는 것은[4] 그 영향력이 어느 정도인지를 설명한다.[5]

『여계』는 여성의 정체성, 행위 규범과 관련하여 젠더 이데올로기를 처음으로 체계화했다는 점에서도 중요하다. 여교서의 목적이 사회적 요구에 부합되는 여성을 배양하는 것이니만큼, 그 안에는 젠더 이데올로기가 내포되어 있다. 그리고 이 젠더 이데올로기는 여성의 사유와 행위의 틀에 직접적으로 영향을 미친다. 『여계』도 마찬가지로, 여기서 확립된 젠더 이데올로기는 여교서의 기본 사상으로 유전되면서 2천 년에 걸쳐 동아시아의 여성 사유와 행위를 통제해 왔고, 현재도 여성 억압의 기제로 작용한

2 이 논문이 인용한 『여계』는 중화서국中華書局에서 출판된 『후한서』(1993)에 수록된 것임. 범화, 『후한서·열녀전』, 2786쪽.

3 『여계』는 당나라 송약소宋若昭의 『여논어女論語』, 명대 인효문황후仁孝文皇后의 『내훈內訓』, 명말 왕절부王節婦의 『여범女範』과 함께 『여사서女四書』로 총칭되며, 우리나라에는 조선 영조 때 『여사서』를 언해하여 여성 수신서로 보급되면서 널리 읽혔으며, 우리나라 가사문학에 지대한 영향을 주었다(조선영, 「계녀가류 가사와 『女四書』」, 『한국문학연구』 22집, 207쪽).

4 강현경, 「반소 『여계』 여계문학에 끼친 영향」, 『어문연구』 187쪽.

5 천동웬陳東原은 『중국부녀생활사中國婦女生活史』에서 "『여계』 7편은 후에 유향劉向의 『열녀전烈女傳』과 함께 여성을 논한 책의 전범이 되었다. 2천 여 년 동안 여성의 삶을 다룬 책은 『열녀전』의 체제를 따르지 않으면 『여계』의 체제를 따랐으니, 그들의 영향력을 가히 짐작할 수 있다"고 했다(陳東原, 『中國婦女生活史』, 46쪽). 위의 인용문은 陳東原의 『中國婦女生活史』의 한역판인 『중국, 여성 그리고 역사』(송정화·최수경 옮김, 박이정, 2005) 78쪽의 내용을 원문과 대조하여 약간 수정한 것이다.

다. 원래 딸의 결혼 생활에 도움이 되고자 쓴, 어머니의 사적 담론이 어떻게 2천 여 년 동안 동아시아 여성을 통제하는 중요한 사상적 근거가 되었을까? 그것은 여러 요인이 있지만, 무엇보다 저자인 반소의 사회적 위치와 영향력이 중요한 요인으로 생각된다.

반소는 유학이 국가 통치 이념으로 확립되던 동한東漢 시기에 남성과 다름없이 권력의 중심부에서 활약했던 여성이다. 동한 초의 유명한 문장가이자 역사가인 반표班彪(3-54)의 딸이며 『한서』를 쓴 반고班固(32-92)의 여동생이었던 반소는 반고가 죽자, 그 뒤를 이어 『한서』를 완성했다.[6] 마융馬融을 비롯한 당대의 유명한 유학자들이 그녀에게서 『한서』를 배웠으며, 또한 황실의 가정교사로 황후와 귀인들의 교육을 담당하여 '조대가曹大家'라는 칭호를 받았다. 등태후鄧太后의 임정 시에는 정치 고문이 되기도 했다.

황실과 유학자들의 스승이었던 반소가 만년에 자신의 경험을 기초로 쓴 『여계』는 최고 통치자의 찬사와 지지를 받았음은 물론, 당대의 대표적인 유학자 마융이 『여계』를 높게 평가하여 자기 부인과 자녀들에게 익히게 했기 때문에 영향력이 더 확대되었다.[7]

이렇듯 『여계』는 역사적으로 영향력이 큰 책임에도 불구하고, 이 책에 대한 연구는 미진한 편이다. 『여계』는 근대까지 학술적 연구 대상으로서가 아니라, 주로 여성 교육의 경전으로 학습되었고, 여성 교육과 후대의 여교서 편찬을 위한 주석 작업이 이루어지기도 했다. 중국에 서양 문화가 들어와 신식 학교가 세워진 19세기 말까지만 해도 여성 교육의 필요성이 강조되는 과정에서 반소와 『여계』는 여성 교육의 모델로 주목받았으나,[8]

6 『한서』는 반표로부터 시작된 가업으로 반고가 「팔표八表」와 「천문지天文志」를 완성하지 못하고 세상을 떠나자 반소가 화제의 명을 받고 완성했다.

7 『후한서 · 열녀전』, 2784-2792쪽 참조.

20세기 초 서양의 여성 평등사상이 들어오면서 이에 대한 평가는 급격히 낮아져 2000년에 걸쳐 잔인하게 여성을 탄압한 공공의 적으로 비판받았다.[9] 그 후 1980년대까지 『여계』는 여성사나 여성교육사 등 통사적 서술에서 간략하게 언급된 것을 제외하고는 크게 주목받지 못했다. 1990년대에 베이징北京에서 세계 여성대회가 개최되고 여성주의 이론이 들어와 젠더 담론에 관한 인식이 확산되면서 『여계』를 주목한 학술 연구가 출현했지만, 그 성과는 20세기 초의 여성 억압적 요소에 대한 비판에서 더 확대되지 못했고, 『여계』에 대한 전면적이고 심도 있는 연구는 아직 부족한 상태이다. 『여계』가 동아시아 젠더 담론에서 차지하고 있는 비중을 생각할 때 이러한 상황은 안타까운 일이 아닐 수 없다.[10]

이 논문은 동아시아 젠더 담론에서 반소의 『여계』가 차지하는 비중에 주목하면서 젠더의 관점에서 『여계』를 전면적으로 분석한다. 이를 위해 우선 『여계』의 젠더 담론의 내용과 특징이 무엇인지 살펴보고, 그것에 내

8 1898년 상하이上海에 중국 최초의 여학당이 세워지고 '여학당 설립 규정女學堂試辦略章'이 발표되자, 『여학보女學報』의 수석 편집인 쉐자오훼薛昭徽는 「여학당 창설에 대한 구체적인 건의創設女學堂條議」라는 글에서 이 학당에 세울 성현 교사의 신위를 공자 대신 반소로 대체하여 부녀자의 모델로 삼자는 주장과 함께, 『여계』를 필수 과목으로 개설할 것을 건의했다. 여학당은 이를 받아들여 교과목에 『여계』를 포함한 『여사서』를 포함시켰다(夏曉虹, 「古典新義: 班昭與『女誡』在晚淸的岐義」, 鄭必俊, 陶洁 主編, 『中國女性的過去, 現在與未來』, 北京大學出版社, 4–5쪽).

9 20세기 초 야화亞華라는 필명의 작가는 「여사서를 읽고 한 여성을 영탄함讀史咏女士」(『中國新女界雜誌』 第1期)에서 반소를 위해 "란대령蘭臺令(반고)의 뒤를 이어 『한서』의 표表를 지었고, 소疏를 올려 멀리 서역에 있는 정원후定遠侯(반초班超)를 돌아오게 했네. 애석하게도 『여계』를 지어 처음으로 비약을 천 년에 그릇되게 전했다네『漢書』表續蘭臺令, 絕域疎還定遠侯. 可惜家庭垂『女誡』, 首將卑弱誤千秋"라는 시를 써서 반소의 공과 죄를 논하고 『여계』의 여성 억압을 비판했다(夏曉虹의 앞의 책, 9쪽에 인용된 것을 재인용함).

10 『여계』와 관련된 논문은 鍾翠紅, 「『女誡』之女性觀透視及其歷史意義」(『中華女子學院學報』, 2006.10); 胡捷, 「論東漢班昭的婦女價値觀」(『株洲師範高等專科學校學報』, 2004.2); 周峨, 「班昭『女誡』再解讀」(『重慶郵電華學院學報』,2006. 第5期); 李慶華, 「論『女誡』的成書原因」(『湘潭大學社會科學學報』, 2003. 5) 등이 있다. 우리나라에서는 『여계』에 대한 전문적인 연구는 아니지만, 이미 1960년대 김염자의 학위논문 『후한서 열녀전 연구』(이화여자대학교 석사학위 논문, 1964)에서 간략하지만 『여계』를 다루었고, 전문적으로 『여계』를 연구한 논문으로는 윤방열, 「『女誡』를 통해 본 漢代 중국 여성의 婦道」(『아세아여성연구』 14집, 1975)와 강현경, 「班昭 『女誡』의 女誡文學에 끼친 영향과 가치」(『語文硏究』 34집, 2000. 12)가 있다.

포된 젠더 이데올로기의 실체와 사회적 기능이 무엇인지 고찰할 것이다. 이 분석을 통해 고대 중국인들은 젠더 역할에 대해 어떠한 구상을 가지고 있었는지에 대해서도 함께 검토하고자 한다.

2. 『여계』의 '여성의 도리' 담론

『여계』는 결혼을 앞둔 여성을 대상으로 집필되었다. 그러므로 여기서 논의되는 젠더 담론은 혼인한 여성의 기본 도리와 행위 규범, 즉 '여성의 도리'에 국한된다.

『여계』의 구성을 보면, 「비약卑弱」, 「부부夫婦」, 「경신敬愼」, 「부행婦行」, 「전심專心」, 「곡종曲從」, 「화숙매和叔妹」 총 7편으로 되어 있다. 「비약」 편은 총론으로, 여성의 정체성과 사회적 의무에 대한 논술이고 「부부」 편은 부녀가 지켜야 하는 예의 기본 전제로서, 남편과 아내의 관계에 대한 규정이다. 「경신」, 「부행」, 「전심」 편은 부녀자의 수신과 남편에게 취해야 할 태도에 대한 내용이며, 「곡종」, 「화숙매」 편은 시부모와 시집 식구들과의 관계에서 어떻게 행동해야 하는가에 대한 것이다.

이러한 젠더 담론들은 『여계』에서 어떤 방식으로 논술되었을까? 『여계』에서 논의된 순서에 따라 여성의 지위와 사회적 책임, 남편과 아내의 지위와 역할, 부녀자의 수신과 행위 규범, 시부모, 시형제와의 관계 및 행위 규범으로 나누어 살펴보기로 하자.

여성의 사회적 지위와 역할

『여계』 제1편 「비약」은 여성의 사회 정체성에 관한 규정이다. 유가의 핵심 개념인 '예禮'는 인간관계에서 개인의 역할과 행위 준칙을 가리킨다. 맹자가 언급한 "오륜五倫"은 사회를 구성하는 가장 기본적인 인간관계로 군신君臣, 부자父子, 형제兄弟, 부부夫婦, 붕우朋友 등 다섯 종류의 관계를 말하고, 이것들은 각각 지위와 그에 따른 역할이 정해져 있다. 『예기·예운』의 "오륜십의五倫十義", 즉 "부자父慈, 자효子孝, 형량兄良, 제제弟悌, 부의夫義, 부청婦聽, 장혜長惠, 유순幼順, 군인君仁, 신충臣忠"은 오륜 관계에서 각 지위에 대한 역할을 설명한다. 이에 따르면, 아버지는 자식에게 자애롭고父慈, 자식은 부모에게 효도子孝하는 것이 사회적 지위에 따른 역할이며 행위 규범이다. 이렇게 볼 때 '예'는 오늘날의 사회학에서 말하는 개인의 사회 관계에서의 위치social position와 그에 따른 역할이며, 더 나가서는 역할에 대한 기대까지도 포괄하는 의미라고 할 수 있다. 인간은 태어나면서 사회 구성원으로서의 역할을 학습하듯이, 예는 고대 사회의 사회윤리와 개인 윤리를 규정한 것으로서 사회 구성원이면 누구나 익히고 수행해야 하는 것이었다.

「비약」은 예 가운데서 여성들이 지켜야 할 '부녀자 예婦禮'의 기본 원리를 언급했다. 여기서 부녀자 예의 기본 원리는 "비천하고 약한 존재라 다른 사람의 아래에 거하는 것卑弱下人", "근면하게 일하는 것執勤", "제사를 모시는 것繼祭祀"으로 규정되는데, 이것은 각각 여성의 사회적 지위와 정체성, 여성의 사회적 책임과 의무를 가리킨다. '예'는 본질적으로 사회 풍습에서 만들어진 도덕 준칙을 바탕으로 형성되므로 여성에 관한 예도 사회에서 오랫동안 행해져 관습화된 내용을 기초로 한다. 반소는 이 관점에서 "옛날에 딸을 낳은 지 사흘이 되면 침상 아래에 누이고 실패를 갖고 놀게 했으며 사당에 나아가 조상께 고했다"[11]는 전통 습속의 상징 의미를

11 "古者生女三日, 臥之牀下, 弄之瓦塼, 而齋告焉."

해석함으로써 부녀자 예의 기본 원리를 이끌어 냈다.

> "침상 아래에 누이는 것은 그 비약卑弱을 밝혀 다른 사람의 아래에 거하기를 예시함이요, 실패를 가지고 놀게 하는 것은 항상 수고로운 일을 하고 부지런히 도모해야 함을 예시함이요, 사당에서 조상께 고하는 것은 마땅히 제사를 이어 받들기를 예시함이다."[12]

이렇게 여성이 지켜야 할 예를 전통적인 관습을 통해 설명한 것은 이미 옛날부터 그렇게 요구되어 왔다는 것을 말하며, 이러한 방식을 통해 논리의 정당성을 확보하고자 한 것으로 보인다.

계속해서 반소는 부녀자가 지켜야 하는 예의 기본 원리는 구체적으로 어떤 행위 규범을 포함하는지에 대해 상세히 설명했다. 기본 원리 중의 하나인 '비약하인卑弱下人'을 보면, "겸양하고 공경하며 범사에 양보하고, 선한 일에 자신을 드러내지 않으며, 궂은 일을 사양하지 않고 욕됨을 참고 수치를 견디며, 늘 두려운 듯 조심스럽게"[13] 행동하는 것이라고 설명했다. 사회적 책임과 의무인 '집근執勤'과 '계제사繼祭祀'에 대해서도 그 구체적인 태도와 행동 지침을 자세하게 규정하여 구체화함으로써 여성들이 지켜야 할 예의 원리를 체계화했다.

마지막으로, 반소는 부녀자 예의 기본 원리를 상도常道, 즉 여성 모두가 지켜야 하는 사회적 역할로 규정하고, 이 역할을 잘 수행했을 때 어떤 보상을 받는지에 대해 설명했다. 예의 규범을 행하는 것은 자신에게 주어진 사회 역할을 수행하는 것이지만, 이것은 동시에 마음을 수양하고 덕행을 내화하는 역할을 하기 때문에 예를 행하는 사람의 행동거지를 단정하게

12 "臥之牀下, 明其卑弱, 主下人也 弄之瓦塼, 明其習勞, 主執勤也 齋告先君, 明當主繼祭祀."
13 "謙讓恭敬, 先人後己, 有善莫名, 有惡莫辭,忍辱含垢, 常若畏懼, 是謂卑弱下人."

만든다.[14] 그러므로 부녀자 예의 상도가 갖추어지면 일차적으로는 개인의 인격이 완성되고, 더 나아가 사회의 인정을 받게 되고 명성이 뒤따라 개인과 가문이 모두 영예롭게 된다. 그러나 상도를 갖추지 못하면 개인은 물론 가문에도 욕이 되는 것은 물론, 시집에서 쫓겨나 결국 자신이 속한 생활환경에서 생존하기조차 어렵게 된다는 것을 강조했다.

이상에서 알 수 있듯이, 「비약」의 논술 방식은 부녀자가 지켜야 하는 예의 기본 원리를 전통적인 습속을 근거로 개념에 대한 정의와 행위 규범의 규정을 단계적으로 설명했는데, 이러한 논리 전개는 『여계』 전반에서 드러나는 특징이다.

위에서 「비약」의 담론 내용과 특징을 살펴보았는데, 「비약」 담론의 중심 내용인 부녀자 예의 세 가지 기본 원리는 『여계』 이전에 문헌 기록이 있었을까? 앞에서 언급했듯이, 반소가 논술한 '부예婦禮'의 상도는 오래된 습속에서 연원하므로 이에 관한 기록은 이미 오래 전에 있었다. 『시경 · 소아』의 「사간」 편에서 그 기록을 찾을 수 있다.

> "아들을 낳아 침대에서 재우고, 좋은 옷을 입혀, 구슬을 가지고 놀게 하네. 울음소리 쩌렁쩌렁, 붉은 슬갑 눈부시니, 집안의 가장 되겠네. 딸을 낳아 땅바닥에 뉘어놓고 포대기에 싸주고 실패를 가지고 놀게 하니, 잘못이나 그른 짓 아니 하고 오직 술과 음식을 배워 부모 걱정 끼치는 일 없도다."[15]

『시경』과 『여계』에 묘사된 습속을 비교해 보면 첫째, 『시경』이 남녀 대비를 통해 남녀의 유별有別을 말했다면, 『여계』는 부녀자 예의 각도에

14 彭林, 『禮樂人生: 成就你的君子風範』, 12쪽.

15 "乃生男子, 載寢之牀, 載衣之裳, 載弄之璋. 其泣喤喤, 朱芾斯皇, 室家君王. 乃生女子, 載寢之地, 載衣之裼, 載弄之瓦. 無非無儀, 唯酒食是議, 無父母飴罹", 『詩經』, 438쪽.

서 여성에 관한 습속만 다루었다. 둘째, 『시경』은 습속에 대한 묘사만 했을 뿐 그것이 상징하는 의미에 관해서는 언급하지 않았지만, 『여계』는 습속을 근거로 그것이 내포하는 의미를 해석하여 부녀자 예의 규범을 끌어냈다. 셋째, 부녀자 예의 기본 원리의 근거가 되는 세 가지 습속 중 마지막 하나가 『시경』은 여자아이에게 옷을 입히지 않고 포대기에 싸는 것인데, 『여계』는 사당에서 조상에게 고하는 것으로 습속에 대한 내용에 차이가 있다.

우선, 두 작품이 습속 묘사에서 차이가 나는 것은 일차적으로 두 작품의 표현 양식과 작가의 창작 의도가 다르기 때문이다. 『시경』은 시가 모음집으로, 시는 시적 주체가 세계에 대한 묘사를 통해 감흥을 전달하므로 시에는 옳고 그름의 판단이 직접적으로 드러나지 않는다. 이와 달리, 여성 수신서인 『여계』는 여성의 도리와 책임이 무엇인가를 가르치고자 하는 것이 목적이기 때문에 상세한 해석이나 설명이 중요한 몫을 차지한다. 이러한 차이로 두 작품이 습속을 묘사하는 데 강조하는 바가 다를 수 있다. 또 하나, 출생 의식의 마지막 내용에 대한 두 작품의 차이인데, 그 이유가 무엇인지에 대해서는 단언하기 어렵지만, 여자아이에게 옷을 입히지 않고 포대기로 싸는 것이 여성의 활동 영역을 집안으로 제한하는 의미라고 할 때, 『시경』이 창작된 주대周代에는 가족 구성이 대규모 종족집단의 공동생활체 중심이었기 때문에 집의 안과 밖으로 구분되는 남녀 활동 영역이 더 중요한 관심사였다면, 『여계』가 쓰인 한대漢代에는 봉건 질서가 강화되면서 소가족으로 분화된 개별 가정의 조상에 대한 제사의 의무가 더 중요해졌을 가능성이 있다.[16] 그보다, 이 둘의 비교를 통해 우리가 주목할 것은 『여계』가 이전의 문헌 기록을 계승하면서도 시대와 자신의 의

16 徐揚杰, 『중국가족제도사』, 윤재석 옮김, 아카넷, 2002, 53-334쪽 참조.

도에 맞게 그것을 논리적으로 재구성하여 부녀자 예의 기본 원리로 담론화하는 동시에, 젠더 담론을 체계화했다는 점이다.

남편과 아내의 지위와 역할

「부부」 편은 '부부지도夫婦之道', 즉 부부 사이에 지켜야 하는 도리에 관한 담론이다. 음양이 천도天道라면, 부부는 인도人道의 기본 원리이다. 반소는 『역경』의 음양에 근거하여 '부부지도'의 중요성을 논증했다. 『역경』의 논리에 의하면, 대자연은 음과 양이 있고, 이 둘이 서로 관계를 맺음으로써 만물이 생성된다. 마찬가지로 인간 사회는 남녀가 있고, 이들이 부부 관계를 맺음으로써 인류가 탄생한다. 그러므로 음양에 의한 천지 창조와 부부에 의한 인류 창조는 같은 질서에 속한다. 『여계』에서 "부부의 도는 음양이 나란히 짝을 이루어 신명에 통달하는 것이니, 실로 천지의 큰 뜻이며 인륜의 큰일이다"[17]고 한 것은 바로 이것을 말하는 것이다.

부부는 인간 사회의 원리인 동시에 출발점이라는 점에서, 부부 관계는 인간관계에서 가장 중요한 관계이다. 이러한 부부 관계, 즉 남편과 아내는 어떤 관계여야 하는가? 『여계』는 음양이 상호 관계에서 각기 그 기본적인 성격과 역할이 있듯이, 부부도 정해진 성격과 역할이 있다고 주장한다.[18] 남편은 아내를 통솔御하고 아내는 남편을 섬기事는 것이 바로 그것인데,[19] 이러한 역할을 잘 수행하기 위해서는 두 사람 모두 좋은 품격과

17 "夫婦之道, 參配陰陽, 通達神明, 信天地之弘義, 人倫之大節."

18 음양은 기본적인 성격이 분명하지만 관계 속에서 상대와 끊임없이 상호 영향을 미치듯, 남녀의 관계도 상대편의 존재를 전제로 자신이 성립되는 통일적인 관계이다. 그러므로 올바른 부부의 관계를 위해서는 남녀 모두 자신의 특성과 역할을 잘 알고 그 관계 속에서 조화를 이루어야 한다(이현지, 「음양론의 여성학적 함의」, 『동양사회사상』 제4집, 268-269쪽 참조).

19 『예기』 「효특생」에 보면 "男帥女, 女從男, 夫婦之義, 由此始也(남자는 여자를 통솔하고 여자는 남성을 따른다. 부부의 의는 여기서 시작된다)"고 하여 부부를 '帥'와 '從'의 관계로 보았는데, 반소

덕을 갖추어야 한다. 반소는 "남편이 어질지 못하면 부인을 다스릴 수 없고, 아내가 어질지 못하면 남편을 잘 섬길 수 없기"[20] 때문에, 부부 수신이 중요하다고 강조한다. 남편과 아내의 지위와 역할은 각기 다르지만 수신의 요구가 동일하게 전제된다는 점에서, 반소는 "두 가지 일이지만 그 쓰임은 하나"[21]라고 했다.

그런 차원에서 『여계』는 남녀 모두에게 교육이 필요하다고 강조한다. 유가는 남성 교육을 중시하여 『대학』, 『중용』의 대표적인 수신서를 통해 남성들에게 그 역할과 책임을 가르치지만 여성 교육은 중시되지 않았다. 반소는 이에 대해 강하게 비판하며, 남자아이들이 8세가 되면 소학에 보내 기초적인 예를 가르치고 15세가 되면 대학에서 문리文理를 연구하고 마음을 수양하며 남을 다스리는 법을 배우도록 규정하고 있듯이, 여성도 이와 같은 기준으로 여성의 도리를 가르쳐야 남성과 짝을 이루어 '부부지도'를 수행할 수 있다고 역설했다. 여성 수신의 중요성에 대한 이러한 강조는 『여계』의 중요한 특징이라고 할 수 있으며, 여기에서 『여계』의 집필 의도가 집약적으로 드러난다.

부녀자의 수신과 행위 규범

「비약」과 「부부」 편이 여성은 어떤 존재이고 사회 역할은 무엇인지, 그리고 부부 관계는 왜 중요하고 남편과 아내는 어떤 관계인지에 대한 원리를 설명한 가설이었다면, 「경신」, 「부행」, 「전심」 편은 부녀자의 수신과 행위 규범을 구체적으로 논한 부분으로, 다음 세 가지 내용으로 요약

는 부부의 관계를 '御'와 '事'로 보았다. 이는 부부 관계를 군신 관계처럼 본 것으로 동한東漢 시기 사상 통일의 문화 배경에서 황권의 강화가 강조되었던 것과 상관 관계가 있어 보인다.

20 "夫不賢, 則無以御婦, 婦不賢, 則無以事夫."

21 "方斯二事, 其用一也."

된다.

첫째, 부녀자의 수신 태도이다. 이것은 주로 「경신」 편에서 논의되었다. 수신은 사회 규범을 내화하는 것인데, 내용은 자기자신과 타인을 대하는 태도를 의미한다. 반소는 여성은 자신을 유약한 존재로 인식해야 한다고 말한다. 이는 음양의 기본 속성에 의해 양에 속하는 남성은 강하고, 음의 속성을 가진 여성이 유약한 것은 불변의 자연 법칙이기 때문이다. 그러므로 여성은 강함을 피하고, 자기의 본성인 약함을 추구해야 한다고 강조한다. 그러면 타인을 대하는 태도, 즉 남편을 대하는 태도는 어떠해야 하는가? 공경과 순종이다. 남편은 강한 존재이고, 아내는 약한 존재이니 약자인 아내가 강자인 남편에게 공경과 순종의 태도를 갖는 것은 본성을 따르고 자연 법칙에 순응하는 것이다. 그러므로 공경과 순종은 곧 부녀자가 갖추어야 할 큰 예이다. 이 예를 잘 수행하여 아내의 역할을 잘하면, 가정에서 안전한 지위를 획득하여 "부부가 사이좋게 죽을 때까지 함께夫婦之好, 終身不離"하지만, 그렇지 않으면 "은혜와 의가 모두 폐하여 부부가 이혼하게 되는恩義俱廢, 夫婦離矣" 지경에 이르게 된다고 경고한다.

둘째, 부녀자의 행동거지에 관한 것이다. 여성이 행위에서 늘 마음에 새기고 주의해야 하는 네 가지가 있는데, 「부행」에서 언급한 사덕四德이라 일컫는 부덕婦德, 부언婦言, 부용婦容, 부공婦功이 그것이다. 이 네 가지 덕은 『여계』 이전에 이미 강조된 바 있다. 『주례 · 천궁』 「구빈」 편에 보면 "구빈九嬪은 부녀자가 반드시 학습해야 할 법도를 관장했으며, 궁녀들에게 부녀자가 반드시 갖추어야 할 부덕, 부언, 부용, 부공을 가르쳤다"[22]는 기록이 있다. 『예기』 「혼의」에도 "옛날에 부인은 결혼하기 3개월 전에 조상의 묘가 아직 훼손되지 않았으면 공궁公宮에서 가르쳤고, 조상의

22 "九嬪掌婦學之法, 以敎九御, 婦德, 婦言, 婦容, 婦功."

묘가 훼손되었으면 종실宗室에서 부덕, 부언, 부용, 부공을 가르쳤다"[23]고 했다. 『여계』와 이 두 기록을 서로 비교해 보면 『주례』와 『예기』는 네 가지 덕의 덕목만 언급한 것에 비해, 『여계』는 네 가지 덕의 각각의 덕목이 무엇을 의미하고, 또 어떻게 실천해야 하는지에 대해 구체적이고도 상세하게 서술했다. 그 내용을 보면,

> "여자에게는 네 가지 행함이 있다. 하나는 부덕婦德이요, 둘은 부언婦言이요, 셋은 부용婦容이요, 넷은 부공婦功이다. 무릇 부덕婦德은 재주와 총명함이 뛰어나야 할 필요는 없다. 부언婦言은 언변이 있고 이로운 말을 잘할 필요는 없다. 부용婦容은 얼굴색이 아름다울 필요는 없다. 부공婦功은 꼭 재주가 다른 사람보다 뛰어날 필요는 없다. 조용하고 정숙하며, 절개를 지키고 단정하며, 몸가짐에는 부끄러움이 있고, 움직임에는 법도가 있는 것을 부덕婦德이라고 한다. 말을 골라서 하고 악한 말은 하지 않으며, 때가 되어야 말하고 다른 사람이 싫어하는 말을 하지 않는 것을 일러 부언婦言이라 한다. 깨끗이 닦고 의복을 청결하게 하며, 목욕을 때때로 해서 몸이 더럽지 않게 하는 것이 부용婦容이다. 전념해서 방적하고 장난하며 웃는 것을 좋아하지 않으며 술과 음식을 정결하게 준비하여 손님을 대접하는 것을 부공婦功이라 한다."[24]

『여계』는 네 가지 덕의 각각의 덕목을 단순하게 나열한 것이 아니라, 숫자로 개괄하여 항목별로 행위 규범에 대한 구체적 지침을 제시하여 숙지하기 쉽게 했다. 이러한 논술 방식은 『여계』에서 처음 시작되었으며,

23 "古者婦, 婦人先嫁三月, 祖廟未毁, 教於公宮德, 祖廟既毁, 教於宗室, 教以婦德, 婦言, 婦容, 婦功."

24 "女有四行, 一曰婦德, 二曰婦言, 三曰婦容, 四曰婦功. 夫云婦德, 不必才明絕異也, 婦言, 不必辯口利辭也, 婦容, 不必顏色美麗也, 婦功, 不必工巧過人也. 淸閑貞靜,守節整齊, 行己有恥, 動靜有法, 是謂婦德. 擇辭而說, 不道惡言, 時然後言, 不厭於人, 是謂婦言. 盥浣塵穢, 服飾鮮潔, 沐浴以時, 身不垢辱, 是謂婦容. 專心紡績, 不好戲笑, 潔齊酒食, 以奉賓客, 是謂婦功."

이것은 후대의 여계서에서 반복적으로 인용됨으로써 여계서의 중요한 서술 원칙이 되었다.

셋째, 부녀자 예의 규정을 준수하는 태도이다. 「전심」 편은 남편의 마음을 얻는 방법은 예의 규정을 엄격하게 준수하는 것임을 강조했다. 반소는 남편은 다시 장가갈 수 있지만, 부인은 재가할 수 없다는 『예기』의 기록을 여성이 남편에게 일부종사해야 하는 근거로 삼았다.[25] 그러므로 아내에게 남편은 하늘이고 하늘을 피할 수 없듯이 남편을 바꿀 수 없는 것이 아내의 운명이라고 말한다. 이러한 전제 하에서 여성은 결혼하여 남편에게 쫓겨나지 않고 잘사는 것이 성공적인 삶이며, 그러기 위해서는 남편의 마음을 얻는 것밖에 없다고 강조한다. 그러면 남편의 마음을 어떻게 얻는가? 남편의 마음을 얻는 방법은 여성적인 유혹이나 아첨이 아니라, 보고 듣고 말하고 출입하며 사람들과 어울려 담소하는 일상생활에서 예의 규정을 세심하고 엄격하게 준수하는 '전심정색專心正色'의 태도라고 했다. 여기서 남편의 마음을 얻는 데 남편이 원하는 것으로 환심을 사는 것이 아니라, 사회가 규정한 '예'를 엄격하게 잘 지키는 것이라고 보는 점은 주목할 만하다. 이것은 일부종사를 규정하고 있는 사회에서 부인이 남편을 잘 섬기는 것은 사회가 부여한 책임이며, 좋은 아내의 역할은 남편의 취향에 따라 정해지는 것이 아니라, 객관적으로 사회가 기대하는 '좋은 아내'의 역할을 잘 수행하는 것에 있다는 것을 말한다. 여기에서 부녀자의 독립된 사회 역할과 책임, 사회인으로서의 존재 가치에 대한 반소의 인식을 엿볼 수 있다.

25 "夫有再娶之義, 婦無二適之文."

시부모, 시형제와의 관계 및 행위 규범

『예기』「혼의」에서 "지어미의 순종은 시부모께 순종하고 가까운 친척과 화목한 연후에야 지아비의 뜻에 맞게 된다"[26]고 했듯이, 고대 전통 사상에서 결혼한 여성은 남편을 중심으로 시집 식구들과 모두 화목하게 조화를 이룰 때 그 역할과 책임을 완전하고 아름답게 완성하는 것이다. 이러한 관점에서 반소는 결혼한 여성은 일차적으로 남편의 마음을 얻어야 하지만, 그렇다 하더라도 시부모가 자신을 싫어하면 혼인 생활이 깨질 수 있기 때문에, 시부모의 사랑이 전제되어야 함을 강조했다. 또한 시부모의 사랑은 시동생, 시누이 등 남편 형제자매의 칭찬을 받는 데에서 말미암기 때문에, 시형제들과 화목하게 지내야 하는 것은 시부모의 사랑을 받기 위한 전제이다. 「곡종」, 「화숙매」 편에서 말하는 '곡종曲從'과 '겸순謙順'은 결혼한 여성이 시부모와 시동생, 시누이와의 관계에서 반드시 지켜야 하는 행위 준칙이다. '곡종'은 시부모와 시비를 따지지 말고 옳고 그름에 대해 다투지 않으며 시부모의 말에 일심으로 순종하는 것이다. 겸손과 순종으로 시동생, 시누이와 좋은 관계를 맺으면 잘한 것은 드러나고 허물은 가려지므로, 시부모가 선하게 여기고 남편이 칭찬하며, 명성이 부모에게까지 미쳐 결국은 자신에게 이득이 된다고 했다.

이상으로 『여계』의 젠더 담론과 그 특징을 살펴보았다. 『여계』는 결혼한 여성이 남편과 시집 식구들과의 관계에서 마땅히 가져야 할 정체성과 역할 수행에 대한 행위 규범을 논술한 것으로 어머니가 딸에게 성공적인 가정주부의 역할을 충고해 주는 방식이기 때문에, 아내 역할에 대한 상세

26 "婦順者, 順於舅姑, 和於室人, 以後當於夫."

한 규정과 남편과 시집 식구들의 관심을 얻기 위한 여성의 일방적인 행위 규범을 다루었다.

3. 『여계』의 젠더 이데올로기 분석

이데올로기는 일련의 관념 체계이다. 그러나 모든 관념 체계가 다 이데올로기는 아니고, 하나의 관념이 이데올로기가 되기 위해서는 사회경제적 관계에서 모순의 본질을 은폐하고 합리화하는 기능이 있어야 한다. 이 점에서 이데올로기는 표면상으로는 자연스럽고 합리적이며 진리인 것처럼 보이지만, 실제로는 특정 집단의 이익을 대변하는 구성된 관념이라고 할 수 있다. 그러므로 이데올로기 분석은 겉으로 합리적이며 당연한 것으로 보이는 관념의 배후에 실제로 어떤 이데올로기가 작동하고 있으며, 그것이 어떻게 권력 계층의 이익을 대변하는지를 밝히는 작업이라고 할 수 있다.[27] 이렇게 볼 때 미국의 문학비평가 호건Patrick Colm Hogan의 이데올로기 분석론은[28] 허위 관념으로서의 이데올로기를 분석하는 데 유용하다. 그는 마르크스주의 관점에서 이데올로기를 허위의 구성된 신념으로 보고, 이데올로기를 설명하기 위한 분석 틀로 서로 다른 각도에서 이데올로기를 구성하는 성분(인식, 목적, 기능)을 분류했다. 여기에서는 『여계』에 내포된 젠더 이데올로기를 호건의 분석 틀을 이용하여 고찰하고자 하며, 그가 제시한 분석틀을 차용하여 인식, 목적, 기능의 측면에 분석을 진행한다.

27 제임스 H. 캐버나 지음, 여홍상 옮김, 「이데올로기」; Frank Lentricchia & Thomas McLaughlin 지음, 정정호 외 옮김, 『문학연구를 위한 비평용어*Critical Terms for Literary Study*』, 한신문화사, 403-421쪽.

28 Hogan, Patrick Colm, *Philosophical Approaches to the Study of Literature*, University Press of Florida, 2000, 158-167쪽 참조.

인식 측면에서 본 젠더 이데올로기

호건에 의하면, 이데올로기의 인식은 일반적으로 눈에 보이게 드러나는 허위 신념, 암시적인 허위 신념, 논제 안에 은폐된 허위 신념으로 나타난다. 이 틀에서 『여계』에 내포된 젠더 이데올로기의 내용을 분석해 보자.

눈에 보이게 드러나는 허위 신념

첫째, 「비약」의 "여성은 비천하고 약한 존재"라는 믿음이 여기에 속한다. 여성이 비천하고 약하다는 것은 반소에게서 처음 나온 사상은 아니다. 주대 이래 죽 있어 왔던 것을 반소가 흡수한 것이다. 앞에서 인용된 『시경』의 출생 의식을 묘사한 남존여비의 시구는 분명하게 여성의 비천하고 약함을 말하고 있다. 또한 전국 시기부터 전한 시기까지 형성된 『예기』에서도 이러한 사상을 볼 수 있는데, "자식을 낳았을 때 아들이면 문 왼쪽에 활을 놓고, 딸이면 문 오른쪽에 수건을 놓는다"[29]고 한 출생 의식의 묘사에서 활弧과 수건帨은 각각 남자와 여자를 상징하는 동시에 남녀의 활동 영역을 의미하고, 문의 좌우는 각각 '천도天道'와 '지도地道'를 상징하는 것으로 남존여비 사상을 표현한다.[30]

그러나 여성이 비천하고 약하다는 것은 어떤 특정한 역사 조건에서 발전한 믿음일 뿐, 실제와는 다른 구성된 신념이다. 이것은 반소 자신의 경력만 보더라도 분명히 알 수 있다. 반소는 한대 최고의 여성 엘리트로서 국가의 중책을 맡아 『한서』를 지었고, 당대의 최고 학자인 마융의 스승으로 남성들보다 뛰어난 여성이었으니, 이것으로 여성은 본질적으로 비천하고 약하다는 것이 전혀 사실과 부합되지 않는다는 것임이 증명된다. 그러

29 "子生, 男子設弧于門左, 女子設帨于門右."
30 彭華, 「述論『禮記』中的"婦禮"」, 荒林 主編, 『中國女性主義』, 廣西師範大學出版社, 2007. 9, 38쪽.

면 왜 이처럼 실제와 다른 근거 없는 믿음이 보편적인 신념으로 끊임없이 재생산되었을까? 그것은 이 허위 신념이 가부장제 사회의 의식 형태로 기능했기 때문이다. 주대에 부권제가 확립된 이후, 이러한 믿음은 가부장적 가족 질서 안에서 남성의 지위를 높이고 여성의 지위를 약화시켜 남성 지배, 여성 종속의 구도를 양극화하고 여성을 남성보다 열등한 존재로 인식하게 했으며, 이로써 성별 계층 구조를 공고히 하는 한편, 그것을 유지하도록 기능해 왔기 때문이다.

『여계』는 여성이 어떻게 행동해야 하는가를 설명하기 위해 "여성은 천성적으로 비천하고 약하다는 것"을 인식의 출발점으로 삼았다. 즉 여성은 비천하고 약한 존재卑弱이기 때문에 사회적 지위가 낮고下人, 그러므로 반드시 "선한 일에는 이름을 드러내지 않고, 악한 일에는 사양하지 않으며, 욕됨을 참고 수치를 견디며, 늘 두려운 듯"[31] 생활해야 한다고 규정한다. 이러한 구체화된 행위 규범을 통해 여성이 비천하고 약하다는 사상이 여성들에게 흡수되었으며, 이것은 결과적으로 여성이 비천하고 약하다는 근거 없는 신념을 더욱 강화시켰다. 여성이 비천하고 약하다는 인식은 『여계』 이전의 문헌에서는 추상적이고 모호했던 것에 비해, 『여계』에서는 한층 더 이데올로기적으로 기능했다.

둘째, 「경신」의 "남자는 강한 것을 귀하게 여기고, 여자는 약한 것을 미덕으로 삼는다男以强爲貴, 女以弱爲德"는 신념이다. 반소는 '남자는 강하고, 여자는 약하다'는 인식에 대해 "음양의 속성이 다르듯 남녀는 행함이 다르고, 양이 강하고 음이 유한 것처럼, 남자는 강하고 여자는 약한 것이 자연스럽다"고[32] 하여, 음양과 남녀의 속성을 유비했다. 음양의 개념은 서주 초의 『역경』에서 처음 출현했다. 이것은 본래 음지, 양지와 같은 단순

31 "有善莫名, 有惡莫辭, 忍辱含垢, 常若畏懼."

32 "陰陽殊性, 男女異行, 陽以剛爲德, 陰以柔爲用, 男以强爲貴, 女以弱爲美."

한 자연 현상의 관찰을 통해 얻어낸 추상화된 개념으로, 이때의 음양은 한 쌍의 서로 대립, 보완하는 상반상성相反相成의 개념이다. 이 개념을 가지고 대자연과 우주 만물의 존재와 발전의 기본 원리를 설명했다. 전국시대에 오면 음양의 개념이 확대되어 인간 사회의 문제와 결합되었으며, 제자백가는 음양의 개념으로 자연 세계와 인간 사회의 원리를 설명했다. 특히 유가의 『역전易傳』은 음양의 개념에 귀천의 의미를 삽입하여 남녀 관계를 설명했는데, 유사성과 대립성의 범주로서 음양을 건곤乾坤, 남녀男女, 강유剛柔와 연관시켜 음양존비는 남녀존비의 개념으로 유비되었다. 그래서 양은 천도天道, 부도父道, 군도君道, 존자尊者, 귀자貴子, 상위上位로 지배 작용을 하고, 음은 지도地道, 처도妻道, 신도臣道, 비자卑者, 천자賤子, 하위下位로 복종하고 낮은 데에 처한다. 건양乾陽은 곤음坤陰을 주재하고 건양乾陽을 따라야만 만사가 형통하고 순조롭게 된다는[33] 생각과 남녀의 위치가 정해진 것은 자연의 원리라는[34] 관념으로 자리 잡았다. 한초漢初의 동중서董仲舒는 이러한 양존음비의 우주 법칙을 체계화하여 삼강三綱의 법칙을 합리화하는 수단으로 사용했고 군신, 부자, 부부는 이 음양의 이치에 따라 위치가 고착되었다.

이렇듯 남녀를 대변하는 음양은 본래 높고 낮음의 구분이 없었다. 전국시대 이후 특히 한대에 고저, 귀천, 강약으로 명확하게 구분되면서 양존음비의 관념이 확고해진 것은 사회의 권력 관계를 설명하기 위해 유가가 인위적으로 해석했기 때문이다. 같은 음양에 대해 노자老子처럼 음을 더 고귀한 것으로 해석한 경우를 보면, 양존음비의 개념은 만들어진 신념이라는 것이 증명된다. 노자가 음의 원리를 고귀하게 본 근거는 『노자』 어디에서나 찾아볼 수 있다. 우선 '천지모天地母', '천하모天下母'를 '도道'의

33 이숙인, 『동아시아 고대의 여성사상』, 여이연, 2005, 297-311쪽 참조.
34 『주역 · 가인』: "女正位乎內, 男正位乎外, 男女正天地之大義也."

대명사로 써서 모성을 만물의 '기원', '근본'으로 설명하는 "음을 숭상하고 어머니를 존경하는尙陰崇母" 사상에서 알 수 있고,[35] 『노자』 제52장의 "유함을 이기는 것을 강함이라 한다守柔曰强", 제36장의 "유약한 것이 강한 것을 이긴다柔弱勝剛强", 제43장의 "천하에서 가장 부드러운 것이 천하에서 가장 견고한 것을 부린다天下之至柔, 馳騁天下之至堅", 제40장의 "반복순환이 도의 움직임이고, 부드러운 것이 도의 쓰임이다反者道至動, 柔者道至用" 등은 모두 노자가 음의 유약을 최고의 가치로 여겼음을 보여 주는 예들이다. 『여계』는 유가의 '남강여약'의 허위 신념을 '경순敬順'과 '곡종曲從'의 여성 행위 규범의 논리 근거로 삼아 아내의 남편에 대한 복종을 정당화했다.

셋째, 「전심」의 "남편은 하늘夫者天也"이므로 "하늘을 벗어날 수 없듯이, 남편을 절대로 떠날 수 없다天固不可逃, 夫固不可離"는 신념이다. 이것은 『의례』의 "남편은 아내의 하늘이다. 부인이 두 번 참최복(상복의 일종)을 입지 않는 것은 두 개의 하늘을 섬기지 않는 것을 말한다夫者, 妻之天也. 婦人不二斬者, 猶曰不二天也"는 것에 근거한 남존여비의 남성중심주의에서 나온 허위 신념이다.

앞에서 설명한 음양의 개념에 의하면 남편이 하늘이면 아내는 땅이며, 하늘과 땅은 한 쌍이다. 그러므로 땅이 하늘을 벗어날 수 없다면 하늘도 땅을 벗어나 존재하기 어렵다. 여기서 논리의 모순이 발견된다. 또한, "남편은 하늘"이라는 명제는 반소가 "『예기』에 남편은 재취의 의가 있지만 부인은 두 번 시집가는 문장이 없다夫有再娶之義, 婦無二適之文"는 것에 근거한 것인데, 이것은 첫째, 부녀자의 재가에 대한 언급이 없었다는 이

35 馮仰生, 「論老子"尙陰崇母"思想及其來源」, 『南京航空航天大學學報』, 2007. 9, 12쪽. 노자 사상과 여성 숭배의 전통에 대해서는 김갑수, 「도가사상의 페미니즘적 전망」, 『시대와 철학』 제18권 2호, 2007을 참고하기 바람.

유로 "남편은 하늘"이라는 명제를 도출한 것은 지나친 비약이고, 둘째, 한대에 와서 정리된 『예기』가 이미 남존여비의 사상을 반영하고 있다는 점에서 "남편은 하늘이기 때문에 남편을 떠날 수 없다"는 것은 한대 유가 사상에 기초한 반소 개인의 관점이라고 보아야 할 것 같다.

"남편은 하늘이고 아내는 남편을 떠날 수 없다"는 신념은 여성의 재가를 허용하지 않는 인식의 근거이다. 이러한 『여계』의 재가에 대한 남녀의 차별 규정은 여성의 불평등한 사회적 지위를 더욱 공고하게 함으로써 여성을 억압하는 가부장 제도를 유지, 확대하는 기능을 했다.

암시적인 허위 신념

『여계』에서 반소가 처음으로 제시한 여성이 행해야 하는 네 가지 덕의 행위 규범이 여기에 해당된다. 여성의 행동과 관련된 부덕婦德, 부언婦言, 부용婦容, 부공婦功의 사덕四德은 『주례』와 『예기』에 언급된 덕목을 반소가 구체화했다는 것은 이미 앞에서 설명했다. 여기서는 젠더 이데올로기의 관점에서 그 내용을 분석해 보자. 반소가 제시한 '부행婦行'의 행위 규범은 개인의 수신과 품위 있는 행동거지, 가정 생활 내에서의 책무와 관련되어 상세한 행동지침을 제시하고 있는데 표면상 어떠한 이데올로기적 내용도 내포하고 있지 않은 것처럼 보인다. 그러나 실제로는 여성을 비하하는 내용이 내포되어 있다. 이는 주로 사덕四德의 각 항목에서 제시한 '필요없음不必'의 규정에 집중적으로 반영되어 있다. '필요없음'은 구체적으로 "부덕婦德은 재주와 총명함이 뛰어날 필요는 없고, 부언婦言은 구변이 좋아 말을 잘할 필요는 없고, 부용婦容은 얼굴이 아름다울 필요는 없고, 부공婦功은 방직 기술이 다른 사람보다 뛰어날 필요는 없다"고 하여 여성에 대한 요구나 기대치가 높지 않음이 드러난다. 또한 이 행위 규범의 규정은 여성의 능력에 대해 편견을 드러내며 여성의 능력으로 도달할 수 있는 범위를 한계지음으로써 "여성은 본질적으로 능력이 크지 않다"거나 "남성에 비해 능력이 떨어진다"는 잘못된 인식을 암시한다. 이것을 좀 더 명확하게 이해하기 위해, 유가에서 요구하는 남성의 수신과 비교해 보자.

남성 수신서를 대표하는 『대학』과 『중용』의 핵심 요지는 '수신제가치국평천하修身齊家治國平天下'이다. 남성의 수신은 자기자신으로부터 가족, 국가, 천하로 확대되는 목적 성취의 출발점인 동시에 필수 조건이다.[36] 즉, 남성은 개인의 수신을 기본으로 가정을 다스리고, 가정이 평정되면 한 나라를 다스리고, 한 나라가 평정되면 천하를 다스리는 것으로 나가므로 천하를 다스리는 것이 남성 수신이 궁극적으로 지향하는 목표이다. 이처럼 남성에게 요구되는 능력과 기대는 여성에게 요구되는 것과 확연히 대비된다. 또 『논어』, 『맹자』에 빈번히 등장하는 군자君子, 대인大人, 대장부大丈夫는 수신을 통해 인생 가치의 가장 높은 경지에 도달한 사람인데, 이것은 남성 수신의 지향점이다. 공자孔子는 "군자는 그릇처럼 용도가 한정되지 않는다"[37]고 했고, 맹자孟子는 군자는 군왕을 두려워하지 않으며 진정한 대장부는 빈부귀천의 압력이나 시련에 흔들리지 않고 천하의 대도大道를 실천하는 정신적 자유를 누린다고 하여 남성 수신이 도달할 수 있는 범위가 대단히 높은 영역임을 시사했다.[38]

이상을 종합하면, 남성 수신은 능력이 도달할 수 있는 범위와 기준을

36 처음으로 수신修身을 내재적인 도덕 실천으로 본 공자孔子는 『논어論語』「헌문憲問」 편에서 수신이 되어야 비로소 집안사람과 백성을 편안하게 할 수 있다고 하여 수신의 최종 목적을 정치사회 질서를 세우는 것이라고 했다(余英時, 『士與中國文化』, 上海人民出版社, 1987, 123-124쪽 참조).

37 『論語』「爲政」: "君子不器."

38 『孟子』「盡心下」: "孟子曰, 說大人則藐之, 勿視其巍巍. 堂高數仞, 榱題數尺, 我得志不爲也. 食前方丈, 待接數百人, 我得志不爲也. 般樂飮酒, 驅騁田獵, 後車千乘, 我得志不爲也. 在彼者, 皆我所不爲也. 在我者, 皆古之制也, 吾何畏彼哉"; 『孟子』「滕文公章句下」: "居天下之廣居, 立天下之正立, 行天下之大道, 得志與民由之, 不得志獨行其道. 富貴不能淫, 貧賤不能移, 威武不能屈, 此之爲大丈夫."

제한하지 않으면서 그것이 지향하는 목표를 높게 설정한 반면, 『여계』의 여성 수신은 네 개의 '필요없음'을 이용하여 '부행婦行' 각 방면의 도달 기준을 높지 않게 제시하여 여성은 남성에 비해 능력이 모자라다는 암시 기능을 함으로써 남녀의 불평등 구조를 강화했다.

논제의 설정 안에 은폐된 허위 신념

『여계』의 주요 논제인 "사회가 요구하는 좋은 아내가 될 것인가? 사회의 요구에 부합되지 않는 나쁜 아내가 될 것인가?"는 논제의 설정 자체에 허위 신념을 내포하고 있다. 『여계』는 사회가 요구하는 좋은 아내는 자신과 가문에 부끄럽지 않은 일이지만, 사회의 요구에 부합되지 않는 나쁜 아내는 자신을 욕되게 하고 남편과 시집에서 쫓겨나게 되는 원인이 된다는 점을 논의의 출발점으로 삼았다. 또한 좋은 아내란 남편에게 복종하고 시집 식구들에게 순종함으로써 가족의 화목을 이끄는 사람이며, 그렇게 하는 것이 여성의 본분 또는 여성의 역할이라고 규정했다. 여성이 사회적으로 불리한 위치에 있는 가부장제 사회에서 그렇게 행동하는 것이 여성들에게 더 유리하기 때문에 반소가 그러한 논의를 전개한 것은 매우 자연스러운 일이라 하겠다.

그러나 이 논의의 설정은 그 자체가 이데올로기적이다. 그 이유는 첫째, 여성의 사회 역할을 '좋은 아내냐, 나쁜 아내냐'의 문제로 국한시켜 여성의 다른 역할, 즉 결혼하지 않은 여성이나 이혼한 여성 등 '아내'가 아닌 다른 역할에 대한 선택이 논의의 범위에서 완전히 제외됨으로써 남편과의 관계를 통해서만 정체성이 존재하는 '아내' 역할을 강조했다.

둘째, 남편에게 복종하고 남편을 잘 섬기는 아내도 좋은 아내이고 시부모와 시형제들에게 순종하여 집안의 화목을 이끌어 남편의 마음을 얻는 것도 좋은 아내지만, 어머니 역할을 잘하여 자식을 훌륭하게 키워내는 아내, 집안 살림의 경제적 운영을 잘하여 부를 축적하는 아내도 좋은 아내가 아닌가?

이처럼 다른 선택을 배제한 채 논제를 남편에게 복종적이고 시집 식구들에게 순종적인 좋은 '아내'로 설정한 것은 그 자체가 순종적인 아내를 강제하는 기능을 하고 있기 때문에, 그 안에 이미 이데올로기가 은폐되어 있다고 할 수 있다. 이 은폐된 허위 신념은 남녀의 성 불평등을 기반으로 하고 있는 가부장적 가족구조를 유지하고 여성들이 자신에게 부여된 불평등하고 억압된 위치와 역할을 무의식적으로 지속하게 하는 한편, 여성들이 좋은 아내가 되기 위해 사회가 요구하는 공경과 순종의 역할을 기꺼이 수행하는 동안 자신의 타자화, 대상화의 본질적 문제를 비껴나가게 한다. 그리고 이러한 인식 형태는 부부를 축으로 하는 성의 불평등을 유지하게 하는 동시에 지속적으로 강화하는 작용을 한다.

목적의 측면에서 본 젠더 이데올로기

젠더 이데올로기의 목적 성분은 젠더 이데올로기의 인식 성분과 기능면에서 대체로 중복되거나 일치하는 것이 사실이다. 그러나 이 두 성분이 완전히 일치하지는 않기 때문에 간략한 분석을 통해 이데올로기의 목적 성분을 짚고 넘어가고자 한다.

인식론적 의식 형태의 허위 신념을 포함하여 여성에게 부여된 역할의 제한은 여성들이 이루고자 하는 열망이나 포부를 사회계층 구조 안으로 제한하는 작용을 한다. 이것이 바로 젠더 이데올로기의 목적 성분이다. 위에서 설명한 부행사덕婦行四德은 젠더 이데올로기의 목적 성분을 잘 설명한다. 사덕四德에 나타나 있는 여성의 수신과 행위 규범은 가정 내의 영역으로 제한되는데, 구체적으로 여성의 덕행을 말한 부덕婦德과 부언婦言

의 행동거지와 태도의 문제, 부용婦容의 단정한 외모, 부공婦功의 방직·수놓기 등 개인적 교양과 실질적인 가사 노동에 이르기까지 모두 가정 생활과 연관되어 있다.

그런 반면, 남성은 '선비士'로 배양되어 장래에 천하를 다스리는 것이 인생의 목표이며, 그 역할은 가정 내에 제한되지 않을 뿐 아니라, 가정 밖의 영역에서도 역할의 한계가 제한되어 있지 않다. 또, 여성은 수신의 단계에서 끝나지만, 남성은 수신의 단계에서 끝나지 않고 수신을 하나의 수단으로 '수신제가치국평천하'의 단계적 확대를 통해 천하를 다스리는 궁극적 목표로 나아간다. 그러므로 남성은 개별적 능력에 따라 자신의 꿈을 수신, 제가, 치국, 평천하로 자유롭게 설정할 수 있다. 여기서 남성 역할의 거대한 가능성에 비해 여성의 역할은 극히 제한적임을 알 수 있다.

이처럼 여성 역할의 가능성에 대한 제한과 이상적인 여성 형상에 대한 제한은 여성들이 재상이나 장군이 될 수 있다는 열망을 갖지 못하게 한다. 여성들은 이상적 형상으로서 현모양처만을 꿈꾸는데, 이것이 바로 이데올로기의 목적 기능이라고 할 수 있다. 이 점에서 젠더 이데올로기는 매우 기능적이다.

기능의 측면에서 본 젠더 이데올로기

『여계』에 반영된 젠더 이데올로기의 사회적 기능은 무엇인가? 이것은 당대의 사회 권력구조와 의식 형태의 전체 맥락 속에서 살펴볼 필요가 있다.

반소가 『여계』를 쓴 목적은 앞에서 언급했듯이 자신의 경험을 기초로 부녀자의 역할이 무엇인지를 미리 가르쳐 주어 딸들이 시집가서 성공적으로 결혼 생활을 할 수 있게 하는 것이었다. 그래서 그녀는 여성의 위치가 열등한 당시의 사회 권력 구조에서 결혼 생활을 잘하려면 낮은 자세로 남편과 시집 식구들에게 순종하고 그들을 잘 받들어 만족하게 할 것을 말했다. 그러나 결과적으로, 위에서 살펴본 것처럼 『여계』는 여성에게 매우 억압적이고 불평등한 논리를 전개하고 있다. 이는 『여계』가 한대 사회의 남녀 불평등의 의식 형태를 그대로 반영하고 있는데다가, 남녀 불평등의 행위 규범을 체계화하여 남녀 불평등의 권력 관계를 더 한층 강화하는 작용을 했기 때문이다.

여성들의 행복한 결혼 생활을 위해 지침을 제시하고자 쓰인 『여계』가 본래 의도와 달리 불평등한 사회 권력 관계를 강화하는 작용을 하게 된 이유는 무엇 때문일까? 그 이유는 『여계』를 쓴 반소의 사유의 틀이 철저하게 유가儒家가 설정한 이상적인 인간관계를 따르고 있기 때문이다. 유가는 사회의 화합과 조화를 목표로 한다. 유가 사회에서 사회 구성원은 각각 자기의 사회적 위치와 그에 따른 역할과 책임이 부여되는데, 이것이 바로 예禮이다. 유가는 이 예의 실천을 통해 사회가 조화를 이루게 된다고 주장한다. 다시 말하면, 인간 사이의 관계를 바탕으로 화합과 조화를 이룸으로써 충돌이 없는 사회가 바로 유가에서 추구하는 이상 사회이다. 그러나 유가의 인간관계의 개념은 역사적으로 변천되어 왔다.

공맹(공자와 맹자)을 중심으로 하는 원시 유가는 사람 사이의 관계를 군신君臣, 부자父子, 형제兄弟, 부부夫婦, 붕우朋友 다섯 종류의 인간관계로 분류하여 '오륜'으로 명시했다. '오륜'의 각 관계는 상대적인 것으로, 관계되는 쌍방은 의義를 준칙으로 하기 때문에 한쪽이 의를 지키지 않으면 다른 한쪽에 의를 요구할 수 없다. 예를 들어, 군신 관계에서 군왕은 신하에게 인仁을 베풀고 신하는 군왕에게 충성을 하도록 역할과 의무가 주어져 있지만, 이 둘은 상대적인 관계이므로 군왕이 신하에게 인을 베풀지 않으면 신하도 충성할 책임이 없다.[39] '오륜'에서 강조한 상대적인 관계는 한대 초기 동중서가 '삼강三綱'을 제기하면서 일방적인 관계로 변했다. 음양설을 결합하여 인간관계를 설명한 '삼강'은 사회 인륜의 모든 행동 원리를 '군위신강君爲臣綱', '부위자강父爲子綱', '부위처강夫爲妻綱'으로 포괄했고, 양존음비의 개념을 군신, 부자, 부부 관계에 적용시켜 약자나 하위에 위치한 사람은 강자 또는 상위에 위치한 사람에게 절대 복종하는 일방적 관계로 변화했다. '군위신강'을 예로 들면, 신하는 군왕의 명을 따르고 절대 복종해야 하며, 심지어 군왕을 위해 목숨도 바쳐야 할 책임이 있는 일방적인 관계이다.[40] 동한 초 황권 강화를 도모하기 위해 경학 내부의 사상 통일을 시도하여[41] 편찬한 『백호통의白虎通義』는 동중서의 사상을 적극 수용하여 '삼강'의 절대 복종 관계를 더욱 명확하게 규정했다. 자연 운행의 질서에 근거한 '삼강'의 관계 논리에 의해 군주, 부친, 남편은 신하, 자식, 아내의 행동 기준으로서 위치가 더욱 절대화되었다.[42]

『여계』는 『백호통의』가 편찬된 후에 씌어졌기 때문에 '삼강'의 절대 복종의 의식 형태를 그대로 반영하고 있고, 이에 따라 아내의 남편에 대한 절대 순종을 강조했다. 특히 동한 초의 유명한 정통 유학자였던 아버지 반표와 황권 강화를 도모하기 위한 사상 표준화 운동에 참여했던 오빠 반고의 영향을 직접적으로 받은 반소는 당시 사회의 상층부 입장을 대변하고 있었다고 말할 수 있다.[43] 즉, 유가가 이미 사회적 강자의 입장을 대

39 吳樹勤, 『禮學視野中的荀子人學: 以"知通統類"爲核心』, 齊魯書社, 2007, 156쪽.

40 劉永艷, 楊國玉, 「董仲舒社會控制規範體系探析」, 『求索』 2007. 9, 147쪽.

41 서한 무제 때 동중서의 건의로 유학이 국가의 정치 이데올로기로 수립되었지만, 무제 이후 경학에서는 금今·고문古文 학파의 논쟁으로 사상이 통일되지 못했다. 동한에 이르러 경학과 교육이 더욱 발달하고 국가 차원에서 사상 통일에 대한 필요성이 절실해지면서 경학 내부에서 사상 통일운동이 전개되었다. 동한 초 장제가 백호관에서 유생들을 소집하여 오경의 이동異同에 대한 토론을 벌여, 금·고문 학파의 경서에 대한 서로 다른 이해를 황제가 자신의 권위로 최종적으로 개념을 통일했다. 이것을 반고가 정리하게 하여 편찬한 것이 『백호통의』이다(陰法魯, 許樹安 主編, 『中國古代文化史』, 北京出版社, 1992, 241-246쪽 참조).

42 신정근, 『漢代儒家의 國家秩序와 家族秩序의 문제에 대한 연구: 「白虎通義」의 今·古學派의 論爭을 중심으로』, 서울대학교 석사학위 논문, 2002, 36-41쪽 참조.

변하게 된 현실적 상황에서 반소의 여성 담론은 선두에서 남녀 불평등의 사회구조를 더 강화시키는 역할을 담당하게 된 것이다.

4. 나오는 말

지금까지 『여계』의 젠더 담론과 젠더 이데올로기를 살펴보았다. 『여계』에서 논의된 젠더 담론은 다음 세 가지 특징으로 요약된다.

첫째, 중국 최초의 체계화된 젠더 담론이다. 여성 윤리와 관련된 젠더 담론은 『여계』 이전에 이미 적지 않은 언급이 있었다. 『시경』에서 『백호통의』까지 유가 경전을 포함한 고대 문헌에서 그 내용들이 발견되지만, 내용이 단편적인데다가 엉성하고 산발적이었는데, 『여계』가 이것들을 종합하고 체계화시켰다.

둘째, 담론의 내용이 전면적이고 상세하다. 『여계』는 여성의 정체성과 사회적 책임, 남편과의 관계, 시집 식구와의 관계 등 부녀자의 도리에 관한 담론을 전면적으로 다루었을 뿐 아니라, 그것의 행위 규범에 대해서도 구체적이고 상세하게 논술했다.

셋째, 담론 전개의 목적과 구체적인 대상이 있다. 『여계』 이전의 문헌에서 언급된 젠더 담론은 사회, 국가 질서의 입장에서 사회 전체의 구성원을 대상으로 사회 윤리를 말하는 중의 한 부분으로 언급되었지만, 『여계』는 어머니가 결혼을 앞둔 딸에게 시집가서 어떻게 처신하는지를 미리 알려 주고자 하는 목적을 가진 사적 담론으로, 여성이 여성을 대상으로

43 반소도 참여한 반고의 『한서』가 전대의 『사기』에 비해 더욱 더 정통 사상이 강조되고 황권에 대한 복종이 두드러진 것은 후한 시기 사상 통일을 기반으로 편찬되었기 때문인 것과 같은 맥락에서 이해할 수 있다.

쓴 최초의 여성 수신서이다. 젠더 담론의 이러한 특징들은 『여계』가 중국의 젠더 발전사에서 어떠한 위치를 갖는지를 여실히 보여 준다.

『여계』의 집필 본의는 어머니의 입장에서 결혼이라는 인생의 중요한 전환기에 있는 딸들에게 새롭게 형성되어야 할 정체성과 역할을 미리 가르쳐 주어 성공적인 결혼을 하도록 하는 데 있었다. 그러나 『여계』의 담론을 구체적으로 분석해 보면, 이 책이 황권 강화가 정비되던 한대의 유가 지배 이데올로기를 직접적으로 반영하고 있음을 쉽게 알 수 있다. 한대 유가의 특징은 사회의 모든 인륜 원리를 포괄하는 '삼강'으로 상하의 위계 질서와 절대 복종이 강조된다. 『여계』의 젠더 이데올로기는 이러한 한대 유가의 특징을 그대로 반영하여 확립된 것으로서, 부도婦道의 전제로 남편에 대한 절대 복종을 강조했다. 이러한 사유는 이후 중국은 물론, 동아시아에서 여성 억압과 남녀 불평등의 성별 구조를 더욱 견고하게 했다.

이상에서 알 수 있듯이 『여계』는 중국 최초로 젠더 담론과 젠더 이데올로기를 체계화시킨 여성 수신서이기 때문에 동아시아 젠더 담론과 젠더 이데올로기 발전에 관건이 되는 중요한 책이고, 여성이 여성을 대상으로 쓴 최초의 여성 교육서라는 점에서 후대에 끼친 영향이 지대하다. 중국의 대표적인 여교서인 당대의 『여논어』, 명대의 『내훈』 등을 비롯하여, 우리나라의 대표적 여교서인 조선 시대 소혜왕후의 『내훈』 등이 모두 『여계』를 근간으로 편찬되었다는 것 이외에, 후대의 대부분의 여계서들이 담론의 논술 방식과 젠더 사유 방식에서 모두 『여계』의 영향을 받았다고 하는 것은 이 책의 가치와 중요성을 증명하는 것이다.

이 논문이 분석한 『여계』의 젠더 담론과 젠더 이데올로기는 중국과 동아시아에서 여성 교육과 더불어 젠더 담론과 젠더 이데올로기가 체계화되는 단계에 관한 고찰이다. 그러므로 이 연구는 동아시아 젠더 이데올로기의 확립 단계를 이해하는 데 구체적인 자료가 되는 것은 물론, 동아시아 여교서의 저술과 여성 교육 연구에도 중요한 기초 자료의 역할을 할 수 있을 것으로 생각된다. 이 연구는 중국을 포함한 동아시아 젠더 문제의 가장 초기 단계에 대한 것이므로, 이를 기점으로 『여계』의 후대 여교서 및 여성 교육에 대한 영향 문제에 대해 구체적인 연구 성과가 지속적으로 나오기를 기대한다.

참고 문헌

1. 자료

『詩經』, 『十三經注疏』, 中華書局, 1991.

『禮記』, 『十三經注疏』, 中華書局, 1991.

『周禮』, 『十三經注疏』, 中華書局, 1991.

『論語』, 『十三經注疏』, 中華書局, 1991.

『孟子』, 『十三經注疏』, 中華書局, 1991.

『老子』.

范曄, 『後漢書』, 中華書局, 1993.

顧懷三 輔, 『後漢書 · 藝文志』.

2. 논저

강현경, 「班昭 『女誡』의 女誡文學에 끼친 영향」, 『어문연구』 34집, 2000.

김갑수, 「도가사상의 페미니즘적 전망」, 『시대와 철학』 제18권 2호, 2007.

김염자, 『후한서 열녀전 연구』, 이화여자대학교 석사학위 논문, 1964.

서양걸, 『중국가족제도사』, 윤재석 옮김, 아카넷, 2002.

신정근, 「漢代 儒家의 국가질서와 가족질서의 문제에 대한 연구 : 『白虎通義』의

今 · 古 학파의 논쟁을 중심으로」, 서울대학교 석사학위 논문, 2002.
이숙인, 『女四書』, 여이연, 2003.
——, 『아시아 고대 여성사상』, 여이연, 2005.
조선영, 「계녀가류 가사와 『女四書』」, 『한국문학연구』 22집, 2000.
馮仰生, 「論老子"尙陰崇母"思想及其來源」, 『南京航空航大天學學報』, 2007.9.
余英時, 『士與中國文化』, 上海人民出版社, 1987.
吳樹勤, 『禮學視野中的荀子人學-以"知通統類"爲核心』, 齊魯書社, 2007.
劉永艶, 楊國玉, 「董仲舒社會控制規範體系探析」, 『求索』, 2007.
李慶華, 「論『女誡』的成書原因」, 『湘潭大學社會科學學報』, 2003.12.
鄭必俊 · 陶洁, 『中國女性的過去, 現在與未來』, 北京大學出版社, 2005.
鍾翠紅, 「『女誡』之 女性觀女透視及誡其文歷史意義」, 『中華女子四學院學報』, 2006.10.
周峨, 「班昭『女誡』再解讀」, 『重慶郵電華學院學報』, 第5期, 2006.
陳東原, 『中國婦女生活史』, 上海書店, 1987.
彭林, 『禮樂人生 : 成就你的君子風範』, 中華書局, 2006.
胡捷, 「論東漢班昭的婦女價値觀」, 『株洲師範高等專科學校學報』, 2004.2.
荒林 主編, 『中國女性主義』, 廣西師範大學出版社, 2007.
Lentricchia, Frank & Thomas McLaughlin, 『문학용어를 위한 비평용어』, 정정호 외 옮김, 한신문화사, 1994.
Hogan, Patrick Colm, *Philosophical Approaches to the Study of Literature*, University Press of Florida, 2000.

조선 후기 자매自賣 문서에 나타난 하층민 가족 질서*

박경

1. 들어가는 말

조선 시대 인신의 매매는 주인에 의한 노비 매매가 일반적이었다. 그런데 조선 후기에는 양인良人이 생계에 곤란을 느껴 자신의 몸을 팔아 노비가 되는 사례들이 나타났다.[1] 이러한 사례들은 매매 당사자들 간의 거래

* 이 글은 『고문서연구』 33호에 수록된 「自賣文記를 통해 본 조선 후기 하층민 가족의 가족 질서」를 수정 · 보완한 것이다.

1 양인이 자매문기를 작성하고 자신을 팔면 노비가 되는 것이 일반적이었다. 그러나 자매 이후에도 노비가 되지 않는 사례들도 있었다. 자매문기 중에는 자신에 한해, 혹은 연한을 정해 고공雇工이 되기로 계약한 문서들도 있다. 또한 환퇴還退할 경우에 대비해 환퇴 금액을 미리 정해 기록해 둔 문서도 있는데, 이는 추후에 환퇴 금액을 지불하고 다시 신분을 회복하거나 예속 상태에서 벗어날 수도 있다는 것을 약정한 것이다(자신에 한해 앙역하기로 한 문서 : 서울대학교 규장각 한국학연구원, 『고문서』 31, 2006, 노비 · 자매문기 172, 90-91쪽; 184, 101쪽; 264, 170-171쪽 ; 한국정신문화연구원, 『고문서집성』 39, 해남 김해 김씨편, 1998, 자매문기 1, 207쪽 / 연한을 정하여 고공으로 계약한 문서 : 국사편찬위원회 수집 고문서, 성주 한개마을 성산 이씨 고문서, 금개 자매문기 / 환퇴에 대해 약정한 문서 : 서울대학교 규장각 한국학연구원, 『고문서』 31, 2006, 노비 · 자매문기 301, 302, 198-199쪽).

증빙 문서인 자매문기自賣文記를 통해 확인할 수 있다. 현재 자매문기를 이용한 연구는 노비, 주인 간의 분쟁에 대한 연구에서 18세기에 자매를 통해 노비 재생산이 이루어지고 있었다는 점을 설명하는 데 그치고 있다 (전경목, 2005).

자매문기는 자신이나 자신의 가족, 근친을 금전을 받고 파는 과정에서 자매 사실을 증빙하기 위해 작성해 매매한 사람이 매입한 사람에게 발급한 문서이다. 일반 매매문기와 형식은 비슷하지만 매매 대상이 자신과 자신의 가족, 혹은 근친이라는 점에서 구별된다. 필자는 자매문기 분석 결과 매매 주체와 매매 대상이 꼭 일치하지는 않는다는 점에 주목하였다. 자신을 직접 매매하는 사례뿐 아니라 가족이나 근친을 매매하는 사례들도 나타나는 것이다. 그런데 여기에는 일정한 경향성이 있었다. 따라서 필자는 매매 주체와 매매 대상이 일치하지 않는 사례들에 대한 분석을 통해 당시 자매를 행했던 계층의 가족 질서를 파악해 보고자 하였다.

자매자自賣者는 본래 신분이 양인이던 사람이다. 그런데 양인 내부에도 여러 계층이 존재한다. 그러나 신분에 관한 정보가 포함되어 있는 자매문기가 드물기 때문에 이들이 양인 중에서도 어느 계층에 속했던 사람인지 파악하기는 쉽지 않다. 자매문기상에 신분에 대한 정보가 드러나는 사례만을 가지고 보자면 양인良人이나 양녀良女로 기재된 사례가 여러 건 나타나며, 유학幼學으로 기재된 경우가 2건 있다. 또한 비부婢夫나 노처奴妻, 아버지가 노비이지만 어머니가 양인이기 때문에 양인 신분을 가지게 된 자, 노비였다가 속량贖良되었던 자 등 양인이기는 하지만 천인에 가까운 양인의 하급 계층에 속하는 사람들도 있었다. 이렇게 자매자의 본래 신분에는 차이가 있지만 필자는 생계를 영위하기 어려울 만큼의 경제적 취약 계층이라는 점에서 하층민이라는 용어를 사용하였다.

필자는 하층민의 가족 질서를 파악하기 위해 갑오개혁 이전인 1894년

(고종 31)까지의 자매문기를 찾아 분석을 시도하였다. 이 논문에서 분석한 자료는 『고문서집성』 1, 27, 33, 39, 51, 65, 66집(한국학중앙연구원 발행)에서 26건 25사례, 『고문서』 31집(서울대 규장각 발행)에서 71건 69사례, 국사편찬위원회 수집고문서 중 성산 이씨 고문서와 진주 강씨 고문서에서 4건 4사례, 『조선시대 고문서』(국립전주박물관 발행)에서 1건 1사례, 『(영남대학교 중앙도서관 소장) 고서 · 고문서전시회』(영남대학교 중앙도서관 발행)에서 5건 5사례, 호남기록문화시스템에서 5건 5사례, 『일본 소재 한국고문서』(국사편찬위원회 발행)에서 2건 2사례, 『전라도 무장의 함양 오씨와 그들의 문서(1)』(전북대학교 박물관 발행)에서 1건 1사례로 총 115건 112사례이다. 이 중 가장 연대가 오래된 문서는 1756년(영조 32)에 작성된 문서이다. 따라서 이 글에서 분석 시기의 상한점은 18세기 중반이 된다. 또한 구활문기救活文記와 구분하기 위해 노비나 고공이 되는 대가로 금전 거래가 있었거나 '자매自賣' 혹은 '방매放賣'라는 단어를 사용한 사례만을 분석 대상으로 하였다.

필자는 이 자료를 바탕으로 18세기 중반에서 19세기 후반에 이르는 시기에 하층민 가족이 어떠한 가족 질서 속에서 가족 공동체를 영위해 나갔는지를 살펴보고자 한다. 이를 위해 우선 2절에서는 조선 후기 자매의 허용 배경과 자매문기의 성격을 분석함으로써 자매문기가 당시 하층민의 보편적 가족 질서를 파악하기에 타당한 자료인지를 살펴보도록 하겠다. 3절에서는 자매 주체와 자매 대상이 일치하지 않은 사례를 중심으로 분석함으로써 당시의 가족 규모, 부처夫妻 관계 및 부모, 자녀 관계를 살펴보고, 이러한 관계에 사회 규범이 어떠한 방식으로 작용하고 있는지에 대해 천착해 보고자 한다.

2. 조선 후기 자매自賣의 허용 배경과 자매문기의 성격

조선 정부의 빈민 구제책과 자매의 허용

자매문기自賣文記는 매매한 사람, 즉 방매자가 자신 및 자신의 가족을 매매하고, 이를 증빙하기 위해 매입한 사람, 즉 매득자에게 발급한 문서이다. 이러한 자매 거래를 통해 매매된 양인은 대개 천인 신분으로 몰락하게 된다. 그러나 조선 정부는 기본적으로 양인이 천인으로 몰락하는 것을 방지하고자 하는 기본 정책 기조를 가지고 있었다. 조선 초부터 정부는 양인을 노비로 삼는 행위에 대해 강력하게 처벌했다. 1405년(태종 5)에는 직첩職牒을 거두고 장杖 80을 치고 수군水軍에 충군充軍하도록 하였고, 1463년(세조 9)에는 장 100에 전가사변全家徙邊에 처하도록 하였으며, 성종대에는 『대명률』 조항에 따라 장 100 도徒 3년의 형량을 적용하였다. 이후 1518년(중종 13)에는 전가사변에 처하도록 하였으며, 1550년(명종 5)에는 사족士族은 전가사변에 처하지 않고, 차율次律에 의해 처벌하도록 하였다(지승종, 1995 : 101-128). 이렇게 조선 전기에는 양인을 천인으로 삼는 행위에 대해 강력하게 처벌하였다. 그럼에도 불구하고 이는 양인의 자원적 투탁投託을 바탕으로 이루어졌기 때문에 발각될 위험성이 적었다. 따라서 조선 전기 동안 양인을 천인으로 삼는 행위는 위축되지 않았다(지승종, 1995 : 128).

이후로도 조선 정부는 양인을 함부로 천인으로 삼을 수 없다는 기본 정책 기조를 견지했다. 그런데 조선 후기에 이러한 정부 정책 기조와 상반되는 현상이 나타났다. 18세기 후반에서 19세기 초반 사이에 작성된 것으로 추정되는[2] 공사문서 서식집 『유서필지儒胥必知』의 문권류文券類에는 사부가가사배지士夫家家舍牌旨, 상인가사문권常人家舍文券, 전답문권田畓文券,

노비문권奴婢文券, 채용문권債用文券이 실려 있다. 이 중 가사문권, 전답문권은 모두 매매문기 서식인데 반해 노비문권에는 일반적인 노비 매매문기 서식이 아닌 자매문기 서식이 실려 있다. 이러한 사실은 당시에 자매문기가 흔히 작성되던 문서임을 알려 주는 것이라 할 수 있다. 또한 18세기 후반에서 20세기 초반 사이에 작성된 많은 자매문기가 현존하고 있기도 하다. 그렇다면 이렇게 양인의 천인 몰락을 증빙하는 문서가 버젓하게 통용될 수 있었던 이유에 대해 살펴보도록 하겠다.

16세기 이후 조선 정부에서는 흉년이나 기근이 들었을 때 유이민들을 구제하는 방편으로 정부의 공적인 진휼 외에 사족士族이 주도하는 사적인 진휼을 장려하였다(조규환, 1998 : 60-64). 그런데 이 정책이 실효를 거두기 위해서는 사적인 진휼을 행하는 사람들에 대한 보상이 필요하였다. 더구나 전쟁이나 큰 흉년이 발생하여 기민飢民이나 유이민들의 수가 대폭 증가할 때 사적인 진휼의 필요성은 더욱 절실해졌다. 이에 따라 임진왜란 때 사망 직전의 기민을 살린 경우 그 기민을 부릴 수 있도록 하는 임시 사목이 반포되기도 하였다.[3] 이러한 조치는 조선 후기 흉년과 기근이 많이 발생하면서 자주 시행되었던 것 같다.

또한 조선 후기에 재해로 흉년이 들고 유민이 발생하는 경우에 한시적으로 유기아遺棄兒 수양을 권장하는 왕명을 내렸다. 흉년으로 유기아가 대량으로 발생하게 되면 중앙정부는 진휼 차원에서 유기아를 노비나 고공으로 삼는 것을 장려했던 것이다. 특히 유기아를 수양하여 그 자손까지 노비로 삼을 수 있는 연령이 때에 따라서는 최대 15세까지 늘어나기도 하였다(김무진, 1993).

2 전경목은 『유서필지』가 정조 9년(1785)에서 헌종 10년(1844) 사이에 편찬된 것으로 추정했다(전경목, 2006: 369-370).

3 왕실도서관 장서각 디지털 아카이브〈http://yoksa.aks.ac.kr〉, 주촌 진성 이씨 문서, 입안 5.

이러한 조선 후기의 상황은 1830년(순조 30) 10월 이진사댁 종인 시금이 관에 올린 소지 내용을 통해 확인할 수 있다.[4] 이 소지의 요지는 한 해 전에 청송 사람인 김계득이 처자식과 함께 유리流離해 와 상전댁에 구활救活해 주기를 간절히 청하자 상전이 행랑에 머물도록 하고 16냥을 주어 목숨을 부지할 수 있도록 하고 계득의 처와 자녀 모두 4구口를 지금까지 보살펴 주었는데, 이들이 스스로 몸을 바쳐 노비가 되기를 원하므로 소지를 올리니 제사를 내려달라는 것이었다. 이 소지에서 시금은 상전이 계득의 처와 자녀들을 집에 들인 이유를 "대저 구활은 법전에 실려 있고, 근자에는 또 유기아 수양의 영칙令勅이 내려졌으므로"라고 설명하였다. 소지에 이러한 내용을 기술한 이유는 이것이 양인인 계득의 처와 자녀를 노비로 삼을 수 있는 법적 근거가 되기 때문이었다. 관에서는 이 사안이 유기아 수양이나 굶어서 거의 죽게 된 사람을 구활하여 노비로 삼는 것과는 차이가 있다는 것을 인정하면서도 흉년에 목숨을 보전하게 해 주고 적지 않은 금전을 주었다는 이유로 시금의 상전이 계득의 처와 자녀를 노비로 삼는 것을 허락하였다. 이를 통해 조선 후기 정부에서는 흉년에 기아에 시달리는 사람이나 유기아로 구활하거나 수양하지 않으면 목숨을 잃을 가능성이 있는 경우에 노비나 고공으로 삼을 수 있도록 하였고, 이로 인해 양인이 노비가 되기도 하였음을 알 수 있다. 또한 목숨이 위태로울 정도로 절박한 상황에까지 이르지 않은 빈민들의 경우에도 구활이나 유기아 수양을 명분으로 노비로 삼는 것을 관에서 허용하기도 하였음을 알 수 있다.

자매도 이와 같은 상황에서 행해졌던 것으로 보인다. 일반적으로 자매의 원인은 자매자와 그 가족의 빈곤한 생활이었다. 분석한 총 112사례 중 흉년과 기근이 자매 이유로 기재된 사례는 61사례로, 전체의 절반을 넘는

4 국사편찬위원회 수집고문서, 성주 한개마을 성산 이씨 고문서, 이생원댁 종 시금 소지.

다. 또한 흉년과 기근은 개인이 기아와 질병, 채무 등에 시달리게 되는 사회적 배경이 되는 요소이다. 따라서 흉년이나 기근에 대한 언급 없이 개인과 가족의 빈곤, 굶주림, 질병, 부모 봉양과 가족 부양의 어려움, 부모 및 남편의 장례 비용 마련, 조세 부담 및 채무를 자매의 이유로 기재하고 있는 사례 중에서도 흉년과 기근이 그 사회적 배경이 되었던 사례가 많았을 것으로 생각된다.

이상을 통해 판단하건대 관에서 자매를 인정했던 것도 본래는 흉년과 기근으로 굶어 죽어가는 사람을 구제하기 위해서였을 것이며, 실제로도 이러한 상황에서 자매가 행해졌던 것으로 보인다. 그런데 채무, 부모의 장례 비용 마련 등이 자매 이유로 기재된 사례에서 파악되듯이 기아로 생명을 위협받는 절박한 상황에 이르지 않은 경우에도 자매가 행해졌음을 알 수 있다. 그리고 이러한 경우에 위의 시금의 청원 내용을 관에서 받아들였던 것처럼 관에서 허락하거나 묵인했을 가능성이 크다.

이렇게 조선 후기에 자매는 흉년과 기근이 발생했을 때 정부에서 기민 구제책과 유기아 수양령을 반포했던 것과 마찬가지로 빈민들이 기근으로 굶어 죽어가는 것을 방지하기 위해 용인되었으며, 실제로는 이보다 더 광범위하게 행해졌던 것으로 보인다.

자매문기의 사급 절차와 그 성격

현존하는 자매문기 중에는 자매문기 한 장만 남아 있는 사례가 많지만 입안이 점련되어 있는 사례도 있다. 자매문기에 대한 관의 공증 문서가 남아 있는 것이다. 무장의 함양 오씨, 오천의 광산 김씨, 영해의 재령 이씨 가문에 이러한 문서들이 남아 있다.[5] 이를 통해 자매문기의 사급斜給 절차 역시 일반 매매문기의 경우와 마찬가지로 매득자가 관에 소지를 올려 입안을 발급받는 절차를 거쳤음을 알 수 있다.

입안 발급을 청원한 소지에 대해 수령은 각각 '의사안일依斜向事', '의례사급사依例斜給事'라는 뎨김을 내렸고, 소지 제출자는 입안을 발급받을 수 있었다. 이렇게 관에서 자매문기를 공증하는 입안을 발급해 준 것은 관에서도 이를 용인하고 있었음을 알려 주는 것이라 할 수 있다. 또한 수령이 자매문기에 대한 입안 발급을 특별한 사항이 아닌 의례사급依例斜給, 즉 법례 혹은 규칙에 의해 발급하는 일상적인 업무로 여겼음을 알 수 있다. 이렇게 관에서 자매를 공증하는 입안을 발급했다는 것은 자매를 인정할 만한 사정이 있는 경우에 자매는 합법적인 것이 됨을 의미하는 것이라 할 수 있다.

법적으로 허용되는 거래의 경우 추후에 분쟁이 일어났을 때 법의 보호를 받기 위해 그 증빙 문서의 내용과 형식을 사회 통념이나 법적 요건에 부합하는 방향으로 작성하게 된다. 따라서 자매 거래의 증빙 문서인 자매문기 역시 이러한 요건에 부합하는 형식과 내용으로 작성되었을 것임을 짐작할 수 있다. 특히 자매는 다른 매매 거래에 비해 뒷날 문제가 발생할 소지가 더 크기 때문에 법이나 사회 통념에 부합하지 않은 문서를 작성했을 경우 매득자 측에서 자매 거래에 응하지 않았을 것이다.

이는 다음을 통해 더욱 확실해진다. 위의 세 건의 문서들 중 재령 이씨와 함양 오씨 문서에는 방매자가 입지立旨 발급을 청한 소지도 점련되어 있다. 그렇다면 일반 매매 거래와 달리 자매 거래에서 방매자가 입지 발급을 청한 이유가 무엇인지 살펴보도록 하겠다.

5 전북대학교 부속박물관, 『전라도 무장의 함양 오씨와 그들의 문서(1)』, 협신사, 1986, 153-156쪽, 매매문서 22 중 자매문기; 왕실도서관 장서각 디지털 아카이브<http://yoksa.aks.ac.kr>, 안동 광산 김씨 후조당 고문서, 별심, 득손 자매문기 / 사급입안; 한국정신문화연구원, 『고문서집성』 33, 영해 재령 이씨편 1, 1997, 노비명문 31, 402-406쪽.

이 두 문서에서 점련된 낱장 문서들과 각 낱장 문서의 작성 일자(재령 이씨 문서의 소지는 접수일)를 점련된 순서대로 제시하면 다음과 같다.

* 함양 오씨 문서 : 매득자의 입안 발급 청원 소지(1784년 4월) – 자매문기(1784년 3월 10일) – 방매자(자매 대상의 아버지)의 초사(1784년 4월) – 증인, 필집의 초사(1784년 4월) – 입안(1784년 4월) – 방매자의 입지 발급 청원 소지(1784년 3월)

* 재령 이씨 문서 : 매득자의 입안 발급 청원 소지(1809년 2월 8일) – 자매문기(1808년 12월 25일) – 방매자(자매 대상 본인)의 입지 발급 청원 소지(1808년 12월 20일) – 방매자의 초사(1809년 2월 8일) – 필집의 초사(1809년 2월 8일) – 입안(1809년 2월 8일)

재령 이씨 문서에서 방매자가 입지 발급을 청한 소지를 관에 접수한 시기는 자매문기 작성 닷새 전이다. 그리고 이 소지에는 방매자가 입지 발급을 청한 이유가 기재되어 있다. 그 내용을 살펴보면, 매득자가 방매자의 자손이나 친족 중에 다른 말 하는 사람이 있을까 염려되므로 후일 증빙의 근거로 삼기 위해 입지를 발급해 달라는 소지를 올렸다고 하였다.[6] 이를 통해 이 사례에서 방매자가 관에 입지 발급 청원 소지를 올린 이유는 자매 거래 전에 매득자가 안심할 수 있도록 법률적 조치를 취하기 위한 것이었음을 알 수 있다.

함양 오씨 문서를 살펴보면, 자매문기 작성 시기가 1784년(정조 8) 3월이고, 매득자가 자매문기에 대해 입안 발급을 청하는 소지를 작성한 시

6 한국정신문화연구원, 『고문서집성』 33, 영해 재령 이씨편 1, 1997, 노비명문 31, 404쪽.

기가 그 해 4월인데, 방매자의 입지 발급 청원 소지는 3월에 작성된 것이다. 그리고 자매문기의 내용 중에 "여식 하나를 자매하여 병든 아버지를 구활하고자 하는 뜻으로 소지를 올렸는데, 관가에서 조령朝令에 따라 특별히 허락하는 뎨김을 내려 입지를 발급했으므로 관의 입지에 따라 저의 제3녀 고읍덕 나이 13세 임진생의 몸 1구를 …(중략)… 후소생後所生과 함께 영영 방매하니"라는 부분이 있다.[7] 이 사례에서도 자매 거래 전에 관에 입지 발급 청원 소지를 올렸음을 알 수 있다.

그렇다면 자매 전에 방매자가 관에 입지 발급을 청했던 이유는 무엇일까? 자매자는 양인이기 때문에 분재기, 매매문기 등의 천적賤籍이 있는 노비와는 달리 본래의 신분을 입증하는 문서가 없었다.[8] 또한 정부에서는 빈민 구휼을 위해 자매를 허용하기도 했으나 기본적으로는 양인을 천인으로 삼는 행위를 금지하는 원칙을 가지고 있었다. 이러한 상황에서 매득자 측에서는 추후의 법적인 분쟁 소지를 불식시키기 위해 거래 전에 방매자가 관에서 입지를 발급받아 오기를 원했던 것이다.

모든 자매 거래가 관의 입지를 발급받은 후 이루어지지는 않았을 것이다. 그렇다 하더라도 매득자 측에서 방매자 측에 입지를 발급받아 오기를 원하는 사례들이 나타난다는 점을 통해 볼 때 적어도 자매 거래에서 필수적으로 작성되는 자매문기의 형식과 내용은 법과 사회 통념에 맞게 작성되었을 것으로 생각된다. 따라서 필자는 자매문기를 분석함으로써 충분히 당시의 보편적인 사회상을 도출해 낼 수 있을 것이라고 판단하였다.

7 전북대학교 부속박물관, 『전라도 무장의 함양 오씨와 그들의 문서(1)』, 협신사, 1986, 153-154쪽, 매매문서 22 중 자매문기.

8 위에서 언급한 함양 오씨 문서 중 방매자의 입지 청원 소지 내용 중에는 자매 대상이 본래 양녀良女로 원래 문권이 없기 때문에 소지를 올린다는 내용이 있다(전북대학교 부속박물관, 앞의 책, 1986, 156쪽, 매매문서 22 중 방매자의 입지 발급 청원 소지).

3. 자매문기 분석을 통해 본 하층민 가족의 모습

자매의 주체와 객체 분석

자매문기 중에는 자매의 주체와 객체가 일치하는 사례도 있고, 일치하지 않는 사례도 있다. 자신을 매매한 사례의 경우 자매의 주체와 객체가 일치하지만 가족이나 근친을 매매한 사례의 경우 자매의 주체와 객체가 일치하지 않는다. 또한 자신과 가족을 함께 매매한 경우에는 매매 대상 중 자매 주체인 사람도 있고, 그렇지 않은 사람도 있다.

자매된 사람은 자매 거래시 환퇴還退 조건을 달았다거나 주인이 속신贖身을 허락해 준 경우를 제외하고는 평생 노비나 고공으로 살아야 했다. 그리고 노비가 될 경우 그 자손도 노비 신분을 세습하였다. 그럼에도 불구하고 매매 대상과 그 자손의 신분 하락을 결정짓는 자매 거래의 주체가 매매 대상 자신이 아닌 그의 가족이나 근친인 사례들이 나타난다는 점이 주목된다. 매매 대상의 법적 권리를 대리할 권한을 가지고 있는 존재가 있다는 점에서 당시 하층민 가족의 가족 질서를 추적할 수 있다고 보는 것이다. 그리고 자매문기의 형식과 내용이 법과 사회 통념을 반영하고 있다는 점에서 이 문서에 반영된 가족 질서는 당시 사회에서 보편적으로 인정된 질서라 할 수 있을 것이다.

필자는 이러한 가족 내의 질서를 파악하기 위해 자매문기 속에서 자매의 주체와 객체의 관계를 파악하였다. 그렇다면 우선 자매문기 중 간단한 형식의 문서 한 건을 살펴봄으로써 자매의 주체와 객체가 자매문기에 어떻게 나타나는지에 대해 살펴보도록 하겠다.

同治元年壬戌正月　日元進士宅奴明逐前明文

右明文事段矣身貧寒所致內外兩口自賣爲去乎矣身沈聖玉
年三十一壬辰生矣身妻福禮年三十三庚寅生身及後所生乙右宅前決
價五十兩交易自賣爲去乎日後族屬中如有雜談是去等
以此文記憑考卞正事

夫沈聖玉 (手決)
妻福禮 (右手掌)
證人趙萬喆 (手決)[9]

동치 원년 임술(1862) 정월 일 원진사댁 노奴 명손에게 주는 명문

이 명문을 작성하는 일은 내가 빈곤한 까닭으로 내외 2구를 자매하는 일에 대한 것이다. 나 심성옥 나이 31세 임진생과 나의 처 복례 나이 33세 경인생 및 후소생을 원진사댁에 값 50냥을 받고 자매하니, 뒤에 족속 중에 만약 잡담하는 사람이 있으면 이 문기로 빙고憑考하여 변정할 일이다.

부 심성옥 (수결)
처 복례 (우수장)
증인 조만철 (수결)

(밑줄 필자)

이 문서에서 매매 대상은 남편인 심성옥과 처인 복례이다. 그리고 이 문서의 내용을 살펴보면, 이 거래의 주체는 나矣身이고, 나는 심성옥이다. 또한 남편인 심성옥과 처 복례가 함께 서명에 참여했다.[10] 여기에서 자매

9 서울대학교 규장각 한국학연구원, 『고문서』 31, 2006, 노비 · 자매문기 259, 167쪽.

의 객체는 매매 대상인 심성옥과 처 복례이다. 또한 자매의 주체는 문서 내용상 거래의 주체, 즉 매매 주체인 심성옥이다. 필자는 자매문기에서 이러한 방식으로 자매의 주체와 객체를 파악했다. 그런데 자매의 주체, 객체라는 용어를 사용하는 것보다 매매 주체, 매매 대상이라는 용어를 사용하는 것이 독자에게 더 쉽게 이해될 것으로 판단된다. 따라서 이후로는 매매 주체, 매매 대상이라는 용어를 사용하였다.

매매 주체는 자매문기 말미에 반드시 서명에 참여하였다. 그런데 매매 주체 이외의 매매 대상이나 제3자가 서명에 함께 참여하는 사례도 나타난다. 이들은 자매 거래의 주체는 아니지만 문서의 신뢰성을 증대시키기 위해 서명에 참여하였다. 따라서 필자는 매매 주체와 매매 대상에 대한 분석을 통해 가족 질서를 파악하면서 필요한 경우 서명자도 함께 분석하였다.

이렇게 자매문기 115건 112사례를 분석하여 〈표 1〉, 〈표 2〉, 〈표 3〉을 작성하였다. 이 작업은 매매 주체와 대상의 관계를 분석함을 목적으로 하고 있다. 따라서 매매 주체와 대상이 일치하는 경우와 일치하지 않는 경우 중 후자를 중심으로 분석하였다. 각각의 사례를 합산해 보면, 매매 주체와 대상이 완전히 일치하는 사례가 21사례, 이 밖의 사례가 91사례이다. 우선 전자를 살펴보면 다음 〈표 1〉과 같다.

이 사례들을 통해 일반적인 매매 행위와 마찬가지로 남성, 여성이 모두 직접 거래 행위를 할 수 있었음을 확인할 수 있다. 또한 남매나 형제가 공동으로 매매 주체가 되어 자매한 경우도 있었음을 알 수 있다.[11]

10 문서 말미 서명 부분에는 필집이 서명할 사람들의 이름을 기입하고, 이름이 기입된 사람들 각자가 수결, 수장, 수촌 등을 기입해 넣는 형태로 되어 있다. 그런데 실제 자매문기에는 이름만 기재되고 수결, 수장, 수촌 등이 기입되지 않은 문서들이 있다. 필자는 이 논문에서 이름만 기재되어 있는 경우에도 서명했다고 표현하였다.

11 이 사례들은 문서 첫머리에 주어를 '저희들矣女矣身等, 矣身等'이라는 복수로 사용하였다. 이를 근거로 남매, 형제가 공동으로 매매 주체가 되었음을 알 수 있다.

표 1 매매 주체와 대상이 일치하는 경우 (21사례)

매매 대상	매매 주체	서명자
개인–남성 (11사례)	본인 (11사례)	본인 (11사례)
개인–여성 (8사례)	본인 (8사례)	* 본인 (7사례) * 본인, 동성 3촌, 남편 (1사례)
남매 (1사례)	남매가 공동으로 서술 주체가 됨 (1사례)	누나, 남동생 (1사례)
형제 (1사례)	형제가 공동으로 서술 주체가 됨 (1사례)	형, 남동생 (1사례)

다음으로 매매 주체와 대상이 일치하지 않는 사례를 통해 매매 주체와 매매 대상의 관계를 살펴보도록 하겠다. 필자는 이 사례들을 매매 주체가 매매 대상에 포함되어 있는 사례와 포함되어 있지 않은 사례로 나누어 각각 〈표 2〉, 〈표 3〉을 작성하였다. 이렇게 구분하여 표를 작성한 이유는 매매 주체가 매매 대상에 포함되어 있는 사례는 매매 대상 중에 누가 매매 주체가 되었는지를, 매매 주체가 매매 대상에 포함되어 있지 않은 사례는 매매 대상과 매매 주체 간에 어떤 관계가 있는지를 기준으로 구분하여 분석하는 것이 효과적이라고 판단했기 때문이다. 먼저 전자에 해당하는 24사례를 〈표 2〉에 정리하였다.

표 2 매매 주체가 매매 대상에 포함된 경우 (24사례)

매매 대상	매매 주체	서명자
남편, 처 (5사례)	남편 (5사례)	* 남편, 처 (4사례) * 남편 (1사례)
아버지, 어머니, 자녀 (5사례)	아버지 (5사례)	* 아버지, 어머니 (2사례) * 아버지 (3사례)
어머니, 자녀 (11사례)	어머니 (11사례)	* 어머니 (8사례) * 어머니, 장남 (1사례) * 어머니, 장녀 (1사례) * 어머니, 아버지, 딸 (1사례)
남매 (1사례)	2남매 중 손위 남자 형제 (1사례)	손위 남자 형제, 여동생 (1사례)
형제 (2사례)	2형제 중 형 (2사례)	형 (2사례)

〈표 2〉를 보면 다음과 같은 사실을 확인할 수 있다.

첫째, 매매 대상들 간의 관계는 부처夫妻, 부모-자녀, 형제, 남매로 이루어져 있다.

둘째, 남편과 처가 함께 매매 대상이 될 때에는 남편이 매매 주체가 되었으며, 아버지, 어머니, 자녀가 함께 매매 대상이 될 때에는 아버지가 매매 주체가 되었음을 알 수 있다. 이 경우 각각 처와 어머니가 함께 서명에 참여하는 사례들이 나타난다.

셋째, 〈표 2〉에서는 어머니와 자녀가 함께 매매 대상이 되는 경우에 어머니가 매매 주체가 되었음을 알 수 있다. 그런데 〈표 3〉을 살펴보면, 이러한 경우에 매매 대상에 포함되지 않은 아버지가 매매 주체가 된 사례들도 나타남을 확인할 수 있다. 한편, 어머니가 매매 주체인 경우 같이 매매된 아들이나 딸이 함께 서명하는 사례가 나타나며, 매매 대상이 아닌 남편이 함께 서명에 참여한 사례도 나타난다.

넷째, 아버지를 제외하고 어머니와 자녀가 함께 매매된 사례는 나타나지만 어머니를 제외하고 아버지와 자녀가 함께 매매된 사례는 나타나지 않는다.

다섯째, 형제나 남매가 함께 매매 대상이 될 때 그들 중 연장자가 매매 주체가 되었음을 알 수 있다. 〈표 2〉의 남매가 매매 대상이 된 사례에서는 연장자가 남성이다. 따라서 여성이 연장자일 경우 남매를 대표하여 자매할 수 있는 권한이 있었는지에 대해서는 확인할 수 없다. 이에 대해서는 〈표 1〉에서 남매 2인이 자신들을 자매한 사례를 살펴보면, 연장자인 손윗누이가 주도적인 역할을 했음을 파악할 수 있다.[12] 이를 통해 성별에 관계없이 연장자가 자매 거래에서 주도적인 역할을 했음을 알 수 있다.

12 왕실도서관 장서각 디지털 아카이브〈http://yoksa.aks.ac. kr〉, 안동 광산 김씨 후조당 고문서, 별심, 득손 자매문기 / 사급입안.

다음으로 매매 주체가 매매 대상에 포함되지 않은 사례를 살펴보도록 하겠다. 이는 가족 중 일부를 매매함으로써 매매한 가족을 빈곤에서 구제하고, 남은 가족은 가족을 매매하고 받은 돈으로 목숨을 연명하거나 가족의 현안 문제를 해결한 사례들로 모두 67사례가 나타난다. 이 중 매매 주체와 대상 간의 관계를 파악할 수 없는 1사례를 제외하고 66사례를 〈표 3〉에 정리했다.

〈표 3〉을 통해 다음과 같은 사실을 확인할 수 있다.

첫째, 총 66사례 중 58사례에서 매매 주체와 매매 대상의 관계가 부처, 부모-자녀, 남매 관계임을 알 수 있다. 그리고 이 중 42사례가 부모-자녀 관계였다. 또한 매매 대상 간의 관계도 모자 혹은 형제 관계였다.

둘째, 남편이 매매 주체가 되어 처를 매매하거나 아버지가 매매 주체가 되어 자녀를 매매한 사례가 모두 45사례로, 상당히 많은 수를 차지한다. 이 경우에 남편이나 아버지가 단독으로 서명하기도 하였으며, 처 혹은 어머니가 함께 서명하기도 하였다.

셋째, 자녀 매매 시에 어머니가 매매 주체가 된 사례도 나타난다. 어머니가 단독으로 자녀를 매매한 사례가 8사례, 부모가 함께 자녀를 매매한 사례가 1사례이다. 그런데 자녀만 매매 대상인 사례에서 아버지와 어머니가 매매 주체가 된 사례의 수를 단순 비교하더라도 아버지가 매매 주체가 된 경우가 어머니가 매매 주체가 된 경우의 4배 정도가 된다. 이를 통해 자녀를 매매할 때 1차적으로 매매 주체가 되는 사람은 아버지였음을 알 수 있다. 또한 어머니가 매매 주체인 경우 아들이 함께 서명을 한 사례가 1건 나타나며, 어머니가 매매 주체가 되지 않고 숙부가 매매 주체가 되었던 사례가 1건 나타난다.

넷째, 어머니와 자녀가 함께 매매 대상이 된 사례는 7사례 나타나지만 아버지와 자녀가 함께 매매 대상이 된 사례는 나타나지 않는다.

표 3 매매 주체가 매매 대상에 포함되지 않은 경우 (66사례)

매매 대상	매매 주체	서명자
처 (8사례)	남편 (8사례)	* 남편 (5사례) * 남편, 처 (3사례)
처, 자녀 (7사례)	남편〈자녀에게는 아버지〉 (6사례)	* 남편〈자녀에게는 아버지〉 (5사례) * 남편, 시아버지, 시숙부 〈자녀에게는 각각 아버지, 조부, 종조부〉 (1사례)
	미상 (1사례)	* 남편〈자녀에게는 아버지〉 (1사례)
자녀 (42사례)	아버지 (31사례)	* 아버지 (22사례) * 아버지, 어머니 (4사례) * 본인 (3사례) * 아버지, 숙부 (1사례) * 본인, 남편 (1사례)
	어머니 (8사례)	* 어머니 (6사례) * 어머니, 매매 대상의 남자형제 (1사례) * 어머니, 의붓아버지 (1사례)
	* 아버지, 어머니 (1사례)[13] * 미상 (1사례)	아버지, 어머니 (2사례)
	미상 (1사례)	아버지, 어머니, 본인(1사례)
여동생〈어머니에게는 딸〉[14] (1사례)	손위 남자형제, 어머니 (1사례)	남자형제, 어머니 (1사례)
손녀 (3사례)	조부 (1사례)	조부 (1사례)
	조모 (2사례)	조모 (2사례)
외손자 (1사례)	외조모 (1사례)	외조모 (1사례)
질녀 (3사례)	숙부 (3사례)	* 숙부 (2사례) * 숙부, 어머니 (1사례)
딸, 며느리, 손녀 (1사례)	아버지〈며느리에게는 시아버지, 손녀에게는 조부〉 (1사례)	아버지 (1사례)

13 이 사례는 딸을 자매하는데, 아버지와 어머니가 각각 자매문기를 작성하고 서명을 한 사례이다(호남기록문화시스템〈http://honam.chonbuk.ac.kr〉, 1872년 곽완석 등이 작성한 자매문기).

14 이 사례는 한 장의 종이에 매매 대상의 남자 형제 2인과 어머니가 각각 자매문기를 작성한 사례이다(호남기록문화시스템〈http://honam.chonbuk.ac.kr〉, 1877년에 임상옥, 임상문 등이 이생원 앞으로 작성한 자매문기).

다섯째, 조부모, 외조모, 숙부와 같은 근친이 손자, 손녀, 질녀를 매매한 사례도 소수 나타난다. 그런데 조부모가 손녀를 매매한 3사례 중에 2사례에서 매매 대상이 된 손녀는 부모가 없는 아이였다.[15] 부모가 없어 조부모가 대신 보호자로서의 역할을 하였는데, 흉년에 아이를 구활하고 자신이 살아갈 자금을 마련하기 위해 손녀를 매매한 것이다. 또한 숙부가 질녀를 매매한 사례 중 1사례는 질녀가 어머니와 함께 사는데 흉년에 그 모녀가 살아갈 길이 없다는 이유로 숙부가 매매 주체가 되어 자매문기를 작성하고 질녀를 매매한 사례이다. 그리고 숙부와 함께 어머니가 서명에 참여하였다. 이 밖의 사례에는 부모가 아닌 조부모, 외조부모, 숙부가 매매 주체가 되었던 이유가 기재되어 있지 않다. 그렇지만 이 경우도 부모가 없거나 부모가 보호자가 될 수 없는 상황이었을 가능성이 높다고 생각된다.

이러한 사실들을 종합해 볼 때 조선 후기 하층민 가족의 모습을 다음과 같이 파악할 수 있다.

첫째, 부모, 자녀를 중심으로 가족 생활이 영위되고 의사 결정이 이루어졌음을 확인할 수 있다. 가족 중 2인 이상이 매매될 때 매매 대상 간의 관계가 부처, 부모-자녀, 형제, 남매로 이루어져 있으며, 매매 주체와 매매 대상이 다를 경우 매매 주체와 매매 대상의 관계도 대부분 부처, 부모-자녀, 남매 관계였다. 한 가족이 어려움에 직면했을 때 부모, 자녀로 이루어진 소가족 공동체 내에서 문제의 해결이 이루어졌던 것이다. 자녀 매매 시에 1차적으로 아버지가 매매 주체가 되며, 2차적으로는 다른 근친보다 어머니가 우선적으로 매매 주체가 되었던 점에서도 이러한 사실을 확인할 수 있다. 또한 이는 〈표 3〉에서 어머니가 딸을 매매한 사례 중 친어머니와 함께 의붓아버지가 서명에 참여했던 사례를 통해서도 파악할 수 있

15 서울대학교 규장각 한국학연구원, 『고문서』 31, 2006, 노비 · 자매문기 208, 121–122쪽; 307, 202쪽.

다.[16] 자매문기에 어머니와 함께 의붓아버지가 함께 서명한 것은 부계를 중심으로 한 친족 질서보다 현재 함께 거주하고 있는 부모, 자녀 관계가 더 우선시되었음을 알려 주는 것이라 하겠다.

둘째, 당시 사회에서 남편과 아버지가 처와 자녀의 권리와 관련된 거래를 대리할 만큼의 권한을 인정받고 있었음을 확인할 수 있다. 남편과 아버지는 자신이 처자식과 함께 매매 대상이 될 때는 물론이고, 자신이 매매 대상이 되지 않고 처와 자녀만 매매될 때에도 매매 주체가 되는 사례들이 상당히 많이 등장한다. 이를 통해 자매 거래가 매매 대상과 그 자손의 미래를 결정짓는 중요한 일임에도 불구하고 본인이 아닌 남편이나 아버지가 이러한 거래의 주체가 되는 것이 법이나 사회 통념상 문제가 되지 않는다는 점을 확인할 수 있다.

셋째, 2차적이라 하더라도 어머니 역시 자녀의 법적 대리자로서의 역할을 할 수 있었음을 알 수 있다. 그러나 이 경우 그의 거래 행위는 아버지만큼 사회적으로 신뢰받지 못했다. 아버지가 매매 주체가 된 경우에는 매매 대상 자녀와 함께 서명한 사례가 나타나지 않지만 어머니가 매매 주체가 된 경우에는 매매 대상 자녀 중 장남이나 장녀와 함께 서명한 사례가 나타난다. 또한 딸을 매매할 때 자신과 아들이 각각 문서를 작성한 사례가 1건 나타나며, 딸을 매매하는데 시동생인 딸의 숙부가 주도적인 역할을 하고 어머니는 서명에만 참여한 사례도 1건 나타난다.

매매된 자녀의 성별 및 연령 분석

앞에서 하층민 가족의 운영이 부모, 자녀 중심으로 이루어졌으며, 자녀

16 영남대학교 중앙도서관, 『(영남대학교 중앙도서관 소장) 고서 · 고문서전시회』, 1997, 153 명문, 194쪽.

매매시 1차적으로는 아버지가, 2차적으로는 어머니가 매매 주체가 되었다는 점을 지적하였다. 그리고 부모가 이러한 역할을 담당하기 어려운 경우 조부모, 외조부모, 숙부 등 근친이 그 역할을 담당하였다. 그렇다면 매매된 자녀의 성별과 매매 당시의 연령이 어떠했는지를 살펴보도록 하겠다.

이를 위해 자녀를 매매한 총 67사례를 자녀 1인만 매매된 사례와 부모 및 다른 자녀들과 함께 매매된 사례로 구분하여 살펴보았다. 전자는 자녀 중 1인만을 선택하여 매매한 사례이며, 후자는 매매 대상을 선택한 사례도 있고 매매 대상을 선택하지 않고 모든 자녀를 매매한 사례도 있다. 따라서 자매의 대상으로 선호되던 성별과 연령을 파악하기 위해서는 매매 대상을 선택한 사례에 해당하는 전자에 대한 분석이 필요하다. 또한 부모가 어느 연령의 자녀까지 보호자 및 법적 대리자로서의 역할을 했는지에 대해 살펴보는 데에는 양자를 모두 살펴볼 필요가 있다.

이러한 판단에 따라 이 양자를 나누어 〈표 4-1〉, 〈표 4-2〉를 작성하였다. 〈표 4-1〉은 자녀 1인만 매매한 사례로, 성별과 연령을 모두 파악해야 하기 때문에 연령을 알 수 없는 사례까지 포함하여 표를 작성하였다. 그리고 〈표 4-2〉는 부모 및 다른 자녀와 함께 매매된 사례로, 연령만 파악하면 되기 때문에 연령이 표기된 사례만을 가지고 표를 작성하였다.[17]

먼저 자매 대상으로 선호하던 성별과 연령을 파악하기 위해 〈표 4-1〉을 살펴보도록 하겠다. 우선 자녀 1인만을 선택하여 매매할 때 아들 6명, 딸 26명으로 아들보다 딸을 매매하는 현상이 뚜렷하게 나타난다. 그리고 6세부터 15세 사이의 딸을 매매한 사례가 많이 나타나는 것이 특징적이다. 그런데 실제 필자가 분석한 자매문기에 6세의 딸을 매매한 사례는 나타나지 않기 때문에 엄밀히 말하면 7세부터 15세까지의 딸이 많이 매매

17 같은 사례인데 연도가 다른 2건의 문서가 남아 있는 경우 뒤에 작성된 문서에 기재된 연령을 따랐다.

표 4-1 자녀 1인만 매매한 경우 매매 대상 자녀의 성별 및 연령 (35사례)

성별＼연령	1~5세	6~10세	11~15세	16~20세	20~25세	미상	계
남	2명	0명	1명	1명	1명	1명	6명
여	0명	11명	10명	1명	0명	4명	26명
미상	0명	0명	2명	0명	0명	1명	3명
계	2명	11명	13명	2명	1명	6명	35명

표 4-2 부모 및 다른 자녀와 함께 매매된 경우 매매 대상 자녀의 연령 (23사례)

연령	1~5세	6~10세	11~15세	16~20세	20~25세	25세 이상	계
인원	17명	20명	10명	4명	2명	2명	55명

되었다 할 수 있다. 또한 조부모, 외조부모가 손녀나 손자 1인을, 숙부가 질녀 1인을 매매한 7사례 중에 6사례의 매매 대상이 여성이었다. 그리고 이 6사례 중 5사례에서 매매시 나이가 기재되어 있는데, 모두 10세부터 14세 사이에 해당된다. 이렇게 근친에 의한 자매 거래에서도 부모의 자녀 매매에서와 같은 양상이 나타난다.

이러한 현상이 나타난 이유는 두 가지로 설명할 수 있다.

첫째, 아들, 딸에 대한 부모의 기대 수준이 달랐을 가능성에 대해 생각해 볼 수 있다. 부모 마음에 아들, 딸에 무슨 등급이 있겠느냐고 하면서도 부모의 빈사瀕死를 막기 위해서는 어쩔 수 없다고 하면서 딸을 매매한 문서가 있는데, 이 내용을 살펴보면 은연중에 아들과 딸에 대한 기대 수준이 달랐음을 알 수 있다.[18] 당시 다른 가족에도 이러한 인식을 가진 사람들이 있었을 것이다. 그리고 이러한 인식이 딸을 매매하는 사례가 많이

18 한국정신문화연구원(1998), 『고문서집성』 27, 영광 영월 신씨편, 노비명문 3, 534쪽.

나타나는데 어느 정도는 영향을 주었을 것이라 생각된다.

둘째, 어머니 소유주에 귀속되는 노비 제도가 영향을 미쳤던 것 같다. 여성을 매득買得하면 후소생까지 자신의 소유가 될 수 있기 때문에 매득자 측에서 여성을 선호했던 것으로 보인다. 가임 연령에 임박한 여성이 많이 매매되었다는 사실은 이를 뒷받침하는 것이라 할 수 있다.

다음으로 자녀가 몇 살이 될 때까지 부모가 보호자 및 법적 대리자로서 영향력을 발휘할 수 있었는지 살펴보도록 하겠다. 〈표 4-1〉과 〈표 4-2〉를 살펴보면, 대체적으로 25세 이하의 자녀를 매매했음을 알 수 있다. 그리고 15세 이하의 자녀들이 주로 매매되었음을 확인할 수 있다. 이로써 판단하건대 부모가 자녀를 매매할 만큼의 영향력을 발휘했던 것은 일반적으로 미혼 자녀였을 것으로 추측된다.

〈표 4-2〉의 25세 이상란에 기입한 2명에 해당하는 사례는 딸 2인을 며느리 3인, 손녀 1인과 함께 매매한 사례인데, 매매 당시 딸의 연령은 각각 44세, 47세의 기혼자였다.[19] 이를 통해 살펴볼 때 부모가 자녀를 매매하는 것이 연령이나 기혼 여부에 따라 제한을 받는 것은 아니었다. 그럼에도 불구하고 15세 이상의 어린 자녀를 매매한 사례가 다수를 차지하는 것은 두 가지 측면에서 생각해 볼 수 있다.

첫째, 15세 이하의 자녀들이 매매된 사례가 많은 것은 이들이 스스로 경제활동을 하기는 어려운 나이이기 때문에 이들의 목숨이라도 연명하도록 하기 위해서였을 것이다. 물론 매매 대가로 받은 금전은 다른 가족들의 생활 자금도 될 수 있었다.

둘째, 자녀가 기혼자로 처자녀가 있는데 부모가 굶주림과 추위에 시달리고 있는 상황이라면 그 자녀가 직접 자신이나 자신의 자녀를 매매하는

19 서울대학교 규장각 한국학연구원, 『고문서』 31, 2006, 노비 · 자매문기 253. 162–163쪽.

방법을 취하는 것이 일반적이었을 것이다. 분석한 총 112건의 사례 중 부모를 굶주림과 추위에서 구하거나 부모를 봉양하고자 하여 자매를 행한 사례가 24사례에 이르는 것은 이를 증명하는 것이라 할 수 있다.

미혼의 아이들이 직접 자신을 매매한 사례도 나타난다. 9세인 김고지는 자신과 5세 여동생인 귀매를 매매한 까닭을 아버지의 장례 비용을 마련하기 위해서라고 하였다. 또한 15세 기섬과 그 동생인 12세 임섬, 17세 별심과 그 남동생 득손, 그리고 각각 14세인 김쌍련, 장수옥은 자매 이유를 큰 흉년을 당하여 부모를 아사에서 구하고자 하기 때문이라고 하였다.[20] 이는 모두 부모를 위해 자매하였다는 점을 표방했다는 공통점이 있다.

70세의 병든 어머니를 구료하기 위해 자신과 자신의 세 자녀를 자매했던 김월섬은 자매 거래 전에 입지를 발급받기 위해 올린 소지에서 "일찍이 듣건대 부모를 위해 몸을 파는 법전法典이 있다고 합니다"[21]라고 하며, 부모를 위해 몸을 파는 것은 법으로도 인정된 것이라는 언급을 하였다. 또한 1752년(영조 28) 판결사 윤빈은 "민소民訴 중에 가장 불쌍한 것이 양인이 자신을 팔기를 원하는 것인데, 아버지가 사망했는데 장례를 치르지 못하기 때문이기도 하고, 어머니가 굶주려 거의 죽게 된 상황에 처해 있기 때문이기도 하다"[22]라고 하였다. 노비 소송에 관한 업무를 관장하던 윤빈이 자매의 주요 원인으로 아버지의 장례와 어머니의 굶주림을 든 것은 이러한 사연을 호소하며 관의 승인을 받고자 하는 사람이 많았음을 알려 주는 것이라 할 수 있다. 이러한 현상이 나타나는 것은 효를 가장 중요

20 서울대학교 규장각 한국학연구원, 『고문서』 31, 2006, 노비 · 자매문기 184, 101-102쪽; 서울대학교 규장각 한국학연구원, 『고문서』 31, 2006, 노비 · 자매문기 207, 120-121쪽; 왕실도서관 장서각 디지털 아카이브, 안동 광산 김씨 후조당 고문서, 별심, 득손 자매문기 / 사급입안; 한국정신문화연구원, 『고문서집성』 33, 영해 재령 이씨편 1, 1997, 노비명문 35, 410-411쪽.

21 한국정신문화연구원, 『고문서집성』 33, 영해 재령 이씨편 1, 1997, 노비명문 31 중 김조이(월섬) 소지, 403-404쪽.

22 『영조실록』 권77, 영조 28년 8월 27일 을묘.

한 사회적 가치로 인식하고 있는 사회에서 법적 · 사회적으로 자매 거래를 인정받을 수 있는 가장 좋은 방법이 부모를 위해 자매한다는 점을 내세우는 것이 되기 때문이다. 즉, 어린아이들이 직접 자신을 매매한 것은 효를 표방함으로써 자매 거래에 이념적 정당성을 부여하기 위해 나타난 현상이라고 생각된다.

그러나 앞의 〈표 3〉에서 확인할 수 있듯이 부모가 자녀만 매매한 사례만을 따져보더라도 42사례이다. 즉, 자녀 매매시에 미혼의 어린 자녀를 매매하는 경우에는 부모가 주체가 되어 거래하는 것이 일반적이었다. 이를 통해 부모가 미혼 자녀의 권리를 제한하는 거래를 행하는 것이 사회적으로 허용되고 있었음을 확인할 수 있다. 이는 당시 부모에 의한 자녀 통제의 일면을 보여 주는 것이라 할 수 있다.

4. 나오는 말

이 글에서는 자매문기 분석을 바탕으로 18세기 중반에서 19세기 후반에 이르는 시기 하층민 가족의 가족 질서에 대해 밝히고자 하였다.

조선 정부는 양인이 천인으로 몰락하는 것을 방지하고자 하는 기본 정책 기조를 가지고 있었지만 조선 후기 흉년과 기근이 자주 발생하는 상황에서 기민飢民을 구제하기 위해 다른 사람에게 자신과 자신의 가족을 파는 자매를 허용하였다. 이에 따라 관에서는 자매 거래가 이루어진 후 매득자 측에서 자매문기의 사급을 요청하는 소지를 올리면 입안을 발급해 주기도 하였다. 그런데 자매 거래는 방매자가 관에서 입지를 발급받은 후 이루어지기도 하였다. 양인을 천인으로 삼는다는 부담이 있기 때문에 이 거래의 안전을 담보하기 위해 이러한 조치를 취하기도 하였던 것이다. 이러한 사실을 고려해 보았을 때 매득자 측에서 뒷날 분쟁의 소지를 없애기 위해서라도 법과 사회 통념에 부합하는 내용과 형식으로 자매문기를 작성할 것을 요구했을 것임을 짐작할 수 있다. 따라서 필자는 자매문기를 통해 당시의 보편적인 사회상을 도출해 낼 수 있을 것이라고 판단하였다.

자매문기를 살펴보면, 자신을 직접 매매한 사례도 있지만 가족 구성원이나 근친을 매매한 사례도 있다. 후자의 경우 매매 주체가 매매되는 가족 구성원이나 근친의 권리를 대신 행사했다는 점에서 이들 사이에 형성된 질서를 엿볼 수 있다. 자매문기를 통해 당시 사회에서 보편적으로 인정되던 하층민 가족의 가족 질서를 파악할 수 있는 것이다. 이러한 판단에 따라 필자는 매매 주체와 매매 대상이 일치하지 않는 사례에 대해 분석함으로써 다음과 같은 결론을 도출하였다.

첫째, 이들의 가족 운영 단위는 부모와 자녀로 이루어진 소가족 형태였던 것으로 보인다.

매매 대상 간의 관계, 매매 주체와 매매 대상의 관계가 대체적으로 부부, 부모-자녀, 형제, 남매임을 알 수 있다. 또한 자녀 매매시에 1차적으로 아버지가 매매 주체가 되고, 아버지 유고시에는 다른 근친이 아닌 어머니가 매매 주체가 되었다. 이를 통해 부모, 자녀로 이루어진 소가족 공동체 내에서 가족 문제에 대한 의사 결정이 이루어졌음을 확인할 수 있다.

둘째, 가족 내에서의 지위에 따라 이들의 역할에 대한 사회적 기대 수준이 달랐다.

자매문기를 통해 남편과 아버지는 사회적으로 처와 자녀의 권리 관계와 관련된 거래를 대리할 수 있을 만큼의 권한을 인정받고 있었음을 알 수 있다. 남편과 아버지는 자신이 처자식과 함께 매매 대상이 될 때는 물론이고, 자신이 매매 대상이 되지 않고 처와 자녀만 매매될 때에도 매매 주체가 되었다. 또한 미성년 자녀의 매매시 아버지가 1차적으로 매매 주체가 되었다.

부모, 자녀로 이루어진 소가족 형태인 만큼 어머니의 권한도 컸다. 아버지 유고시에 나타나는 2차적인 것이기는 하지만 어머니가 자녀 매매시에 매매 주체의 역할을 했다는 사실을 통해 이를 확인할 수 있다. 그러나 아버지와는 달리 단독으로 매매 주체의 역할을 하지 못하는 사례가 나타나는 등 어머니의 권한은 제한되는 경우도 있었다. 어머니가 자녀를 매매할 수 있었다는 사실은 자녀의 권리에 관한 권한을 대리해서 행사할 만큼 어머니의 권위가 인정되고 있었다는 것을 의미한다. 다만 어머니가 자녀 매매시 2차적인 역할을 했던 것은 자녀의 아버지는 바로 이 여성의 남편이기 때문이었다. 남편이 중심이 되는 부처 관계를 지향하는 사회에서 아버지를 제치고 어머니가 매매 주체가 되는 것은 허용되기 어려웠던 것이다. 또한 어머니의 권한 행사가 제한을 받았던 것은 여성의 거래 행위에 대한 사회적 신뢰도가 낮았기 때문으로 판단된다.

이렇게 사회적으로 아버지는 처에 대해, 부모는 자녀에 대해 이들의 권리 행사를 대리할 수 있는 권한을 인정받았다. 이는 처는 남편의 뜻에 따라야 하며, 자녀는 부모의 뜻에 순종해야 한다는 사회 규범이 자매 거래에 반영된 것이라 할 수 있다. 이러한 사회 규범은 거래 행위라는 일상을 통해 하층민들의 의식 속에 재각인되었을 것으로 생각된다. 직접적인 교화에 의해서뿐만 아니라 일상을 통해서도 사회 규범은 의식화되는 과정을 거치게 되는 것이다.

셋째, 손윗누이와 남동생으로 이루어진 남매가 자신들을 매매할 때 손윗누이가 주도적인 역할을 하는 등 남매 관계에서는 성별로 인한 거래 권한의 차별이 두드러지게 나타나지 않는다. 이는 사회적으로 여성의 권리 행사에 대한 제한이 그렇게 크지 않았다는 의미가 된다. 물론 어머니가 자녀를 매매할 때와 마찬가지로 때로는 여성이 단독으로 권한을 행사하는 데 대해 제한이 가해졌을 가능성도 있다.

그런데 자녀 중 매매 대상을 선택할 때 딸을 선택하는 비율이 압도적으로 많다는 점이 주목된다. 이는 우선 아들, 딸에 대한 부모의 기대 수준 차이에서 기인한 바가 있는 것으로 생각된다. 그리고 어머니의 신분과 소속을 따르게 되어 있는 노비 제도로 인해 매득자 측에서 가임 연령의 여성을 선호했던 것이 주요한 원인이 되었을 것으로 판단된다.

참고 문헌

1. 자료

『속대전』.

『수교집록』.

『유서필지』.

『조선왕조실록』(국사편찬위원회 영인, 1955-1958 ; 국사편찬위원회 웹사이트).

『고문서』 31, 서울대 규장각 한국학연구원, 2006.

『고문서집성』 1 (광산 김씨 오천고문서), 한국정신문화연구원, 1982 (왕실도서관 장서각 디지털 아카이브 〈http : //yoksa.aks.ac.kr〉, 안동 광산 김씨 후조당).

『고문서집성』 27 (영광 영월 신씨편), 한국정신문화연구원, 1996.

『고문서집성』 33 (영해 재령 이씨편 1), 한국정신문화연구원, 1997.

『고문서집성』 39 (해남 김해 김씨편), 한국정신문화연구원, 1998.

『고문서집성』 41 (안동 주촌 진성 이씨편), 한국정신문화연구원, 1998 (왕실도서관 장서각 디지털 아카이브, 주촌 진성 이씨 문서).

『고문서집성』 51 (경주 이조 경주 최씨 용산서원 편 2), 한국정신문화연구원, 2000 (왕실도서관 장서각 디지털 아카이브, 경주 최씨 용산서원).

『고문서집성』 65 (경주 옥산 여주 이씨 독락당 편), 한국정신문화연구원, 2003 (왕실도서관 장서각 디지털 아카이브, 여주 이씨 옥산정사(독락당) 고문서).
『고문서집성』 66 (경주 옥산 여주 이씨 장산서원, 치암종택 편), 한국정신문화연구원, 2003.
『(영남대학교중앙도서관 소장) 고서 · 고문서전시회』, 영남대학교 중앙도서관, 1997.
『전라도 무장의 함양 오씨와 그들의 문서(1)』, 전북대학교 박물관, 1986.
『조선시대 고문서』, 국립전주박물관, 1993.
최승희, 『일본 소재 한국고문서』, 국사편찬위원회, 2002.
국사편찬위원회 수집 고문서, 성주 한개마을 성산 이씨 고문서.
국사편찬위원회 수집 고문서, 진주 강씨 고문서.
호남기록문화시스템 〈http : //honam.chonbuk.ac.kr〉

2. 논저

김무진, 「조선사회의 유기아 수양에 관하여」, 『계명사학』 4, 1993.
박병호, 『한국법제사고 : 근세의 법과 사회』, 법문사, 1974.
전경목, 「18세기 노 · 주 분쟁의 한 사례 연구 : 조선 후기 변화된 사회상과 관련하여」, 『고문서연구』 26, 2005.
——, 「『유서필지』 편간과 고문서학적 의의」, 『유서필지』, 사계절, 2006.
조규환, 「16세기 진제정책의 변화」, 『한성사학』 10, 1998.
지승종, 『조선전기 노비신분 연구』, 일조각, 1995.

젠더 위반에 대한 조선 사회의 새로운 상상: 『방한림전』을 중심으로*

김경미

1. 들어가는 말

『방한림전』은 19세기 말에 창작된 것으로 보이는 여성 영웅소설의 하나이다. 주로 조선 후기에 많이 창작, 유통된 여성 영웅소설은 여성이 남장男裝을 하고 공적 공간에 나가서 공을 세우고, 다시 여성으로 돌아와 남성과 결혼을 한다는 줄거리로 이루어져 있다. 여성이 남장을 하고 공적 공간으로 나가는 것이 중요한 플롯을 이루는 여성 영웅소설의 존재는 내외법이 엄격하게 지켜졌던 조선 사회의 젠더 체계에 대해 문제 제기를 했다는 점에서 의미를 갖는다. 그러나 이 유형에 속하는 대부분의 작품들은 여성 주인공이 공을 세운 뒤에 다시 남성과 결혼하여 부인으로 살아가는

* 이 글은 『한국고전연구』 제17집(2008년 6월, 한국고전연구학회)에 실린 논문을 수정 · 보완한 것이다.

것으로 끝난다. 여성 영웅소설에 대한 연구자들의 평가가 엇갈리는 것도 이처럼 남장을 한 여성을 등장시켜 여성의 능력을 입증하는 한편 다시 가정으로 돌아가게 한다는 설정이 갖는 이중적인 면모 때문이다. 즉 젠더의 경계를 넘어서는 인물을 등장시켰다가 이전의 젠더 체계로 고스란히 편입되게 하기 때문이다.

『방한림전』은 여성 영웅소설의 자장에서 창작되었지만, 젠더 위반을 끝까지 밀고 나간다는 점에서 문제가 된다. 그리고 젠더 위반의 끝에 동성 결혼을 설정하고 주인공이 죽을 때까지 그 결혼을 유지하게 한다는 점에서 더욱 문제가 된다. 따라서 그간의 여성 영웅소설 연구에서 『방한림전』은 특별한 지위를 점하는 것으로 평가되었다. 그럼에도 이 작품에 대한 평가는 상이하다. 첫째는 『방한림전』의 두 여성 주인공인 방관주와 영혜빙이 당대 여성의 삶을 모순된 현실로 인식하고 그 모순을 뛰어넘는 새로운 가능성을 추구한 작품으로 보는 입장이고,[1] 둘째는 『방한림전』이 지기知己로 명명된 동성 결혼을 하는 설정은 충격적이지만 이는 가부장제에 도전한다기보다는 통속적 흥미소興味素의 역할을 할 뿐이라고 보는 입장이다. 이 입장에서는 영혜빙이 여성적 자각을 강하게 드러내는 인물로 방관주와 지기 관계를 구현하려 하는 인물인 반면, 방관주는 남성 콤플렉스에서 벗어나지 못한 인물로서 남성성을 체현하며 가부장적인 질서를 구현하는 인물로 평가된다.[2] 셋째는 『방한림전』을 조선의 가부장제 질서에 대해 비판적인 작품으로 보는 입장이다. 이 입장에서 볼 때 방한림은 평

1 강진옥, 「이형경전연구」, 『고소설연구』 2, 한국고소설학회, 1996, 119쪽; 차옥덕, 「『방한림전』의 구조와 의미: 페미니즘적 시각을 중심으로」, 『고소설연구』 4, 한국고소설학회, 1998, 134쪽; 양혜란, 「고소설에 나타난 조선조 후기 사회의 性차별의식 고찰: 『방한림전』을 중심으로」, 『한국고전연구』 4, 한국고전연구학회, 1998, 141쪽.

2 장시광, 「『방한림전』에 나타난 동성 결혼의 의미」, 『국문학연구』 6, 국문학회, 2001, 254-276쪽; 김하라, 「『방한림전』에 나타난 지기 관계의 변모」, 『관악어문연구』 27, 서울대 국어국문학회, 2002, 225-244쪽.

등의 페미니즘을, 영혜빙은 차이의 페미니즘을 보여 주며, 이 둘의 결혼 생활은 이 둘의 연대를 상징적으로 보여 주는 문학적 장치이다(박혜숙, 2006 : 184). 또 방관주에게는 남성으로서의 삶을 지속하게 하고, 영혜빙에게는 지기와의 한평생을 갈등 없이 이어가도록 한다는 점에서 비판적 문제 의식을 끝까지 유지한 작품이다(김정녀, 2006 : 223-48). 특히 『방한림전』 등의 여성 영웅소설이 중세의 젠더 이분법과 관련된 고정 관념들을 해체하면서 국가와 제도가 그들에게 부여한 역할과 규범에 도전한다는 점에서 고정된 성정체성에 의문을 제기하고 있다(박혜숙, 2009 : 188-9)는 평가는 『방한림전』의 의의를 이해하는 데 관건이 될 것으로 생각된다.

다른 고소설 작품들과 비교할 때는 물론이고 여성 영웅소설과 비교할 때도 『방한림전』은 고정된 성정체성에 의문을 제기하는 데서 나아가, 성별 체계를 위반한 새로운 성정체성을 가진 인물을 등장시켜 이성애에 기반을 둔 가부장적 결혼 제도에 도전한 급진적인 작품이라 할 수 있다. 여성 영웅소설 유형에 속하는 작품들이 결국은 여성의 위치로 돌아가는 반면, 방관주는 끝까지 남성으로 남으며 영혜빙이라는 여성과 결혼해서 40년간 결혼 생활을 유지하기 때문이다. 이는 『방한림전』이 여성 영웅소설의 유형에 속하면서 동시에 벗어나는 특징적인 면모이다. 여기서 문제가 되는 것은 주인공 방관주가 스스로의 성정체성을 어떻게 인식하고 있는가 하는 점이다. 스스로를 여성으로 인식하고 있는 것인가, 아니면 남성으로 인식하고 있는가에 따라 방관주와 또 다른 여성 주인공 영혜빙의 결혼은 단순히 동성 결혼으로만 볼 수 없는 국면이 존재하기 때문이다. 이 글에서는 방관주와 영혜빙의 결혼이 갖는 이런 문제를 염두에 두면서 방관주가 보여 주는 새로운 성정체성과 방관주와 영혜빙의 결혼이 보여 주는 동성애적 면모에 주목하고자 한다. 그리고 『방한림전』이 보여 주는 젠더 위반에 대한 새로운 상상이 실상은 조선 후기 사회에 은폐되어 있던 동성 성애의 소설적 표현이었음을 조선 사회의 동성애에 대한 태도나 현상과 관련하여 살피고자 한다.

『방한림전』(단국대 천안캠퍼스 소장)의 이본異本으로는 『낙성전』(한국학중앙연구원소장), 『쌍완기봉』(정학성 가내 소장) 등이 존재하며, 이 세 이본은 모두 필사본이다. 작가는 미상이고 창작 연대는 19세기 경으로 추정되며, 필사기가 20세기에 가까운 것(장시광, 2006 : 242)으로 미루어 19세기 후반에서 20세기까지 읽혔을 것으로 보인다. 제목상으로는 각기 다른 지향을 보여 주는 것으로 보이지만 서사 전개가 같으며 이본 간에 큰 차이는 없다(장시광, 2006 : 249). 이 글에서는 장시광이 『방한림전』을 저본으로 하고 『낙성전』, 『쌍완기봉』을 참고하여 교감한 현대역 『방한림전』을 텍스트로 택했다.

2. 『방한림전』에 재현된 젠더 위반의 표지들

『방한림전』의 줄거리를 정리해 보면 작품 전체에 걸쳐 있는 갈등과 해결이 방관주의 젠더 위반과 관련되어 있는 것으로 나타난다. 어려서부터 여자옷 입기를 거부하고 남자옷을 입고 자란 방관주가 부모를 잃은 뒤 혼자 집안을 지키며 여자가 지켜야 할 도리에는 더욱 관심이 없고, 과거에 급제한 뒤 영혜빙과 결혼한다. 다른 사람의 구속을 받아야 하는 결혼을 싫어하는 영혜빙과 남자옷을 입고 남자 행세를 하는 방관주(방한림)는 부부를 가장한 지기知己로 함께 산다. 방관주의 관직은 더욱 높아지고 둘은 영화로운 삶을 산다. 이때 형주가 어지러워 방한림이 안찰사로 나가게 되고 여기서 낙성을 얻어 아들로 삼는다. 오랑캐가 침입하자 방관주는 자원해서 전쟁에 나가 승리하여 공을 세운다. 낙성은 혼인하여 과거에 급제하고 방관주·영혜빙 부부는 지기知己로 결혼 생활을 유지하며, 방관주·낙성 부자의 명망은 높아간다. 어느 날 도사가 방문해 음양을 속인 죄를 꾸짖고 죽음을 예고하자 임금에게 자신의 정체를 밝히고 죽으니 얼마 있다 영혜빙도 따라 죽는다.

이상의 줄거리에서 보듯 『방한림전』에는 영웅소설이 흔히 갖고 있는 가문의 몰락과 회복 모티프가 없으며, 혼사에 따른 장애 모티프도 없다. 다시 말해 작가는 방관주가 가문이나 혼사를 둘러싼 문제로 세계와 심각한 갈등에 빠지고 그것을 해결하는 과정에서 영웅으로 성장하는 데 큰 관심이 없다. 작가의 관심은 생물학적 여자인 방관주가 남자로 살아가면서 부딪칠 문제들, 예컨대 결혼, 수염이 나지 않는 것, 자식이 없는 것, 음양을 바꾸어 산 데 대한 세상의 평가 같은 데 집중되어 있다. 『방한림전』과 흔히 '여화위남女化爲男' 모티프라고 불리는 남장 여성 모티프가 나오는 소설들이 구분되는 것이 바로 이 지점이다. 이는 『방한림전』이 젠더 체계의 위반을 서사 전개의 한 모티프로 활용한 것이 아니라 작품의 주제로 삼고 있음을 의미한다.

새로운 성정체성의 등장: 방관주

『방한림전』의 주인공인 방관주는 생물학적으로는 여성으로 태어났으나 여성으로서의 삶, 즉 사회적으로 구성된 여성의 삶, 즉 젠더로서의 여성의 삶을 거부하는 인물이다. 옥으로 새긴 듯한 꽃 같은 딸로 태어난 방관주는 "비록 딸이었으나 산천의 정기를 모은 듯 광채가 찬란"(장시광, 2006 : 13)하더니 서너 살이 되면서부터 여성의 면모가 없고 날로 늠름해진다.

딸(방관주)이 서너 살이 되니 용모가 시원스럽게 생겼고 기상이 빼어나 규방 여자의 행동이 없었다. 몸은 날로 늠름해지고 흰 연꽃 같은 얼굴색이며 가을 하늘과 같은 높은 기운에 진주와 같은 눈빛이 있었다(장시광, 2006 : 14).

이러한 용모에다 재주가 뛰어나 방관주의 부모는 아들이 없는 것을 한으로 여기지 않았다. 방관주가 자신에게 주어진 성별 역할을 거부하는 것은 여자옷을 입지 않고 남자옷을 입는 것에서 시작된다.

방공 부부가 붉은 비단옷과 색깔 있는 옷을 입히려고 했으나 소저는 천성이 소탈하고 검소하여 삼베로 얽은 옷을 입으려고 했다. 그래서 딸의 뜻에 맞추어 소원대로 남자옷을 지어 입히고 아직은 어렸으므로 여공을 가르치지는 않았다. 오직 시짓는 법과 글쓰는 법을 가르치니 …… 온갖 책을 알지 못하는 것이 없어 이백李白과 두보杜甫를 무시할 정도였다(장시광, 2006 : 14).

방관주가 남자옷을 입게 되는 것은 부모의 뜻이 아니라 방관주의 뜻이다. 방공 부부가 여자옷을 의미하는 것으로 보이는 붉은 비단옷과 색깔 있는 옷을 입히려 하자 방관주는 삼베로 얽은 옷을 입으려 한다. 여기서 작가는 스스로 교란되고 있는 것으로 보인다. 소저의 천성이 소탈하고 검소해서 삼베옷을 입으려 한다는 진술과 딸의 뜻에 맞추어 소원대로 '남자옷'을 지어 입혔다는 진술 사이에는 건너뜀이 있기 때문이다. 천성이 소탈하고 검소해서 삼베옷을 입는 것과 남자옷을 입는 것은 사실 아무런 연관이 없다. 붉은 비단옷과 색깔 있는 옷과 삼베옷의 대비는 작가도 "천성이 소탈하고 검소해서"라는 말을 덧붙이고 있듯이 화려한 옷과 검소한 옷의 대비이지, 남자옷과 여자옷의 대비는 아니다. 그런데 그 다음에 바로 오는 것이 "딸의 뜻에 맞추어 소원대로" 남자옷을 지어 입힌다는 것이다.

그렇다면 작가는 여자옷은 붉은 비단옷, 색깔 있는 옷 즉 화려한 옷이고, 남자옷은 삼베로 얽은 옷, 즉 검소한 옷으로 구분하고 있는 것인가? 그런 것 같지는 않다. 작가는 남자옷을 입으려 하는 방관주를 설명할 언어를 찾지 못한 것으로 보인다. 즉 요즘 말로 하면 '복장 전환'이라 할 수 있는 방관주의 선택을 설명할 언어를 찾지 못하고, 소탈하고 검소하다는 것으로 설명하려 한 것이다. 따라서 이를 남자에 대한 선망으로 쉽게 이야기할 수는 없을 것 같다.

방관주의 복장 전환은 여성의 사회적 역할에 대한 거부로 이어진다. 방관주는 길쌈과 바느질을 거부하고 부모도 이를 승인한다. 부모가 보기에도 딸의 재주와 외모가 보통 사람이 아니었으므로 여자옷을 입히지 않고 친척에게는 아들이라고 하여 아들로 키우는 것이다.

> 방관주에게 길쌈과 바느질을 권하면 스스로 하지 않으니, 부모 또한 딸의 재주와 외모가 보통 사람이 아니었으므로 싫어하는 것을 구태여 권하지 않았다. 여자옷을 입히지 않고서 친척에게는 아들이라고 했다(장시광, 2006 : 15).

위 인용문에서 보듯 방관주가 길쌈과 바느질을 스스로 하지 않자 부모는 딸의 재주와 외모가 보통 사람이 아니었으므로 싫어하는 것을 구태여 권하지 않는다. 그리고 여자옷을 입히지 않고 친척에게 아들이라고 한다. 여기서도 작가는 방관주가 길쌈과 바느질을 싫어하는 것과 여자옷을 입히지 않는 것, 아들이라 한 것을 바로 연결시키고 있다. 길쌈과 바느질을 싫어한다는 것과 여자옷을 입지 않는 것 사이에는 직접적인 연관이 없다. 그럼에도 이렇게 이야기한 것은 여자옷을 입지 않으려 하고 남자옷을 입고 싶어하는 다른 성정체성을 가진 방관주를 설명할 언어를 찾지 못한 데서 비롯된 것으로 보인다.

이렇게 딸의 남다른 성정체성을 인정하던 부모가 죽은 뒤 방관주는 여자로서의 삶에 더욱 관심이 없어지며 주위에서도 여자임을 알지 못한다.

> 부지런히 책을 읽고 여도女道에 대해서는 뜻이 더욱 없어져 한결같이 남자로 처신하고 비복婢僕을 위엄으로 다스리니 그의 정체를 친척도 알지 못했다(장시광, 2006 : 15).

그러나 방관주의 비밀을 아는 유모는 계속해서 그만둘 것을 종용한다. 세상의 눈을 대변하는 유모에게 방관주의 행동은 "우스운 행동"일 뿐이다. 그러나 방관주는 유모의 이런 말에 화를 내며, 입신양명하여 부모의 후사를 빛낼 것이니 자신의 정체를 밝히지 말 것을 당부한다. 이후 시짓기와 글쓰기로 세월을 보내는 방관주는 "위엄이 있고 매서워 조금도 여자의 부드러운 모습이 없게"(장시광, 2006 : 17) 되며 "내가 비록 여자지만 남자로 처신했으니 세상 여자의 남편 섬기는 도리를 어찌 하겠는가?"(장시광, 2006 : 19)라고 하며 여자의 삶을 거부하고 과거 시험에 응시하기로 한다. 과거에 급제한 뒤 공직에 나가고 여자와 결혼까지 감행한다.

방관주는 여자로 태어났으되 남자임을 한눈에 드러내 주는 남자옷을 입고, 남자의 일로 규정된 것들을 수행한다. 그런 방관주 역시 스스로에 대해 설명할 정확한 언어를 찾지 못하고 자신의 행동을 어리석은 일로 규정한다.

> 나는 근본이 그대의 의심과 같도다. 하늘로부터 큰 벌을 얻어 부모님을 여의고 고독한 몸이 되었네. 외딴 시골마을에 친척이 드물어 사방을 둘러봐도 의탁할 사람이 없어 어찌할 방법이 없었네. 할 수 없이 이런 모습으로 지내며 속절없이 세월을 보냈도다. 이미 열 살이 되어 어리석은 기운이 더욱 그

칠 줄을 몰라 이 지경에 이르렀더니 오늘 그대가 분명히 알아보았구려(장시광, 2006 : 34-5).

그러나 영혜빙 이외에 방관주가 여자임을 알아보는 사람은 없다. 그리고 결혼한 이후에는 영혜빙의 도움으로 더욱 더 완벽하게 남자의 역할을 수행한다. 작품 속에서는 방관주가 이러한 성정체성을 의지적으로 선택한 것이 아니라 타고난 것으로 묘사된다. 그러나 방관주의 이러한 성정체성은 고정되어 있지 않다. 방관주는 작품 말미에서 자신을 '일개 아녀자'로 묘사하기도 하기 때문이다. 이상에서 보듯 방관주는 남자와 여자라는 고정된 젠더 체계를 교란시키는 인물이다.[3]

가부장적 결혼 거부를 통한 젠더 위반: 영혜빙

방관주가 어려서부터 "보통 사람이 아니어서" 남자옷을 입고 남성의 삶이라고 규정된 삶을 선택함으로써 젠더를 위반한다면 영혜빙은 여자의 삶이라고 규정된 삶에 문제를 제기하고 결혼을 거부함으로써 젠더를 위반한다. 병부상서 겸 태학사인 영의정의 막내딸인 영혜빙은 용모와 재주가 형제 중에 뛰어나고 용모가 아름다운 인물이다. 그러나 그녀는 외모가 여느 여성과 같이 묘사되고, 여성이 해야 하는 역할을 수행한다. 그런 그녀가 다른 여성과 다른 점은 결혼에 대해 매우 부정적이라는 점이다.

3 이러한 방관주의 행동이나 성정체성을 분명하게 이야기하기는 어렵다. 오늘날의 관점에서 볼 때 남자옷을 입는다는 점에서 복장 전환자(크로스드레서)에 해당한다고도 볼 수 있고, 남성적인 복장, 남성적인 성격을 갖는다는 점에서 부치butch(남성적인 복장, 남성적인 성격, 능동적인 성적 역할을 편안하게 느끼는 레즈비언)에 해당한다고도 볼 수 있다(퀴어이론문화연구모임WIG, 『젠더의 채널을 돌려라』, 사람생각, 2008, 16-22쪽 참조).

문득 세상 부부의 영욕榮辱을 초월楚越같이 배척하여 말끝마다 다음과 같이 말했다. "여자는 죄인이다. 온갖 일에 이미 마음대로 못하여 남의 규제를 받으니 남아가 못 된다면 인륜을 끊는 것이 옳다." 그러면서 언니들의 구차함을 비웃었다. 형제들은 활발하다고 조롱하고 부모는 그 마음을 괴이하게 여겼다(장시광, 2006 : 26).

영혜빙의 이런 뜻에도 불구하고 그녀의 아버지는 딸을 방관주와 혼인시키려고 정성껏 구혼하고, 방관주를 집으로 초대한다. 그리고 방관주가 있는 자리에 딸을 나오게 해서 선을 보인다. 이 자리에서 방관주를 본 영혜빙은 내당으로 돌아가 "예로부터 남자가 참으로 고운 사람도 많다고 하나 여자와는 차이가 많으니 어찌 이런 남자가 있겠는가"(장시광, 2006 : 30) 하고 이상하게 여기면서 방관주가 본래는 여자임을 알아본다. 그리고 남자옷을 입은 데 대해 어려서 부질없이 남자옷을 입다가 부모가 일찍 죽고 여자의 도리를 권하고 가르칠 사람이 없어서 그렇게 된 것이라 짐작하고 이를 차라리 잘된 일이라 여긴다.

내가 보니 방씨의 얼굴이 시원스럽고 행동거지가 단엄하여 일대의 기남자奇男子다. 이런 영웅 같은 여자를 만나 일생 지기가 되어 부부의 의리와 형제의 정을 맺어 한평생을 마치는 것이 나의 소원이다. 내 본디 남자의 사랑하는 아내가 되어 그의 절제節制를 받으며 눈썹을 그려 아첨하는 것을 괴롭게 여기고 있었다. 금슬우지琴瑟友之와 종고지락鐘鼓之樂을 내가 원하지 않더니 우연히 이런 일이 있으니 어찌 우연하다 하리오? 반드시 하늘이 생각해 주신 것이다. 수건과 빗을 맡는 구구한 일보다 이것이 낫지 않으리오?(장시광, 2006 : 30-31)

"규방의 여자 가운데 세상 이치를 꿰뚫어 아는 여자"(장시광, 2006 : 34)인 영혜빙은 남자의 규제를 받는 가부장적 결혼에 대해 깊은 문제 의식을 갖고 있는 인물이다. 따라서 방한림이 여자인 것을 알아보고도 결혼을 감행하며, 일생토록 처자의 도리를 잃지 않겠다고 한다. 영혜빙이 말하는 처자의 도리는 다른 연구에서 지적하듯 방관주와 가부장적 위계에 따른 처자의 도리가 아니다. 결혼 이후 두 사람의 관계는 영혜빙이 원하는 것처럼 동등한 지기知己 관계로 유지된다.

『방한림전』이 가부장적 질서를 보여 주는 작품이라고 보는 입장에서는 방관주가 뒤로 갈수록 가부장적인 면모를 띠게 된다고 지적한다. 그러나 설령 방관주가 가부장적인 면모를 드러낸다 해도 영혜빙은 그것을 받아들이지 않고 비판하거나 거부한다. 두 사람의 결혼을 반대하고 결혼이 유지되는 내내 근심어린 충고를 하는 유모에게 방한림이 화를 내어 꾸짖을 때 영혜빙이 방관주의 자字를 부르며 유모 편을 들어 주는 장면이 그런 예 중의 하나이다. 영혜빙이 자를 부르자 방한림은 "여자의 도리를 알 때"인데도 가장의 자를 부르느냐고 질책한다. 그러나 영혜빙은 방한림의 질책을 "낭랑하게" 웃어넘긴다(장시광, 2006 : 50). 영혜빙의 웃음은 방관주의 질책을 사소하게 만들어 버리는데, 방관주가 계속 가부장적인 태도를 견지한다면 이 장면이 이렇게 마무리되지는 않았을 것이다. 다음에 들 또 다른 예 역시 마찬가지이다. 방관주가 임금에게서 상으로 받은 통천관은 자신이 가지고 서진과 책은 아들인 낙성에게만 주자 영혜빙이 낭랑하게 웃으며 자기 것은 없느냐고 묻는다. 이에 대해 방관주가 "부인에게는 당치 않는 것"이라고 하며 부인이 가진 것이 다 자신에게서 비롯된 것인데 만족하지 않고 투정하니 욕심이 많다고 한다. 그러자 영혜빙은 빙그레 웃으며 "나에게 맞지 않는 것이 그대에게 홀로 맞는 것이 있느냐"고 받아친다. 이 말을 들은 방관주가 눈썹을 찌푸리며 그런 말을 하지 말라고 하자 영혜빙은 여유롭게 웃는다. 이러한 장면들은 영혜빙이 방관주의 위세나 능력에 기죽거나 열등감을 느끼지 않는 것을 보여 준다. 그보다는 오히려 그녀가 원했던 대로 구속받지 않고 동등한 관계를 만들어 가는 것을 보여 준다.

영혜빙은 가부장적 결혼의 문제점을 깨닫고 이를 거부한다. 그런데 그 거부의 방식으로 동성 결혼을 선택한다는 점에서 새로운 문제 의식을 드러낸다. 영혜빙은 방관주라는 새로운 성정체성을 가진 인물을 받아들일 뿐만 아니라, 그녀 자신도 당대의 젠더 규범을 벗어난 결혼 생활을 기꺼이 선택한다. 이런 점에서 영혜빙 역시 젠더 위반을 수행한 인물이라 할 수 있다.

3. '동성 결혼' 설정을 통한 젠더 체계 흔들기와 '동성애'의 자리 만들기

앞서 보았듯이 방관주와 영혜빙의 젠더 위반은 결국 동성 결혼이라는 형태로 귀결된다. 여성이 남자옷을 입고 공적 공간에 나가 공을 세우는 내용의 작품들은 많이 창작되었지만 『방한림전』처럼 동성 결혼을 설정해서 끝까지 남성의 역할을 수행하게 하는 작품은 드물다. 이런 점에서 『방한림전』의 주제 의식은 젠더 위반의 결과 이르게 된 '동성 결혼'이 어떤 모습이 될 것인가에 모아진다고 할 수 있다.

방관주와 영혜빙이 결혼을 할 수 있었던 것은 주변 사람들의 의심을 막고자 하는 방관주의 목표[4]와 앞서 보았듯이 남자의 규제를 받지 않겠다는 영혜빙의 이해가 맞았기 때문이다. 이 둘은 결혼이라는 형식 속에서 지기 관계로 살기로 한다. 이 둘이 결혼이라는 형식을 택할 수밖에 없었던 것은 당시 조선 사회에서는 결혼 이외의 다른 관계나 독신이 허용되지 않았기 때문이다. 따라서 이들은 부부 관계를 한 친구 관계로 40년을 함께 사는 것이다.

동성 결혼이 쉽게 허용되지 않는 현대 한국 사회에서도 이러한 설정은 파격적이다. 그런데 조선 시대에 어떻게 이런 설정이 허용될 수 있었을까? 그것은 지기라는 오래 전부터 있어 온 이상적 인간관계의 한 전형을 차용함으로써 가능했다. 이는 물론 동성 결혼에 따르는 성애적인 요소를 소거한다는 뜻이다. 사실 『방한림전』에서 방관주, 영혜빙의 결혼이 허용될 수 있었던 것은 어떤 성애적 요소도 드러내지 않기 때문이다. 여자로 밝혀진 방관주가 규방의 여자로 몸을 세상에 드러내 예법을 어겼다고 하면서 자신의 팔뚝에 있는 앵혈[5]을 보이며 임금을 속인 잘못을 빌자 임금은 그 절개 있는 행동은 주표(앵혈)를 보지 않아도 안다고 하며 방관주에게 "만고의 영웅이요, 열녀절부"라고 칭찬한다. 방관주가 자신의 실체를 밝힌 뒤 앵혈을 보이는 대목은 그녀가 여자임을 확인시키는 행위이기도 하면서 그간 성애와는 상관없는 삶을 살아왔다는 것을 확인시키기 위한 것으로도 해석된다.

작가는 방관주와 영혜빙의 결혼을 성애적 요소가 없는 '지기' 관계라는 설정을 통해 독자를 설득시킨다. 그리고 그것이 설득력을 얻는 것은 방관주가 "사사로운 이익을 탐하여 부부의 즐거움을 긴요치 않게"(장시광, 2006 : 35) 여기며, 영혜빙은 "지극히 밝아 부부의 도를 괴롭게 여기는"

4 "영공이 방한림을 크게 사랑하여 구혼을 정성껏 했다. 한림이 매우 괴로웠으나 또한 이미 남자로 행세하여 몸을 마치려고 하면서 처자를 두지 않으면 주변 사람들이 의심할 것이니 차라리 아름다운 숙녀를 얻어 평생의 지기로 삼는 것이 마땅하다고 생각했다"(26-27쪽).

5 혼인하기 전 처녀의 팔에 찍는 물감의 일종으로, 처녀에게만 찍히고 처녀가 아니면 찍히지 않는다고 한다. 혼인 후 남자와 잠자리를 같이하면 저절로 없어진다고 한다. 고전소설에서 흔히 처녀의 표지로 많이 쓰인다.

(장시광, 2006 : 75) 사람이라는 설정 때문이다. 그러나 표면적으로 방관주와 영혜빙이 지기 관계를 맺고 있는 것으로 나타나지만, 그 이면에는 지기 관계 이상의 감정이 형성된 것으로 보인다. 예를 들어 방관주가 형주 안찰사로 나가게 되어 이별하게 된 두 사람이 "몇 년 간 떨어질 것을 생각하니 매우 슬프다"(장시광, 2006 : 39)고 하거나 "이별하는 것이 가장 괴로우니 관포의 지기가 데면데면하지 않음을 알겠다"(장시광, 2006 : 39)며 연연해 하는 대목이나, 이후 오랫동안 타향에 머물게 된 방관주가 "규방 홍안이 외롭게 지내는 것을 그리워하는" 대목에서 지기 관계 이상의 감정을 볼 수 있다. 그러나 작가는 이러한 감정적인 부분을 결코 온전히 드러내지 않는다. 방관주로 하여금 이별의 슬픔을 제사를 정성껏 받들라는 당부로 마무리하게 하거나, 영혜빙에 대한 그리움을 임금에 대한 그리움으로 마무리하게 하기 때문이다. 이러한 감정에 대해 단순히 친밀한 지기 관계를 표현한 것으로 볼 수도 있다. 그러나 그렇게만 볼 수 없는 이유는 이 작품 속에 처음부터 동성애적 요소가 잠복되어 있기 때문이다.

방관주와 영혜빙의 결혼이 가능했던 것은 서로에 대한 이끌림이 있었기 때문이다. 억지로 영공의 집에 따라간 방관주는 영혜빙을 보고 "속으로 경탄하고 사모하며 칭찬하여 저렇듯 예쁘고 재기 있는 여자는 온 세상을 통틀어도 다시 얻지 못할 것"(장시광, 2006 : 28)이라 찬탄하며 결혼을 허락하고, 영혜빙 역시 "일대의 기남자奇男子"라 하면서, "이런 영웅 같은 여자를 만나 일생 지기"가 되어 부부의 의리와 형제의 정을 맺어 한평생을 마치는 것이 소원이라고 생각한다(장시광, 2006 : 30). 이처럼 이들의 결혼은 남자의 삶을 살기로 한 방관주와 가부장적 결혼을 거부하는 영혜빙의 이해가 정확하게 맞는 것이지만, 그 이면에는 서로에 대한 강한 이끌림이 있다. 이들에게 결혼 상대가 동성이라는 것은 전혀 장애가 되지 않는다. 유모의 제지가 있지만 방관주는 이를 무시하며, 영혜빙은 "그가 여자인 것을 몰래 기뻐하며"(장시광, 2006 : 32) 두 사람 모두 "다행히 지기知己를 얻어 서로 인생이 없어지지 않는 것을 기뻐했다"(장시광, 2006 : 36).

두 사람의 결혼 생활은 낙성이라는 아들까지 얻어 다른 사람들의 의심을 막으며 겉으로는 아무런 문제도 없는 것처럼 유지된다. 방관주에게 "우스운 행동"을 그만두라고 충고했던 유모가 옆에서 "매사에 부인과 낭군은 즐기시기만 합니다. 바로 기둥에 불이 붙는데 제비와 참새가 오히려 즐긴다 하더니 흡사합니다"(장시광, 2006 : 49)라고 계속 문제를 제기하는 것 이외에는 아무런 장애도 없는 것처럼 보인다. 그러나 실제로 이 둘의 관계는 다른 사람들로부터 고립되어 있으며, 자신들의 관계를 바라보는 방관주, 영혜빙 두 사람의 시선은 때때로 우울하고도 냉소적이다. 이 고립된 감정과 우울하고 냉소적인 시선의 정체는 무엇이며, 어디에서 비롯되는 것인가?

처음 결혼한 뒤 두 사람은 잠시도 떨어지지 않고 사이좋게 둘만의 생활을 유지한다.

> 이후에 두 사람이 화락和樂하여 한림이 조정에 갔다가 오면 내당에서 종일토록 보내고 외당에 손님을 모으지 않았다. 사람들이 고요하고 단정함을 더욱 칭찬했다(장시광, 2006 : 36).

위 예에서 보듯 방관주의 생활은 관직에 나가는 것과 집안에서 영혜빙과 지내는 것으로 이루어져 있을 뿐이다. 생일 잔치를 베풀기도 하고, 방관주가 외직으로 나가기도 하지만 이 둘의 생활 공간은 거의 내당에 국한된다. 이는 둘 사이가 좋다는 표시이기도 하지만, 방관주와 같은 성정체성을 가진 인물이나, 이 둘의 결혼 관계가 허용될 수 있는 공간이 두 사람이 있는 내당에 국한될 수밖에 없다는 것을 의미하는 것이기도 하다. 따라서 이들의 화락하고 영예로운 삶에는 우울과 냉소가 스며들어 있다. 이러한 조짐은 방관주와의 결혼을 선택한 영혜빙에게서도 나타난다.

> 평생 지녀온 철옥 같은 마음으로 이와같이 생각을 정하니 세상일이 뜬구름 같았다. 생각을 단단히 먹으니 기괴한 일이었다. 옛날 도원결의桃園結義와 유백아, 종자기의 지음知音이 있었으나 지금에는 이 두 사람뿐이었다(장시광, 2006 : 31).

비록 방관주에게 이끌리고 남자와의 결혼에 거부감을 갖고 있기는 해도 막상 생각을 정하니 세상일이 뜬구름 같고, 자신의 일이 기괴하게 여겨진다. 그리고 도원결의, 백아와 종자기 같이 서로를 알아 주는 관계가 지금에는 자신들 두 사람뿐인 것으로 여겨진다. 세상일이 뜬구름 같고 기괴한 일로 느껴지며 둘만 있는 것 같은 느낌이 드는 것은 아마도 이제 세상 사람들과는 다른 형식의 삶을 살게 되었다는 느낌, 그리고 다른 사람과는 자신의 삶에 대한 이야기를 나눌 수 없게 되었다는 느낌에서 비롯된 것으로 보인다. 성공적인 관직 생활을 하는 방관주에게도 결혼을 하면서부터 내내 근심이 따라다닌다. 결혼하는 날 서평후가 종이 등을 내어 신부에게 옷 입기를 재촉하는 시를 지으라 하자 방관주는 그윽이 실소하고, 신방에 나아가서도 방관주의 수려한 눈썹 사이에는 묵묵히 근심이 어린다. 방관주의 이런 근심은 영혜빙의 인륜을 끊었다는 자책에서 비롯되며 살아가는 동안 내내 이런 감정에서 벗어나지 못하는 것으로 보인다. 인륜을 끊는다는 말은 영혜빙이 남녀 관계를 통해 출산을 하고 후사를 잇는 삶을 살지 못한다는 것을 의미하는 것으로 보인다. 그리고 구체적으로는 둘 사이의 성애적인 관계가 불가능하다는 것을 암시한다. 따라서 이런 부분에 대해 방관주는 민감하게 반응하며 때로는 냉소적인 태도를 취하기도 하는 것이다.

> 임금이 영 소저에게 봉관화리鳳冠花履와 명부命婦의 옷을 주니 영광이 더욱 성했으며 한편으로 영 소저의 풍채를 도왔다. 시랑이 눈을 들어 소저를 보고는 차게 웃으며 말했다. "부인이 학생 같은 남편을 만나 열셋 청춘에 나의 아내가 되어 봉관화리를 얻으니 일찍 출세함을 축하하노라." 영 소저가 화관을 숙이고 붉은 입술에 흰이를 드러내어 말했다. "이것이 다 현후의 은덕이니 큰 덕이 산악과 같습니다. 여자가 남편의 은총을 입는 것이 사리에 옳으니 어찌 도리어 아끼십니까?" 시랑이 크게 웃고 또한 자신이 남자 아님을 슬퍼했다(장시광, 2006 : 38).

임금이 하사한 명부의 옷을 입은 영 소저를 본 방관주의 냉소는 무엇을 향한 것인가? 아름다운 영혜빙의 풍채를 보고 그 인륜을 끊은 것에 대한 냉소인지, 자신 덕분에 일찍 출세한 것에 대한 냉소인지 분명하지 않다. 이 냉소의 정체가 분명해지는 것은 영혜빙과 말을 주고받은 뒤 크게 웃으며 자신이 남자 아님을 슬퍼한다는 대목에서이다. 이때 그가 남자 아님을 슬퍼하는 것은 공적인 세계에 나가지 못해서도, 다른 여성 영웅소설에서와 같이 다시 여자로 돌아가야 해서가 아니다. 지금 방관주에게는 이 문제들과 관련한 제약도 요구도 없기 때문이다. 그렇다면 여기서 방관주가 남자 아님을 슬퍼하는 이유는 무엇인가? 작가는 여기서 분명한 설명을 생략하고 있다. 이 생략된 부분은 아마도 성애적인 부분과 관계가 있을 것으로 짐작되나 더 이상 추론하기는 어렵다. 그러나 자신의 공으로 봉이 새겨진 관과 꽃신을 신은 영혜빙을 바라보는 방관주의 냉소가 자신의 남장과 관련이 있음은 틀림없다.

이상에서 보았듯이 『방한림전』은 방관주와 영혜빙이라는 다른 성정체성을 가진 인물을 설정하고 이들이 수행하는 젠더 위반을 끝까지 밀고나가서 동성 결혼 속의 지기 관계라는 새로운 관계를 제시한다. 이 결혼이 소설 속에서 허용되고, 또 이러한 소설이 당시 사회에서도 허용되었던 것은 성애적인 요소를 제거한 지기 관계임을 표방했기 때문이다. 그러나 이 둘의 관계에는 동성애적인 요소가 잠복해 있다. 『방한림전』의 지기 관계는 유교 사회에서 남자들의 우정 관계를 지칭하던 '지기'를 포섭한 것으로 동성애적인 요소가 포함되어 있는 말이다. 앞서 확인했듯이 작가는 성애적인 부분에 대해 극도로 서술을 절제하거나 생략하고 있다.

『방한림전』에 설정된 동성 결혼은 젠더 체계를 흔들고 이성애에 기반한 가부장적 체제를 벗어난 새로운 상상을 보여 준다. 물론 현실적으로 이것이 당대 사회에서 허용되기 어렵다는 것을 동시에 인식하고 있었기에 우울과 냉소가 작품 전반에 깔려 있다. 그러나 『방한림전』은 우울과 냉소, 고립된 생활을 가져온 젠더 위반과 동성 결혼이 사회적으로도 허용받는 것으로 작품을 끝낸다. 천상의 존재라 할 수 있는 현산 도사의 방문을 통해 받은 방관주는 "일개 아녀자로 남자로 행세한 것이 이미 오래 되었으니 어찌 천벌이 없으리오?"라고 하며 임금에게 자신의 정체를 드러낸다. 이에 대해 임금은 "만고의 영웅, 열녀의 절부"라고 칭송하며 용서한다. 그 뒤 방관주는 죽고 이어서 영혜빙도 죽어 이 둘은 "사생死生을 함께 한 지기로 같은 무덤에 안장"된다. 이 일이 드러난 뒤에 곧 죽는다는 설정은 정체가 드러난 뒤에는 더 이상 이전의 관계를 유지하기 어렵다는 것을 의미할 수도 있다. 그러나 젠더 위반과 동성 결혼이 임금의 용서를 받았다는 것은 사회적으로 허용되었다는 것이다. 이런 점에서 『방한림전』의 성의식은 급진적인 면모를 갖는다.

『방한림전』은 젠더 위반을 통해 젠더 체계를 흔들었을 뿐만 아니라 지기의 포섭을 통해 동성애가 놓일 자리를 만들었다는 점에서 성담론의 새로운 장을 연 작품이라 할 수 있다. 필자는 위국공(낙성)의 꿈을 통해 방관주와 영혜빙의 젠더 위반과 동성 결혼이 천상에서의 벌로 인한 것이라고 하는 후일담에 대해 대중적 · 통속적 설정이라 보는 기존의 견해에 대해서도 의견을 달리한다. 동성 결혼도 하늘이 정해 준 인연에 의한 것이었다는 것을 보여 줌으로써 오히려 동성 결혼, 동성애가 놓일 자리를 만들어 주는 것으로 생각되기 때문이다. 이처럼 『방한림전』은 조선 시대에도 존재했을 것이나 적절히 호명되지 못하고 부재의 영역으로 남아 있었던 다른 성정체성을 가진 인물들이나 동성애를 존재의 영역으로 만들고 있다는 점에서 문화사적 의의를 갖는다. 그리고 이러한 설정이 여성의 위치에 대한 깊은 문제 의식에서 비롯되었다는 점에서 여성주의적 인식사에 중요한 의미를 갖는 것으로 생각된다. 그러나 동시에 성애적인 부분에 대해 극도로 절제된 태도를 취함으로써 실상은 동성애에 대한 억압을 가하고 있는 것으로 보인다. 이는 동성애에 대한 조선 사회의 태도와 관련시켜 보면 더욱 확연하게 드러난다.

4. 동성애에 대한 조선 사회의 태도와 『방한림전』

『방한림전』이 중요한 의미를 갖는 것은 조선 사회에 깊숙이 가라앉아 있던 젠더 위반이나 동성애의 영역을 전면적으로 이끌어 내기 때문이다. 한국에서 '동성 연애'라는 용어가 처음 등장한 것은 1920년, 동성애라는 용어가 처음 등장한 것은 1923년이다(신지연, 2006 : 266). 일본을 거쳐 한국에서 성욕에 대한 논의가 활발하게 일어난 1920년 이후 동성애라는 용어가 등장하고 하나의 문화적인 현상으로 다루어지기 시작했다. 20세기 이전 조선 사회에 동성애는 남자의 경우 '계간鷄姦', '남색男色', '남총男寵', '외색外色', '용양龍陽'이라는 용어로, 여자의 경우 대식對食 등의 용어로 지칭되었고, 그 대상이 되는 사람은 남자의 경우 '미남자', '미동美童', '비역屁役', '완동翫童' 등으로 지칭되었으나 공식 문헌에서는 다루어지지 않았다. 이미 잘 알려져 있듯이 세종의 며느리 봉씨가 궁녀와 동성애적 관계를 맺어 쫓겨나는데 그 내용이 실록에 자세하게 소개되어 있다. 그런데 세종은 이 일이 너무 추잡하다고 하여 교지에 기록하지 못하게 한다.[6] 동성애에 관한 기록은 세종조에 한 건 더 보이는데 그것은 태조의 손자뻘에 해당하는 왕족 이선李宣과 관련한 기록이다. 세종은 이선의 동성애에 대해서는 제재를 가하지 않았을 뿐만 아니라 병조판서 벼슬까지 내린다. 결국 이선은 권력을 전횡하여 파직되지만 남녀에 대한 다른 태도를 보여 준다.

> 평상시 집에 있을 때는 방 하나를 따로 두어 예쁜 사내종 하나와 함께 자기를 처나 첩같이 하니 동네에서 그 종을 가리켜 '이정승의 첩'이라고 부른다. 그 종은 안방에도 거침없이 출입하고 그의 처와 동침까지 하게 되어 추잡한 소리가 밖에까지 들렸으나 선은 그것을 금하지 않고 또 거리끼지도 않았다(常居家, 別置一室, 與一貌美奴寢處, 若妻妾然。 閭里指其奴曰: "李相之妾." 其奴出入壼內無防, 至有薦枕於其妻, 而醜聲頗聞於外, 宣不之禁, 亦不憚也)(세종실록 29년, 1447년, 4월 18일 『조선왕조실록 CD』).

6 "봉씨가 궁궐의 여종과 동숙한 일은 매우 추잡하므로 교지에 기록할 수 없다. 우선 성질이 질투하며 아들이 없고, 또 노래를 부른 네다섯 가지 일의 잘못을 들어, 세 대신과 함께 의논하여 속히 교지를 지어 바치게 하라(奉氏與宮婢同宿之事極醜, 不可載於敎旨. 姑以性妬無子, 又唱歌等四五事數之, 與三大臣同議, 速製敎旨以進.)." 세종실록 18년, 1436년, 10월 26일. 『조선왕조실록 CD』.

위 기록은 이선이 사내종과 동성애적 관계를 맺었고, 사내종은 다시 이선의 처와 관계를 맺었는데 이선은 여기에 대해 전혀 거리낌이 없었다고 전한다. 세자빈 봉씨의 동성애에 대한 기록의 자세함에 비하면 이 기록은 매우 소략한 편인데, 이후에는 공식 기록에서 동성애에 관한 기록을 찾아보기 어렵다. 아마도 세종의 지시대로 추잡하다고 여겨 제외했을 가능성이 높다. 그러나 일본에 간 통신사 일행이 일본의 풍습을 논하면서 '남색' 풍습에 대해 기록한 것이나,[7] 이규경李圭景(1788-1856)이 『오주연문장전산고五洲衍文長箋散稿』에 중국의 '남색' 풍습에 관한 내용을 기록한 것들이 남아 있어 동성애에 관한 관심이 계속 있었음을 알 수 있다.

남성 동성애에 대해서는 기록이 있는 데 비해 여성 동성애에 대해서는 봉씨 이후 거의 기록이 남아 있지 않다. 그러나 여기 매죽당 이씨와 조소사에 대한 이야기는 동성애적인 요소가 들어 있는 여성의 지기 관계의 한 예를 보여 주며, 조선 사회가 동성애에 대해 어떤 태도를 취했는지를 짐작할 수 있게 해 준다. 이 예는 『방한림전』이 여성 영웅소설의 서사 전개를 공유하면서 조선 사회의 저변에 흐르던 동성애적 흐름을 소설화한 것임을 확인할 수 있게 해 준다는 점에서 주목할 만하다.

매죽당 이씨와 조소사에 관한 이야기는 야담과 전傳으로 기록되어 전한다. 하나는 『좌계부담』의 기록이고, 또 하나는 임경주(1718-1745)가 쓴 『매죽당이씨전』이다. 다소 길지만 인용해 본다.

> 사족 한생의 부인 이씨는 홀로 된 어머니 밑에서 자라, 오빠들이 글 읽는 소리를 귀 익게 듣고는 외우고 기억해서 잊지 않았다. 그래서 어느덧 문장을 이루어 꺼내는 한 마디 한 마디가 사람을 놀라게 했던 것이다. 결혼한 뒤에

7 『해사록』, 정축년(1637) 1월 27일.

도 부귀영화에는 전혀 뜻이 없어 한적한 방에서 조용히 지내며, 길쌈이나 바느질에는 처음부터 흥미를 갖지 않았다.

그때 중인 집 처녀 조소사趙召史는 이름이 옥잠이요, 호가 현포玄圃인데, 이씨의 명성을 전해 듣고 도보로 찾아왔다. 단박 옛 친구를 만난 듯했다. 그네들이 주고받는 말은 실로 사물의 이치를 꿰뚫었고 경전과 역사를 토론하여 속세의 남자들이 감히 그네들 규방의 세계를 넘볼 수 없었다. …… 오래지 아니하여 과연 이씨는 낙태하여 죽었다.

조소사는 영전에 통곡하며 글로써 제를 지내고 돌아오는 길에 시를 읊었다. ……

조소사는 그 이후로 세상에 뜻이 없어 꽃피는 아침 달뜨는 저녁에 눈물을 흘리고 한숨을 쉬기도 하며, "이 매헌의 아리따운 용모와 슬기로운 언어를 다시는 보고 들을 길이 없으니, 내가 사는 것이 슬픔이 될 뿐이다." 하고 음식을 전폐하다가 병이 깊어서 죽었다.[8]

매죽당 이씨는 종실 완원군의 후예이다. 이씨는 어려서부터 꽃 가꾸기를 좋아했는데 얼마 지나 탄식하며 말하기를, "이는 부인이 할 일이 아니다." 하고 모두 없애고 매화와 대나무 몇 그루만 남겼다. 그리고 스스로 매죽당이라는 호로 불렀다. 이로부터 날마다 여공을 부지런히 닦았다. 그러나 본래 총명하고 공부하기를 좋아해서 『주역』에 제법 능통했으며, 또 노래와 시를 잘했다. 그때 조옥잠이라는 여자가 있었는데 사람됨이 맑고 고상했으며 문장을 알았다. 그리하여 이씨와 옥잠은 친구 관계를 맺고 몹시 친하게 지냈다. …… 그 담론과 의기가 군자의 풍모가 있었다. 그 뒤 옥잠이 죽었다. 이씨가 옥잠을 잃은 뒤 근심을 이기지 못했다. …… 몇 년 뒤에 이씨가 또 피를 토

8 이우성 · 임형택, 『이조한문단편집』, 일조각, 1980, 274-276쪽.

하고 죽었으니 나이 열아홉 살이었다.[9]

이매죽당과 조옥잠의 우정에 관한 위 두 기록은 야담과 전이라는 문장 형식 외에도, 각 인물의 성격, 죽음, 평가 등에서 차이를 보인다. 이에 대한 정교한 비교는 다른 작업으로 돌리고 여기서는 우선 이들의 우정이 기록되는 방식에 주목하고자 한다. 『좌계부담』에 의하면 이 매헌은 길쌈이나 바느질에 처음부터 관심이 없었으며, 문장이 뛰어난 인물이다. 중인집 처녀인 조옥잠이 매헌의 명성을 듣고 찾아온 뒤 둘은 옛 친구를 만난 듯 속세의 남자들이 엿볼 수 없는 관계를 맺고 몹시 친하게 지낸다. 얼마 지나지 않아 매헌이 죽자 조옥잠은 세상에 뜻이 없어지고 눈물로 지내며 음식을 전폐하다가 병이 깊어서 죽는다. 『매죽당이씨전』에 의하면 매죽당은 부덕에 충실한 한편 총명하고 공부하기를 좋아하고 노래와 시에 뛰어난 인물이다. 조옥잠 역시 문장을 잘하는 인물로 두 사람은 붕우 관계를 맺고 몹시 친하게 지냈는데 둘의 담론과 의기가 군자의 풍모가 있었다. 조옥잠이 먼저 죽자 매죽당이 슬픔을 이기지 못하며, 몇 년 뒤에 피를 토하고 죽는다. 이 두 기록 모두 빠뜨리지 않고 있는 것이 두 사람의 절친한 우정과 한 사람이 죽자 따라죽었다는 것이다. 『매죽당이씨전』에서는 몇 년 뒤에 죽었다고 했지만 조옥잠이 죽은 뒤 안타까워하는 시를 읊은 뒤에 바로 피를 토하고 죽었다고 해서 조옥잠의 죽음과 연관이 있는 것처럼 서술하고 있다. 『좌계부담』에서 매헌이 죽은 뒤 조소사가 슬픔에 잠겨 "이 매헌의 아리따운 용모와 슬기로운 언어를 다시는 보고 들을 길이 없으니,

9 임경주, 『梅竹堂李氏傳』, 김균태, 『문집소재전자료집』, 계명문화사, 1986. "梅竹堂李氏, 宗室完原君之後也. 李氏少好畜華卉, 旣而歎曰: 此非婦人之任矣, 悉去之, 只置梅竹數本. 遂自號梅竹堂. 由是日治女工惟勤. 然性聰慧好學, 頗通周易, 又善爲歌詩. 時有女子趙玉簪者, 爲人淸高, 解文辭. 故李氏與玉簪, 結爲朋友, 甚相得. …… 其談論意氣, 盖有君子之風. 其後玉簪死, 李氏旣失玉簪, 恙不自勝. 後數年, 李氏又吐血死, 年十九矣."

내가 사는 것이 슬픔이 될 뿐"이라고 한 것을 참고하건대 이 행간에 조옥잠에 대한 그리움과 상실감 같은 것이 생략된 것은 아닐까? 위 두 기록에서 보이는 그리움과 상실감, 그리고 (정사情死에 가까운) 따라 죽기에까지 이르는 두 사람의 관계는 동성애라는 언어를 갖지 못했기 때문에 친구 관계, 우정이라는 말로 표현된 것이지 실상은 동성애적인 관계에 가까운 것으로 보인다.

이 두 기록은 두 여성의 관계를 지적인 교유, 우정으로 형상화한다. 이는 조선 후기에 활발하게 일어난 우정 담론의 한 형태로 볼 수도 있다. 그러나 앞서 『방한림전』에서도 보았듯이 우정, 지기라는 말은 동성애적인 요소를 포함한 관계를 지칭하는 데도 곧잘 쓰일 수 있는 언어이다. 따라서 위 두 여성의 관계도 우정이라는 전제 하에 맑고 고상하게 표현되어 있을 뿐이다. 『방한림전』에 등장하는 두 여성 인물의 관계도 지기나 우정으로 환원된다. 이때 우정, 지기라는 언어는 동성애적인 관계를 은폐하는 언어로 동성애를 탈성화脫性化하는 태도를 드러낸다. 이는 여성 동성애의 경우 더욱 우정이나 지기로 받아들이려는 경향이 강한 것과 관련이 있을 것으로 생각된다.[10]

우정이나 지기로 지칭된다 할지라도 『방한림전』이나 이매죽당과 조옥잠의 관계 같은 여성 간의 짙은 우정 관계 혹은 동성애적인 관계가 기록되고 어느 정도 거부감 없이 수용된 것은 성애적인 요소, 짙은 감정적인 요소나 육체적인 관계가 배제되어 있기 때문인 것으로 보인다. 이는 앞서 세종이 보여 준 바 감정적이고 육체적인 요소를 '추잡한 것'으로 배제하는 원리가 조선 사회 내내 지속되고 있었던 것과 관련이 있었던 것으로

10 1920~30년대 동성(연)애 관련 기사의 수사적 맥락을 살핀 연구에 의하면 여성 동성애의 경우 낭만적 수사학의 지배를 받으며 감정과 정신의 영역에 존재하는 것으로 탈성화된 이미지로 고착되는 경향이 있다고 한다(신지연, 앞 논문, 279쪽).

보인다. 이로써 동성애는 다시 한 번 억압되고 타자화된다. 『방한림전』도 이러한 배제의 원리를 공유하고 있다. 그러나 『방한림전』은 지기 관계를 전유하여 두 여성 인물을 결혼에까지 이르게 한 설정을 통해 동성애적인 요소를 다룬 작품으로 새롭게 평가될 만하다. 이러한 작품이 창작되고 향유될 수 있었던 것은 19세기 이후 조선 사회의 성담론이 여성의 달라진 의식을 바탕으로 큰 진폭으로 흔들리고 있었음을 의미한다.

5. 나오는 말

앞서 살펴보았듯이 『방한림전』은 방관주와 영혜빙이라는 두 여성 인물을 등장시켜 고정된 젠더 체계와 이성애에 기반한 가부장적 결혼 제도에 문제를 제기한 작품이다. 필자는 『방한림전』의 주제 의식이 여기에 그치지 않고 동성 결혼을 통해 젠더 위반에 대한 급진적 상상을 보여 주는 작품이라고 보았다. 그리고 작품 내에서는 매우 절제된 형태로 제시되고 있는 동성애적 면모를 조선 사회에 은폐되어 있던 동성애의 소설적 표현이라고 보고 이를 조선 사회의 동성애에 대한 태도와 관련하여 살펴보았다.

『방한림전』이 보여 주는 젠더 위반의 표지는 다른 성정체성을 가진 방관주와 남자의 절제를 받는 가부장적 결혼을 거부하는 영혜빙에게서 분명하게 볼 수 있다. 이처럼 『방한림전』은 방관주와 영혜빙이라는 새로운 인물을 설정하고 이들이 수행하는 젠더 위반을 끝까지 밀고나가서 동성 결혼 속의 지기 관계라는 새로운 관계를 제시한다. 그러나 이 결혼은 유교 사회에서 남자들의 우정 관계를 지칭하던 '지기'를 전유한 것으로 동성애적인 요소가 포함되어 있는 말이다. 따라서 『방한림전』에 설정된 동성 결혼은 젠더 체계를 흔들고 이성애에 기반한 가부장적 체제를 벗어난 새로운 상상을 보여 준다. 물론 현실적으로 이것이 당대 사회에서 허용되기 어렵다는 것을 동시에 인식하고 있었기에 우울과 냉소가 작품 전반에 깔려 있다. 그러나 『방한림전』은 우울과 냉소, 고립된 생활을 가져온 젠더 위반과 동성 결혼이 사회적으로도 허용받는 것으로 작품을 끝낸다. 이런 점에서 『방한림전』의 성의식은 급진적인 면모를 갖는다. 그러나 이 작품은 결혼이라는 가부장적 경계 외부에 대한 상상은 보여 주지 못한다. 이는 두 가지 이유에 기인한다고 생각한다. 첫째는 유교 이데올로기가 여전히 강력한 성장치로 작동하고 있던 사회에서 결혼은 남녀에게 주어진 삶의 기본적인 양식으로 여겨졌기 때문이다. 둘째는 이러한 삶의 양식은 소설이 남녀 주인공의 결혼으로 귀결되는 플롯을 넘어서기 어렵게 만드는 구조로 작동했기 때문이다. 이런 점에서 플롯 역시 하나의 성장치로 작동한다는 점을 지적하고자 한다.

『방한림전』은 젠더 위반을 통해 젠더 체계를 흔들었을 뿐만 아니라 지기 관계의 전유를 통해 동성애가 놓일 자리를 만들었다는 점에서 성담론의 새로운 장을 연 작품이라 할 수 있다. 이처럼 『방한림전』은 조선 시대에도 존재했을 것이나 적절히 호명되지 못하고 부재의 영역으로 남아 있었던 다른 성정체성을 가진 인물들이나 동성애를 존재의 영역으로 만들고 있다는 점에서 문화사적 의의를 갖는다. 그리고 이러한 설정이 여성의 위치에 대한 깊은 문제 의식에서 비롯되었다는 점에서 여성주의적 인식사에 중요한 의미를 갖는 것으로 생각된다. 그러나 동시에 성애적인 부분에 대해 극도로 절제된 태도를 취함으로써 동성애를 탈성화脫性化시키고 있다. 이러한 태도는 이매죽당과 조옥잠의 예에서도 확인된다.

소설사의 흐름에서 볼 때 『방한림전』은 여성 영웅소설의 서사 전개를 공유하면서 조선 사회의 저변에 흐르던 동성애적 흐름을 소설화한 작품이라는 점에서 중요한 의미를 갖는다. 역사적으로 볼 때 동성애에 대한 담론은 1920~30년대 일본에서 동성애라는 용어가 들어오면서 활발하게 이루어지기 시작했다. 『방한림전』은 이런 흐름에 앞서 동성애, 동성 결혼을 문제삼았다는 점에서 중요한 의미를 갖는다. 다시 말해 동성애, 동성 결혼 문제가 단순한 흥미 요소로 들어간 것이 아니라 젠더 체계나 성정체성의 고정성에 대한 문제 제기적인 측면을 갖기 때문이다. 이는 마치 그 외부가 없는 것처럼 조선 사회를 규율했던 유교 이데올로기가 만든 젠더 경계가 어떻게 도전받고 해체되었는가, 유교 이데올로기와 젠더 경계, 유교 이데올로기와 섹슈얼리티가 어떻게 길항했는가를 보여 준다는 점에서 조선 후기 사회를 새롭게 바라보는 틈새가 될 수 있을 것으로 생각된다.

참고 문헌

1. 자료

『조선왕조실록 CD』.

『해사록』.

2. 논저

강진옥, 「이형경전연구」, 『고소설연구』 2, 한국고소설학회, 1996.

김균태, 『문집소재전자료집』, 계명문화사, 1986.

김정녀, 「『방한림전』의 두 여성이 선택한 삶과 작품의 지향」, 『반교어문연구』 21집, 반교어문학회, 2006.

김하라, 「『방한림전』에 나타난 지기 관계의 변모」, 『관악어문연구』 27, 서울대학교 국어국문학회, 2002.

박혜숙, 「여성 영웅소설과 평등 · 차이 · 정체성의 문제」, 『민족문학사연구』 31,

민족문학사학회, 2006.
신지연, 「1920~30년대 '동성(연)애' 관련 기사의 수사적 맥락」, 『민족문화연구』 45, 고려대학교 민족문화연구소, 2006.
양혜란, 「고소설에 나타난 조선조 후기 사회의 性차별의식 고찰: 『방한림전』을 중심으로」, 『한국고전연구』 4, 한국고전연구학회, 1998.
이우성 · 임형택, 『이조한문단편집』, 일조각, 1980.
장시광, 「『방한림전』에 나타난 동성 결혼의 의미」, 『국문학연구』 6, 국문학회, 2001.
——, 『조선시대 동성혼 이야기 방한림전』, 한국학술정보(주), 2006.
차옥덕, 「『방한림전』의 구조와 의미 : 페미니즘적 시각을 중심으로」, 『고소설연구』 4, 한국고소설학회, 1998.
차(배)옥덕, 『백년 전의 경고 : 방한림전과 여성주의』, 아세아문화사, 2000.
퀴어이론문화연구모임WIG, 『젠더의 채널을 돌려라』, 사람생각, 2008.

| 찾아보기 |

| 저자 소개 |

강소영 : 이화여대 대학원에서 국어학을 전공하고 「명사구보문 구성의 문법화 연구」로 박사학위를 받았다. 저서로 『구어와 문어 자료의 실제적 연구방법론』, 『남북의 언어와 한국어 교육』(공저), 논문으로 「어순도치 구문의 담화 기능 분석」, 「근대의 대중매체 속에 투영된 여성과 여성다움」 등이 있다. 현재 이화여대 한국문화연구원 HK연구교수로 젠더 관련 연구를 하고 있다.

김경미 : 이화여대 대학원에서 고전문학을 전공하고 「조선 후기소설론 연구」로 박사학위를 받았다. 저서로 『소설의 매혹』, 『조선의 여성들』(공저), 역서로 『19세기 서울의 사랑』(공역), 『17세기 여성생활사 자료집』(공역) 등이 있다. 현재 이화여대 한국문화연구원 HK연구교수로 고전문학 연구와 젠더 관련 연구를 진행하고 있다.

김애령 : 이화여자대학교와 동 대학원에서 철학을 공부하고, 독일 베를린 자유대학교에서 「은유와 미메시스」로 철학박사 학위를 받았다. 주요 저서로는 『*Metapher und Mimesis: Über das Lesen des geschriebenen Textes*』, 『예술, 세계 이해를 향한 도전』, 『*Globalization and Feminism in Korea*』(공저), 『경계의 차이, 사이, 틈새 : 성매매 공간의 다면성과 여성의 권리』(공저) 등이 있고, 역서로는 『여성주의 철학 1, 2』(공역)이 있다. 현재 이화여대

이화인문과학원에서 HK연구교수로 여성철학과 젠더 관련 연구를 진행하고 있다.

김영숙 : 이화여대 중문과를 졸업하고 중국베이징北京사범대학과 난징南京대학에서 각각 중국 희곡으로 석사와 박사학위를 받았다. 저서로 『琵琶記版本流變研究』가 있고, 「중국 전통극 경극에서의 남성 '단'역 정체성에 대한 문화적 고찰」 등 다수의 논문이 있다. 현재 이화여대 이화인문과학원 HK연구교수로 젠더 관련 연구를 하고 있다.

김진희 : 이화여대 대학원에서 현대문학을 전공하고 「생명파 시의 현대성 연구」로 박사학위를 받았다. 저서로 『시에 관한 각서』, 『불우한, 불후의 노래』, 『기억의 수사학』 등이 있고, 최근 연구로는 「1930년대 시문학의 장場과 여성시의 한 방향」, 「김기림 문학론에 나타난 타자의 지형과 근대문학론의 역사성」 등이 있다. 현재 이화여대 한국문화연구원 HK교수로 1930년대 식민지 문화를 중심으로 근대문학과 젠더 관련 연구를 하고 있다.

박경 : 이화여대 대학원 사학과에서 조선시대사를 전공하고 「조선 전기 收養·侍養의 실태와 立後法의 정착」으로 박사학위를 받았다. 주요 논문으로 「刑政 운용을 통해 본 조선 전기의 가족 정책 : 夫妻 간의 폭력에 대한 처벌 실태 분석을 중심으로」, 「15세기 王子女·權勢家子女 入養의 성격」, 「조선 초기 왕실 가족 질서 정비의 특징」 등이 있다. 현재 이화여대 한국문화연구원 HK연구교수로 여성사 연구를 하고 있다.

이경란 : 이화여대 대학원에서 미국 문학을 전공하고 「케이트 쇼팬과 새러 오언 쥬엇에 나타난 여성 정체성 연구」로 박사학위를 받았다. 저서로 『19세기 미국소설 강의』(공저), 역서로 『한 권으로 읽는 근대 미국단편선』, 『한 권으로 읽는 현대 영미단편선』(공역) 등이 있고, 최근 논문으로는 「핀천의 포스트모

던 바이오 픽션 『메이슨&딕슨』의 역사성 읽기」, 「19세기 미국의 여성 성장 소설과 젠더정치학: 수전 워너의 『넓고, 넓은 세상』을 중심으로」 등이 있다. 현재 이화여대 한국문화연구원 HK연구교수로 젠더 관련 연구를 하고 있다.

이수안: 독일 프랑크푸르트대학교 사회학과에서 「젠더 체계와 문화」를 세부 전공으로 하여 박사학위를 받았다. 대표 저서로 『후기 근대의 페미니즘 담론』이 있고, 역서로 『여성과 이원론』이 있다. 성신여대 대학원 여성학과 교수를 거쳐 2008년부터 이화여대 이화인문과학원에 HK교수로 재직 중이며, 여성문화이론을 심화시키면서 '탈경계인문학'으로서의 젠더 관련 연구를 수행하고 있다.

최현덕: 이화여자대학교 철학과를 졸업하고 독일 프랑크푸르트대학교에서 철학 · 정치학 · 중국학 석사학위를, 독일 브레멘대학교에서 사회철학으로 철학 박사학위를 취득했다. 전주 한일장신대학교 인문학부 겸임교수, 독일 미씨오 선교학연구소 동북 · 동남아시아국장, 독일 베를린 한국학연구센터 소장, 독일 아헨에서 발간된 반년간 학술지 *Chakana. Intercultural Forum for Theology and Philosophy*의 편집주간을 역임했다. 현재 베를린에서 독일어로 발행되는 한국학 관계 반년간지 *Korea Forum*의 편집주간, 이화여대 이화인문과학원 젠더분과의 HK연구교수로 재직 중이다. 저서로 『민주화 과정 속의 한국의 인권』, 『다문화 사회와 국제이해교육』(공저) 등이 있으며, 논문으로 「이주, 젠더, 초문화성: 문화들 사이에서 철학하기」, 「상호문화철학의 개념과 전개과정」, 「유럽과 아시아 철학의 만남: 대화의 조건의 관점에서」 등이 있다.